乳児保育

改訂10版

著

作新学院大学女子短期大学部幼児教育科教授
石原栄子

青山学院大学教育人間科学部教授
日本子ども家庭総合研究所福祉臨床担当部長
庄司順一

鎌倉女子大学短期大学部初等教育学科教授
田川悦子

横井こどもクリニック院長
横井茂夫

南山堂

改訂10版の序

　早いもので本書改訂9版が発行されてから5年の年月が経った．この5年間もまた社会の変化は大きく，「格差社会」「ワーキングプア」といった社会現象が生まれ，さらに2008年秋アメリカに端を発した金融危機は瞬く間に世界に広がり，わが国の社会経済状況の悪化も深刻なものになっている．

　こうした社会の変化は，当然のことながら子どもや子育て家庭を取りまく環境にも影響を及ぼしている．2001年に「待機児童ゼロ作戦」が策定されてから減少を続けていた待機児童数は，「新待機児童ゼロ作戦」がスタートした2008年に再び増加傾向がみられるようになった．この背景には保育所の受入児童数の増加によって掘り起こされた潜在需要とともに，不安定な雇用や不況のために働かなければならない母親が増えていることが考えられる．待機児童は全体の70％が0〜2歳の低年齢児であり，乳児保育を制度と内容の両面から考えていくことは重要な課題となっている．

　本書の特長のひとつは，国や自治体から出される新しい方向や数値などに速やかに対応することである．そのため10版は改訂の時期を保育所保育指針の改定にあわせ，さらに近年の保育サービスの量的拡充，認定こども園制度の発足，家庭的保育の法制化など，可能な限り新しい情報を盛り込んだ．保育所保育指針は1965年に厚生省通知として出され，過去に2回の改定が行われているが，2008年の3回目の改定では従来の局長通知から厚生労働大臣による告示となり，最低基準としての規範性を有するものとなった．保育士には新しい指針を踏まえたうえで保育の内容の充実と質の向上を図ることが求められていることを，保育士を目指す方々にしっかりと受け止めてほしいと願っている．

　乳児期は人間形成の基礎が培われる重要な時期である．人間に対する深い愛情と科学的な視点をもって保育にあたることは，保育士の基本的な要件といえよう．慣習や思いつきではなく科学的根拠に基づく判断をすることが，これからの保育者にとって大切なことである．その一助となるように，本書は4人の著者がそれぞれの専門分野から乳児保育に対する意見を交換・確認して執筆することに努めている．

　最後に今改訂にあたって，南山堂の伊藤美由紀氏，中尾真由美氏をはじめ編集部の皆さまのご尽力に心からお礼を申しあげる．

2009年2月

著者一同

初版の序

　昭和45年10月，厚生省告示第352号をもって，保母養成機関における修業教科目および履修方法の一部改正が行なわれた．そしてこれにもとづき保母養成専門教科目教授内容ソースブックの改訂が刊行されるに至ったのは，昭和46年11月であった．この改訂によって乳児保育という専門教科目が保母養成に求められるようになったのであるが，これはそれを要求する社会的背景が醸成されてきたことによるのはいうまでもない．

　それまでは保母資格をもつ者の大部分は，保育所で後期幼児の保育にあたってきた．幼稚園の保母さんという言葉——正しくは幼稚園教諭——は日常よく使われてきた．保育所と幼稚園は所管の官庁に違いがあったり，保育時間に長短があったりはするものの，そこで保育される子どもの年齢はほぼ同じであって，こういう表現が出てきたのも当然のこととえるのであった．

　しかし今日，女子雇用労働者数の増加の中でも，有配偶の者の割合がめざましい伸びをみせ，それに伴って乳児から保育所であずかってほしいという要求がたかまってきたのである．一方古くから乳児院などの保育施設で保育された乳幼児に，いわゆるホスピタリズムという現象があらわれることも知られてきている．

　前述のソースブックの「乳児保育」の項にも説明されているように，乳児保育はまだ独立した学問上の分野として成立していないもので，むしろ小児保健学，心理学，教育学，社会学および児童福祉学などの諸分野の成果をとくに「乳児」の保育という観点から統合し，その上に立って新しい理論と技術を展開すべきものである，ということなのである．

　このようにきわめて新しい，発展途上の教科目の授業に対して，次第にテキストとなるような書物も発行されてきているが，著者らがその教育にあたってみて，なおわかりやすい，使いやすい，より体系的な「乳児保育」のテキストを欲していた時，南山堂の池田氏より，そのような希望を実行に移してみるようおすすめを頂いたのである．

　著者ら三人はソースブックに説明されているような，乳児保育に関係する諸分野において，この方面の問題にそれぞれ取り組んできた者ではあるが，この書の著述にあたってみて，なお一層「乳児保育」という学問の深遠さ，むずかしさを痛感したというのが，現在のいつわらざる気持ちである．この学科目の内容の構成には，さまざまな見解と立場があり，またこの問題に関する研究は日進月歩を示していることは，ソースブックにも述べられているとおりで，私たちはこの著を書きあげて，これが決定版といえないことを感じているのである．

　今日わが国には，大学・短期大学・各種学校など，300に近い保母養成機関があって，そこにおいて「乳児保育」の教育を担当している者の間にも，しばしばこの教科目の授業の

むずかしさをうったえる声がきかれているのである．

　しかしながら現実のわが国の社会では，乳児集団保育に対する希望はたかまるといえども衰えず，乳児期が人間形成の上できわめて大切な時期であることも否定できない．この著を利用してくださる方々には，家庭・保育所・乳児院など，どのような場所において乳児保育にあたられようとも，日進月歩する乳児保育という科学に前向きに取り組む姿勢を失なわず，人間愛をもって子どもを扱う心をもち続けて，この著を役立てて頂きたいと願う次第である．

　最後に，この著の生みの親ともいうべき南山堂 池田林吉氏に，多大な御尽力を頂いてこの本が世に出ることができたことを感謝し，筆を擱く次第である．

1976年1月

著　者

乳児保育

CONTENTS

SECTION 1　乳児と乳児保育　　（庄司順一）

A．新生児・乳児　　1
B．新生児の生きる仕組み　　1
C．乳児期の特徴　　3
D．乳児保育の基本　　3
　1．子どもが愛されているという実感を
　　もてること　　3
　2．子どもの育つ力を信頼すること　　3
　3．保育の重要さを理解すること　　4
　4．個人差を理解すること　　4
E．乳児の権利擁護　　4

column

胎児期，周産期　　2
赤ちゃんらしさ　　2
子どもの権利条約　　4
第三者評価　　5

SECTION 2　乳児委託保育の歴史と海外の動向　　（田川悦子）

A．わが国の乳児委託保育の歴史　　7
　1．明治期から昭和戦前まで　　7
　2．昭和20年終戦から高度経済成長期まで　　8
　3．高度経済成長期以降　　9
B．海外における乳児委託保育事情　　10
　1．アメリカ　　10
　2．フランス，ドイツ，イギリス　　11
　3．スウェーデン，フィンランド　　12

column

OUT DOOR POLICY FOR THE PLAYGROUND AND WALKS　　12

SECTION 3　わが国の乳児をとりまく環境状況　（田川悦子・石原栄子・庄司順一）

A．家族環境　（田川悦子）　15
　1．家族形態の変化と多様化　15
　2．出生児数の減少　17
　3．人口の都市集中と住宅問題　18
B．社会環境　（石原栄子）　23
　1．出生の場所の変化　23
　2．育児情報の氾濫　24
　3．遊び場所の減少と遊びの変化　24
　4．地域社会との結びつき（地縁）の希薄化　25
　5．家事労働の社会化の進展　26

C．女性のライフスタイルの変化　28
　1．平均寿命の延長　28
　2．女性の高学歴化　29
　3．結婚・家庭観の変化　30
　4．女性就労の増大　31
D．育児不安　（庄司順一）　33
　1．育児不安とは　33
　2．育児不安の実態　34
　3．育児不安に関連する要因　34
　4．育児不安をもつ親への支援　35

column
ひとり親家庭の保育　27

SECTION 4　子ども虐待　（庄司順一）

A．子ども虐待への関心の高まり　37
B．子ども虐待の定義とタイプ　37
　1．子ども虐待の定義　37
　2．虐待のタイプ　38
C．子ども虐待の実態　38

D．虐待への対応―（1）保育所―　39
　1．発見と通告　39
　2．子どもと保護者への対応　41
E．虐待への対応―（2）乳児院―　42

column
メアリー・エレン　42

SECTION 5　わが国の乳児委託保育の制度と現状　（庄司順一・石原栄子・田川悦子）

A．乳児院　（庄司順一）　45
　1．乳児院の制度　45
　2．乳児院の現状　46
　3．これからの乳児院　49
B．里親制度　49

C．認可保育所　（石原栄子）　50
　1．保育所の制度　50
　2．保育所の現状　51
D．へき地保育所　53
E．認定こども園　（田川悦子）　53

F．認可外保育施設	54	G．事業所内保育施設	55	
1．ベビーホテル	54	H．家庭的保育	56	
2．その他の認可外保育施設		I．ベビーシッター	57	
（含地方単独保育事業）	54	J．その他	58	

column

児童相談所について　　　　　　　　　　　　　　　48
ふたご（多胎児）の育児　　　　　　　　　　　　58

SECTION 6　からだの発育　（横井茂夫）

A．成長・発達・発育の定義	61	4．頭囲と胸囲とその計測法	63
1．小児の成長・発達の原則	61	C．身体発育の評価	63
2．発育期の分類	62	1．パーセンタイル値と乳幼児発育値	64
B．からだの発育	62	2．平均値・標準偏差	64
1．身体発育の概要	62	3．発育指数	64
2．身長とその計測法	63	4．成長曲線	64
3．体重とその計測法	63	5．成長に影響する因子と評価	64

column

赤ちゃん肥満は健康肥満　　　　　　　　　　　　69

SECTION 7　からだの発達　（横井茂夫）

A．からだの生理的・機能的発達	71	B．脳神経系の発達	73
1．呼吸器	71	1．中枢神経系の発達	73
2．循環器	71	2．知覚の発達	73
3．消化器	71	3．睡眠	73
4．頭部と大泉門の発育	72	4．新生児反射・原始反射	74
5．腎臓と水分	72		

column

赤ちゃんは母親のお腹の中で外へ出る準備をしています　　　75

SECTION 8　心の発達　（庄司順一・横井茂夫）

A．心理的発達とその評価　（庄司順一）　77	4．7カ月から9カ月児の運動発達　84
1．心理的発達の領域　77	5．10カ月から12カ月児の運動発達　85
2．心理的発達の評価　79	6．1歳から1歳6カ月児の運動発達　86
3．発達検査の結果があらわすこと　80	7．1歳半から3歳未満児の運動発達　86
B．発達に影響する要因　81	D．乳児の行動と保育　（庄司順一）　86
1．個体と環境の相互作用　81	1．見つめる，目をそらす
2．発達を支援する条件　81	―コミュニケーションの基礎―　86
C．運動発達　（横井茂夫）　82	2．泣き，笑い　88
1．運動発達とは　82	3．ハンドリガード，リーチング　89
2．1カ月から3カ月児の運動発達　82	4．吸啜（サッキング）　90
3．4カ月から6カ月児の運動発達　83	5．遊び　90

column

ジャン・ピアジェ　92

SECTION 9　乳幼児の栄養　（横井茂夫）

A．乳幼児の栄養法　93	4．母乳栄養　97
1．小児栄養の特徴　93	5．人工栄養　98
2．口腔機能の発達　93	6．離乳　100
3．栄養所要量から食事摂取基準へ　96	7．肥満　103

column

調製人工液乳　*Ready to feed formula*　100

SECTION 10　乳児の生活と保育　（田川悦子・石原栄子）

A．生活の世話　（田川悦子）　105	4．排泄　110
1．乳児の生活とリズム　105	5．衣服　112
2．睡眠　106	6．抱き方・運び方　113
3．清潔　108	

B．乳児の月齢別の姿と援助	114	3．おおむね1歳3カ月から2歳未満	120
1．おおむね6カ月未満	114		(石原栄子)
2．おおむね6カ月から1歳3カ月未満	117	4．おおむね2歳	122

column

左利き　106

SECTION 11　病気とその予防　(横井茂夫)

A．乳幼児の病気の特徴	125	3．心臓の病気	137
1．発育の時期と病気（年齢依存性）	125	4．神経の病気	137
2．感染性の病気が多い	125	5．感染症，発疹症	138
3．子どもの病気には季節性がある	126	6．アレルギーの病気	140
B．生命徴候・バイタルサインについて	127	7．皮膚の病気	141
1．体温測定	127	8．その他の病気	141
2．脈拍測定	128	E．園医とその役割について	143
3．呼吸測定	128	F．学校感染症と出席停止期間について	144
C．主要症状と養護のポイント	129	1．学校感染症	144
1．病気の早期発見	129	2．出席停止期間，登園停止期間	144
2．発熱と養護のポイント	129	G．予防接種	146
3．脱水症状と養護のポイント	130	1．予防接種と法律	146
4．嘔吐と養護のポイント	131	2．予防接種の対象疾患	146
5．下痢，便秘と養護のポイント	131	3．ワクチンの種類	146
6．咳，呼吸困難と養護のポイント	133	4．予防接種の接種間隔と注意点	146
7．けいれんと養護のポイント	133	5．接種不適当者および接種要注意者	147
D．乳幼児に多い病気	134	6．予防接種による健康被害について	147
1．消化器系の病気	134	7．それぞれの予防接種について	147
2．呼吸器系の病気	135	H．乳幼児健康診査と保健指導	152

column

喘息児の環境整備について　136
外気浴・日光浴　153

SECTION 12　事故とその対応・予防・救急処置，乳幼児突然死症候群について　（横井茂夫）

A．事故について　　　　　　　　　　　　　
 1．日本の小児の事故の特徴　155
 2．乳児の発達的特性と事故　155
 3．事故への対応　156
 4．事故の予防　157
 5．事故予防のチェックリスト　161

B．救急の処置と養護のポイント　164
 1．呼吸停止，心停止，人工呼吸，心臓マッサージ　164
 2．溺水，水の事故　165
 3．誤飲，誤嚥　166
 4．熱傷，ヤケド　166

C．乳幼児突然死症候群　166
 1．乳幼児突然死症候群について　166
 2．乳幼児突然死症候群の原因　167
 3．乳幼児突然死症候群に対して　167

column
日本ではなぜ水の事故死が多いのか？　168

SECTION 13　保育所の保育　（石原栄子）

A．保育所の保育内容
 1．保育所保育指針について　169
 2．養護と教育について　169
 3．視診の意義　170

B．保育の計画　171
 1．保育の目標　171
 2．保育の計画作成の基本　171
 3．保育課程・指導計画の実際　173

C．家庭との連携　177
 1．連携の意義　177
 2．連携の方法　177

column
外国人の子どもの保育　177

SECTION 14　乳児院の養育　（庄司順一）

A．乳児院での生活の特徴　181
 1．複数の保育者による非連続的な保育である　181
 2．生活が単調になりやすく，発達刺激に乏しい　181

B．乳児院における養育の原則　182
 1．担当養育制　182
 2．養育の継続性　182
 3．生活の質の充実　182
 4．親子関係形成のための援助　183

C．養育の計画	183	2．養育計画	185
1．児童自立支援計画	183	3．子どもの援助計画	185

column

ホスピタリズム　　　　　　　　　　　　189

SECTION 15　地域の子育て支援　（石原栄子・庄司順一）

A．保育所と他機関との連携　（石原栄子）	191	2．子育て支援の具体策	192
B．保育所と地域の子育て支援	192	C．乳児院と他機関との連携　（庄司順一）	193
1．子育て支援策の進展	192	D．乳児院と地域の子育て支援	193

column

地域における子育て支援　　　　　　　　　　191

付　録　　乳児保育関連資料　（石原栄子・田川悦子）

A．乳児保育に関係する法規など	195	3．保育所と幼稚園	216
1．児童福祉法	195	4．幼稚園と保育所の制度	217
2．少子化に関連する主要国の取り組み	195	5．保育所徴収金基準額表	218
3．保育所保育指針	195	D．児童環境に関連する資料	219
B．乳幼児の保健関連資料	211	1．児童のいる世帯	219
C．児童福祉関連資料	214	2．母親の就労	220
1．保育施設数の推移	214	3．両親の離婚	220
2．保育の実施基準	215		

索　引 …………………………… 221

SECTION 1　乳児と乳児保育

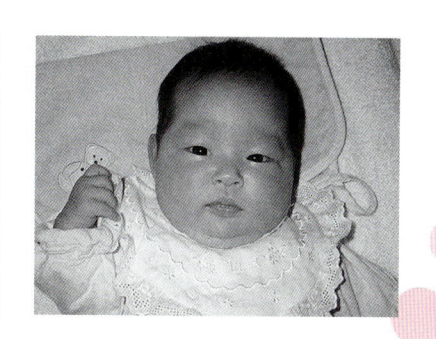

- あなたは，赤ちゃんとかかわったことがありますか．
- あなたは，赤ちゃんにどのようなイメージをもっていますか．
- 本書では，赤ちゃんを対象とした保育，つまり乳児保育を述べていきますが，はじめに赤ちゃんについて考えてみましょう．

A. 新生児・乳児

　赤ちゃん baby というのは一般的な表現で，専門的には，新生児，乳児などという．

　新生児 neonate（あるいは newborn）とは，生まれてきた子どもを意味する．新生児期とは出生から満 28 日未満をいう．とくに生後 7 日未満を早期新生児期といい，7 日以降 28 日未満を後期新生児期と区分することもある．

　乳児 infant とは，新生児期を含め，1 歳ないし 1 歳半までの子どもをいう．日本語の乳児は乳呑児からきたことばであるが，英語の infant の語源は「ことばをしゃべらない」ということであるという．

　乳児期の次の段階を幼児期といい，1 歳ないし 1 歳半頃から 6 歳頃までをいう．この時期の発育・発達は著しいので，一般に 3 歳の前と後で区分し，3 歳頃までを幼児期前期，3 歳から 6 歳を幼児期後期とする．

B. 新生児の生きる仕組み

　母体の子宮内では，胎児は呼吸，栄養，体温調節といった重要な機能を母体に依存している．しかし，生まれ出たあとは，自分で呼吸し，栄養摂取をしなければならない．体温調節はある程度は可能であるが，室温や衣類などはおとなが注意しなければならない．このように，新生児期は，外界での生活に適応していく時期といえる．

　いうまでもなく，新生児は自分の力だけでは生きていけない．しかし，生きていくための仕組みをもっている．その 1 つは，新生児に備わった反応の仕組みであり，反射と感覚能力がある．

　私たちにも，まぶしい光に瞳を小さくする瞳孔反射や，咳やくしゃみなどさまざまな反射があるが，新生児期から乳児期にかけて特徴的に現れる一群の反射があり，これを新生児反射という．たとえば，手のひらにふれると，それを握ろうとするような手指の動きがみられ（把握反射），これと同じような反射は足にもみられる（足の把握反射）．

ベッドがゆれたりして，頭が動かされると，両腕を上方に伸ばすモロー反射，足のうらを軽くこすると，足指をそらすバビンスキー反射などがよく知られている．これらの反射にはどのような意味があるのか不明のものも多いが，頬に母親の乳首がふれると，そちらに顔を向け，口でくわえようとする口唇探索反射や，乳首が口に入ると，乳を吸う吸啜反射などは，生命維持に重要な役割をはたしている．

新生児の感覚能力については，1960年代以後すすんだ研究により，視覚，聴覚，嗅覚などすべての感覚が機能していることが明らかになった．新生児は，見つめたり，音のするほうに顔を向けたりすることができるのである．これらの能力の特徴は，人の顔や声など，人からくる刺激に最もよく反応するようになっていることであり，次に述べる親子の相互作用の基礎になっている．ただ，新生児の感覚能力には大きな制約もあり，私たちと同じように見たり，聞いたりしているわけではない．また，新生児になれていない人にはそのような感覚能力を実感できないこともあるだろう．大事なことは，赤ちゃんはまだ何も分かっていないのだから静かに寝かせておけばよいと考えるのではなく，赤ちゃんには見えている，聞こえている「つもり」になって，世話をすることである．

新生児に備わっているもう1つの生きる仕組みは，養育者（通常は母親である）を自分のところに呼び寄せ，養育行動を行わせるというものである．たとえば，泣いたり，目を開け，見つめることで，養育者を自分のもとに引き寄せたり，そばにいるようにさせるのである．

---

column　胎児期，周産期

　　生まれてくるまでの，母体の子宮内にいる赤ちゃんを胎児 fetus といい，出生するまでの時期を胎児期という．母親が胎児の動き（胎動）を感じるのは妊娠20週頃からであるが，その頃までに胎児はさまざまな動きをするようになっている．
　　医学では，妊娠22週から生後1週間を周産期 perinatal period という．産科，小児科（新生児科）の連携により，分娩の管理や，低出生体重児（2,500g未満で生まれた新生児），仮死などの状態で生まれた新生児の治療やケアを行う．最近は，1,000g未満で生まれた赤ちゃんでも順調に育つことも多くなっている．

---

column　赤ちゃんらしさ

　　動物の本能行動の成り立ちを究明する比較行動学 ethology という学問を創設し，ノーベル賞を受賞したローレンツ K. Lorenz は，赤ちゃんに備わっている身体的特徴がおとなに養育行動を引き起こさせるとし，そのような特徴を「赤ちゃんらしさ」babyness と名付けた．私たちは，赤ちゃんをみて，思わず「かわいい」と感じ，保護的な感情が引き出され，世話をしたくなるようになっているというのである．赤ちゃんらしさとは，たとえば，丸い顔や身体つき，顔の中で目が下の方についていることなどである．また，ぎこちない動作やあどけない表情も私たちに赤ちゃんを「かわいい」と感じさせるのであろう．
　　赤ちゃんにも私たちにも，両者の結びつきを形成する仕組みが備わっているのである．

C. 乳児期の特徴

乳児期は，人生80年としてわずか2%ほどにすぎないが，たいへん重要な時期といえる．それは表1-1に示したように，第1に，人格形成の基礎となる時期だからである．この時期に能力や性格がすべて決まってしまうということはないが，それでも乳児期は出発点であり，土台でもある．乳児期に達成すべき課題（発達課題）は多く，摂食行動，運動，言語の発達などとともに，特定の養育者との間にアタッチメント（愛着）および基本的信頼感を形成することが重要である．

第2に，乳児期は，胎児期を除けば，発育・発達の速度がもっともはやい時期である．適切なタイミングでの，時期に応じたかかわりが必要である．たとえば，運動に関しては子どもの発達状況にあったはたらきかけが必要であるし，摂食行動に関しては適切なタイミングで離乳をすすめることが求められる．

第3に，乳児はことばを話せない．これは，養育者との間にコミュニケーションが成立しないということではない．コミュニケーションにおいて，ことばに頼らないということである．表情，動作などから，子どもの気持ちを敏感に察知し，応じなければならない．他方，乳児も，おとなの表情，動作，声の調子などを敏感に察知している．

その他，乳児には大きな個人差が認められ，集団保育においては一人ひとりに配慮したケアが必要である．

表1-1．乳児期の特徴
1．人格形成の基礎となる
2．発育・発達の速度がはやい
3．ことばを話せない
4．個別的な養育が必要とされる

D. 乳児保育の基本

前述のように，乳児保育（保育の世界では3歳未満児の保育をいう）は，のちの時期の基礎となる．しかも環境の影響を受けやすく，発育・発達の速度のはやい大事な時期の保育である．

乳児保育の基本として，次のようなことを指摘することができる．

1 子どもが愛されているという実感をもてること

乳児期の発達課題として，アタッチメントの形成，つまり特定の少数の人との間に情緒的な絆を結ぶことがあげられる．アタッチメントは，通常，親との間に形成されるが，母親だけに限られるわけではない．乳児保育においては，保育者との関係も重要であり，乳児が保育者との間に「安心できる」「安全であると感じられる」「大丈夫と思える」ような感覚をもてるようにする．このような体験を親との間にもつことができない被虐待児では，発育不良，発達遅滞，人への恐れ，表情の乏しさなど心身に非常に大きな影響を受ける．

2 子どもの育つ力を信頼すること

乳児は周囲からのはたらきかけに反応するだけでなく，周囲に選択的な注意を向け，自ら周囲にはたらきかける自発的，積極的な存在である．つまり，周囲の事物のなかでも，人の声，人の顔など，人からくる刺激に最も関心を示す．しかも，いつも同じような意識水準でいるのではなく，周囲からの刺激をもっともよく受け入れる状態がある（注意を集中している，敏活な状態）．そのような状態にある乳児は，体動が少なく，瞳が輝いている．

また，子どもは，ほめられるから，あるいは叱られるから，何かしたり，するのをやめるのでは

ない．つまり，賞罰が与えられるから行動するのではなく，もっと自発的，積極的である．たとえば，歩き始めの子どもは，何度ころんで痛い思いをしても，歩こうとする．子どもが遊ぶのも，ほめられるからではなく，そのことが楽しいからであろう．

よい環境を提供すれば，子どもは自ら活動し，自らの育つ力を発揮するものである．保育者は，何よりも子ども自身の育つ力を見守ることが大事である．ひとり遊びも大切な体験をしているといえる．

3 保育の重要さを理解すること

子ども自身の育つ力を信頼することの重要さを述べたが，しかし，子どもへの適切な応答も重要である．たとえば，子どもが何かに感動して，それを伝えようと振り向いたときに，保育者が子どもをみていて受けとめるかどうかは決定的に重要である．子どもがしていることを妨げることはよくないが，保育者は子どものそばにいて，必要なときに，適切なタイミングで応答することが重要なことは言うまでもない．子どもの気持ちを保育者が受けとめ，両者が1つの体験と感情を共有したとき，子どもにとって（保育者にとっても）大きな意味が生ずるのである．

4 個人差を理解すること

子どもがある行動を達成する時期（たとえば，歩き始めの時期）には個人差が大きい．これを発達の個人差という．個人差は，発達面だけでなく，行動の仕方（活発さや敏感さ，社交性や内気さ），生活リズム（睡眠，排泄，食事のリズム），発育パターン（発育の速さや体格）や体質などにも認められる．

乳児を保育するにあたって，これら個人差への配慮は欠かせない．保育の日課（デイリープログラム）も個々に応じた柔軟性が求められる．

E. 乳児の権利擁護

「権利擁護」というとむずかしく考えられがちであるが，「権利」とは英語の"right"を訳したことばであり，そのもともとの意味は「正しいこと」「当たり前のこと」である．つまり，乳児の権利擁護とは，乳児にとって当たり前のこと，当然のことを確保することである．

子どもの権利への関心が高まったのは，平成6年に「児童の権利に関する条約」（子どもの権利条約）が批准されたこと，および権利侵害の典型ともいえる子ども虐待の相談件数が増加したことに

---

column　子どもの権利条約

1989年に国際連合総会で全会一致で採択された「児童の権利に関する条約」（子どもの権利条約）は1994年（平成6年）にわが国でも批准された．子どもの権利条約は，子どもを権利行使の主体と認めるとともに，擁護されるべき権利を具体的に，詳細に規定しているところに特徴がある．乳児に関係する内容としては，「児童に関するすべての措置をとるに当たっては…児童の最善の利益が主として考慮されるされるものとする」（第3条）という措置の原則に加えて，「生命，生存及び発達」（第6条），「氏名及び国籍を有する権利」「父母を知り，その父母によって養育される権利」（第7条），「父母から分離されないこと，ただしその分離が児童の最善の利益のために必要である場合は，この限りではないこと」（第9条），「虐待からの保護」（第19条，第34条），「家庭環境を奪われた児童に対する保護及び援助」（第20条）などがある．

よる．

　乳児保育における権利擁護の基本は，乳児の生命，健康を守り，発達を保障することにあるが，自ら権利を主張することのできない乳児の人権に配慮し，身体的苦痛を与えたり，人格を辱めることがないように十分配慮するとともに，保育者が乳児の代弁者の役割をはたすことも求められる．

　権利擁護をすすめていくためには，保育の透明性を高めることが不可欠であり，情報開示や第三者評価などに積極的に取り組む必要がある．

（庄司順一）

column　第三者評価

　第三者評価事業は，社会福祉基礎構造改革の一貫として，福祉サービスの質の向上と利用者の選択に資するために導入されたものであり，平成14年度から実施されはじめている．
　「児童福祉施設における福祉サービスの第三者評価基準等に関する報告書」（児童福祉施設等評価基準検討委員会，平成14年3月）では，「福祉サービスにおける第三者評価事業とは，事業者の提供するサービスの質を当事者（事業者および利用者）以外の公正・中立な第三者評価機関が，専門的かつ客観的な立場から評価する事業」と定義されている．
　評価基準についての基本的な考え方は，最低基準を満たしているかどうかを確認する「行政監査」とは異なり，保育サービスの具体的な内容についてさまざまな側面から評価するとともに，保育所保育指針等に準拠しながら，よりよいサービス水準へ誘導するための基準とするということである．具体的には，子どもの権利擁護，福祉サービスの実施状況などについて評価をすることになる．

SECTION 2　乳児委託保育の歴史と海外の動向

＊明治23年，新潟に赤沢鍾美が設立したわが国最初の保育施設「守孤扶独幼稚児保護会」は，「赤沢保育園」として現在も引き継がれている．

A. わが国の乳児委託保育の歴史

1 明治期から昭和戦前まで

　古代から江戸期まで，庶民の生活はいつの時代でも窮迫し，堕胎や子捨て，人身売買などが多くみられた．これらに対する児童福祉施策は江戸期以前にもとられていたが，それは孤児・貧困・病者など社会的弱者に対する慈善的救済であった．児童福祉施策が国として形を整えられたのは，明治期以降のことである．

　明治政府は元年に太政官布達を出し，ますます堕胎とその売薬をきびしく禁じ，明治4年「棄児養育米給与方」を定め，次いで6年「三子出産の貧困者へ養育料給与方」を制定した．そして7年に「恤救規則」が太政官布達され，この規則は昭和7年に救護法が施行されるまで半世紀以上も続いたもので，児童については13歳以下の極貧の独身者に対し，1年につき米7斗を支給するというものであった．

　明治13年には直接的な堕胎の禁止を法制化し，15年に実施となった刑法に明確に「堕胎罪」が規定された．

　明治2年（1869年）に東京府が，生活困窮の老幼者を収容する三田救育所などを設立し，5年に設立した養育院は今日にも引き継がれてきている．

　民間の育児事業としては，明治2年に県令松方正義が日田県（後の大分県）に日田養育館を建てており，カトリックによる施設も5年に横浜慈仁堂，7年に浦上養育院，10年に神戸女子教育院，11年に函館聖保禄女学校など，その後も一連の施設がつくられていっている．仏教関係からも，12年設立の東京福田会育児院が著名であり，20年には石井十次によって岡山孤児院が設立されている．

　保育所の成立は貧困家庭の子どもを保護することから始まった．明治16年（1883年）に茨城県で渡辺嘉重が子守学校を開設した．この子守学校では子守りをする子どもの教育と，背負われてきた幼い子どもの世話の両方が行われていた．一方で，幼稚園の成立をみると，明治9年に東京女子師範学校附属幼稚園が開設され，上流家庭の子どもが入園している．

　保育事業の始祖は明治23年（1890年）に，新潟に赤沢鍾美が設立した家塾新潟静修学校の付属施設といわれている．これは幼い弟妹の子守りをする貧しい青少年が勉学に専念できるように，その弟妹の世話をする託児施設であったが，弟妹のみでなく地域一般にも開放されたことにより今日の保育所につながるものである．また，農村部においては，同じく23年に鳥取県で筧雄平が農繁期託児所を開設している．保育事業は幼稚園教育や小学校教育の普及，産業の発達と相まって，その後，各方面ではじめられるようになっていった．

わが国の乳児委託保育の歴史

27年に，東京の大日本紡績株式会社が労働婦人のために，工場付設事業として開設したものや，野口幽香，斎藤峰による33年の二葉幼稚園（大正4年に二葉保育園と改称）はその代表的なものである．

日露戦争によって神戸に「出征軍人児童保管所」が2カ所つくられたことも，保育事業の歴史上注目されることであろう．日露戦争後，社会の貧富の格差が広がり，労働者の階級的自覚が形成されるようになって，内務省は社会政策として保育事業を助成するようになっていった．

明治41年に中央慈善協会が結成され，同年内務省地方局により感化事業講習会が開催され，この傾向は後の全国感化院長協議会や全国育児事業協議会に連なり，児童の保護事業の組織化に大きな影響を与えた．行政組織の面では大正6年，内務省地方局に救護課が設けられ，育児院や感化院に関する事項を管掌した．後に社会課から社会局になっていく基礎となった．

大正期は児童保護に関しても大正デモクラシーの影響をうけて，児童尊重のもとに社会事業の機運が高まっていった．また工場で働く女性が増えたことにより，妊産婦や乳幼児の保護が体系化され，乳児保護の機関の1つとして乳児保育所があげられている．

公立託児所は大正8年（1919年）に大阪市に2カ所，9年に東京市に開設されたのをはじめとして，大正末期には196カ所に増加している．12年（1923年）には農繁期季節保育所が設置されている．15年末には児童保護施設は945を数えるようになり，同年中央社会事業協会の主催で，第1回全国児童保護会議が開催されている．

大正12年の関東大震災では，託児所の増設，乳幼児に対する重湯，牛乳の配給などの応急措置だけでなく，これを機につくられた児童施設も少なくない．

大正8年に大阪市児童研究所，10年に東京府児童研究所などの研究相談機関がつくられ，東京府ではケース・ワーカー的な性格を有する児童保護員の制度が発足している．

昭和初期には世界大恐慌，東北・北海道の大凶作などの影響を受け，社会問題が多発した．こういった状況に対処すべく，昭和4年に救護法が制定され，生活扶助，医療給付，助産などが実施されるようになり，貧児の施設収容もすすんだ．8年には児童虐待防止法，少年救護法が制定され，12年に母子保護法，13年に社会事業法などが制定されている．

また昭和8年，皇太子御生誕を期として御下賜金が賜わられ，これに民間からの篤志を加えて，9年に母子愛育会が設立されている．

昭和13年に厚生省が設置され，社会局に児童課が設けられ，児童保護行政の体制がととのえられた．

昭和17年に妊産婦手帳規程の制定によって，妊産婦届出制度および妊産婦手帳制度が設けられた．

第二次大戦への突入は，児童保護のうえで多くの問題を生み出し，その解決は戦後に持ち越されることになったのである．

2 昭和20年終戦から高度経済成長期まで

第二次大戦後は敗戦の混乱のなかで孤児・浮浪児の救済に追われ，連合軍の占領下で昭和22年児童福祉法が制定されるに至った．この年3月に厚生省に児童局が設置され，39年7月児童家庭局と改称され，今日までの児童福祉行政を推進してきた．

児童福祉法はすべての子どもたちの健全な育成を目的とし，託児所の名称は保育所に統一され，児童福祉施設の中の1つとして法的に位置づけられた．思えばアメリカの占領下で，その指導の下に，今日では社会主義国家と評されるくらいの日

本の保育制度の基礎が築かれてきたわけである．

昭和30年代に入ると，食べるために働くという経済的な要因のみならず，社会のなかで自己実現を目指す女性が増えてきた．これは30年代後半に始まった高度経済成長と相まって女性の家庭外就労を増加させ，保育所の増設運動が展開されるようになった．「ポストの数ほど保育所を」というスローガンのもと，保育所の設置数は飛躍的に伸びていった．そして，産後の休暇明けとともに職場に復帰しなければならない母親たちからは，当然のことながら0歳児保育の実施が求められていったのである．

0歳児の集団保育は法的には当初から実施できることになっていたが，当時の社会通念としては幼若な乳児を集団で保育することは躊躇されるものであった．昭和38年には中央児童審議会から，子どもの精神的・身体的発達にとっては両親による愛情に満ちた家庭保育が必要であり，とくに2歳から3歳以下の乳幼児は，まず家庭において保育されることが原則でなければならないとされた，いわゆる「保育7原則」が出されたのである．この背景には心理学者ジョン・ボウルビィ John Bowlby の『乳幼児の精神衛生』（1951年）の，3歳までの低年齢児は母親から離されると心身ともに傷を負うという「母性剥奪論」があった．このボウルビィの母子関係論は，「三つ子の魂百までも」という諺とともに，3歳までは母親の手でという「3歳児神話」をつくり出したのである．また，乳児保育はそれにかかる経費が高いこともあって，その受け皿はなかなか広げられなかった．

一方で働く母親たちの切実な願いを受けて，民間の保育所を中心に徐々に乳児の受け入れ態勢が広まっていった．こうしたなかで，昭和44年度からは乳児保育特別対策が実施され，45年の保母養成カリキュラムの改正では乳児保育が必修科目となるなど，乳児を受け入れる条件が次第に整えられていったのである．

3. 高度経済成長期以降

高度経済成長は昭和48年のオイルショックで方向転換がせまられ，保育所も量から質の時代を迎え，50年代に入って乳児保育や障害児保育など多様な保育ニーズに対応することが課題になっていった．これらへの対応の遅れは無認可保育施設を乱立させることとなり，55年には悪質なベビーホテルが社会的な問題となり国会でも取り上げられた．これをうけて56年には児童福祉法の一部が改正され，無認可保育施設への行政の立ち入り調査権が認められるようになった．

平成の幕開けとともに，わが国は少子化の時代を迎えた．平成元年の合計特殊出生率が昭和41年「ひのえうま」の年の1.58を下回る1.57となったときに「1.57ショック」といわれ，これ以降，国による少子化対策が本格的に実施されることになった．平成6年には「エンゼルプラン」が策定され，なかでも保育対策については緊急に実施する必要があるとされ，「緊急保育対策等5ヵ年事業」として重点的に整備された．

こうした背景の下で，児童福祉法は50年ぶりの大幅な見直しがすすめられ，平成9年6月に改正，10年4月から施行された．同年の厚生省児童家庭局長通知により，これまで特別対策として実施されていた乳児保育は一般化が図られ，いずれの保育所においても行われることとなった．また，13年1月には中央省庁の再編が行われ，厚生省は労働省と統合して厚生労働省として発足した．児童福祉行政を担ってきた厚生省児童家庭局は労働省女性局とともに雇用均等・児童家庭局となり，少子化対策と男女共同参画の推進を担うこととなった．

多様な保育ニーズに応えてきた種々の無認可保育施設は，保育をめぐる状況の変化とともに認可外保育施設と一括して呼ばれるようになっている．そして質の悪い施設での保育児の死亡事故が続発

図2-1. プリスクールの0歳児室（アメリカ）

図2-2. 6人乗りベビーカー（アメリカ）

し，これをきっかけとして厚生労働省は平成13年に児童福祉法の一部を改正し，認可外保育施設に対する監督の強化を行い，保育士資格の法定化がすすめられるに至った．

また近年は，規制改革によって保育所の運営に企業の参入がすすめられ，公立保育所の運営が民間委託されるなど，社会の変化，とくに国や自治体の経済状況の変化に伴って保育のあり方も急速に変わりつつある．

少子化の進行に伴って，これまでの幼稚園と保育所の取り組みだけでは対応できない状況も生じてきて，両者を一体化した「認定こども園」の制度が平成18年から施行された．

少子化の影響を受けて平成に入った頃は保育所にも定員割れがみられたが，近年は施設数，利用児童数ともに増加している．待機児童数は女性の就労機会の増加とともに増え，平成25年4月現在で2万2,741人を数え，その8割が0～2歳の低年齢児である．乳児保育に対するニーズは母親のライフスタイルや社会状況により変化するものであり，地域によっても大きな差がみられる．待機児童の解消には量的拡充のみでなく，まず，子どもの最善の利益が大切にされ，保護者にとっては仕事と子育ての両立のバランスが視野に入れられた取り組みがなされなければならない．

B. 海外における乳児委託保育事情

1 アメリカ

アメリカにおける保育政策は連邦として統一されておらず，州の政策として低所得対策の1つとして位置づけられている．これはわが国の保育制度が，1997年の児童福祉法改正まで保育所への入所を行政の措置として行ってきたこと，保育費用を親の負担能力に応じて市町村が支弁してきたことと大きく違っている．わが国においては，保育に欠ける条件があれば収入の高低にかかわらず入所が可能であるが，アメリカの保育政策は，低所得家庭の子どもを対象とし，母親を就業させて自立を促すためになされているのである．

公的保育の利用範囲は各州の算定する標準生計費によって定められ，それ以上の所得者は民間保育サービスを利用することになる．その種類として，nursery school, preschool, day care center などがある（図2-1, 2-2）．働く母親たちは収入に見合った保育を購入することになるが，乳児クラスの保育料は月額$1,800.00程度と安いものではない．ベビーシッターや保育ママなどの個人保育者に依頼するケースも多いが，その資質はわが国

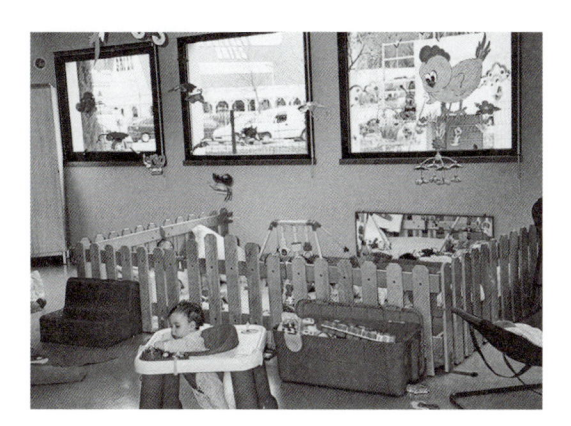

図 2-3. 保育所の 0 歳児室（フランス）

図 2-4. 保育所の廊下（フランス）
室内のようすがわかるように窓がついている

にくらべて一般に高くはない．なお，幼児教育を目的とした幼稚園 kindergarten（通称 kinder）は州で定められた 5 歳児対象の小学校就学前 1 年間の義務教育である．

また 1970 年代から保育施設の不足を解消するために，新たな保育形態として企業化された保育所チェーンが登場した．その 1 つである「ラ・プティ・アカデミー La Petite Academy Inc.」は，わが国においても大手企業と提携し，1994 年に川崎市の私鉄沿線に駅型保育施設を開設したことで知られている．

さらに近年は社内に保育施設を設ける企業が増え，1998 年には主要企業の 9％に及んでいる．この制度は働く母親への厚生福祉というよりも，会社側の人材確保の視点にたつところが大きく，会社側の負担は大きいが，従業員が能率よく働ける経済効果を考えて設置されている．

1965 年に全米教育協会の「すべての子どもに幼児教育の機会を」という提案に発して，「ヘッド・スタート計画」が全国的規模で展開された．これは，貧困児と文化的に恵まれない幼児に，小学校入学前に適切な教育を与えることにより，就学時のハンディキャップを少なくしようという補償教育プログラムで，国際的にも大きな反響があり，わが国でもその教材であるセサミストリートが，テレビで放映されて人気を得ている．

❷ フランス，ドイツ，イギリス

欧米のなかで経済的支援がもっとも手厚いといわれてきたフランスであるが，近年は仕事と子育ての両立にむけて，保育サービスの充実が図られている．2006 年には合計特殊出生率が 2.00 まで回復したことで注目がよせられている．

フランスの保育制度は子どもの年齢によって分けられていて，3 歳未満児を対象とする保育所 creche（図 2-3, 2-4）と 3 歳以上児を対象とする保育学校 ecole maternelle，幼稚園 jardin d'enfants がある．保育学校は基本的には 3 歳からであるが，近年は 2 歳児の就園が増えている．幼児教育の普及率が高く，5 歳児ではほぼ全員が義務教育前の集団保育・教育を受けている．また，0 歳から就学前までの一時保育園 halte garderie もある．

3 歳未満児の保育メニューとしては，施設保育形態の施設保育所 creche collective，家庭的保育形態の家庭保育所 creche familiale，自宅で子どもを保育する家庭的保育がある．この家庭的保育が重視されていることがフランスの保育の特徴であり，以前は法律で決められていなかったために無資格者 nourrice もいたが，現在は県議会の認定を受けた認定保育ママ assistance maternelle が多くなり，

海外における乳児委託保育事情

1990年には132,000人だったのが，2002年には307,000人に及び，72万人の子どもの保育ができるようになっている．フランスでは伝統的に乳母の習慣があったため，家庭的保育は地域住民のなかによく浸透していて，母親も抵抗なく子どもを託しているようである．

　ドイツの旧西ドイツ地域では，伝統的に子どもの保育は家庭において行われるという考えが根強く，3歳未満児の保育サービスは整っていない．子どもが3歳になるまで最長3年間の育児休業の取得が可能であり，所得制限の要件を満たせば育児手当が支給される．3歳になると6歳までは，全ての幼児に幼稚園入園の権利が保障されている．仕事と家庭の両立支援を目指して，2005年に保育サービスの確保が図られたところである．

　イギリスにおいても，子育ては個人的なものであり，家庭で行われるものとの考えられてきた．保育所は経済的支援を必要とする層のためのものであって，一般家庭においては家庭保育であるチャイルドマインダーによって行われてきた．保育者の自宅で保育を引き受けるチャイルドマインダーは教育基準事務所への登録が義務付けられている．また，子どもの自宅で保育するナニーも保護者との直接契約によって雇用されるが，法的には規定のないものである．育児休業は子どもが5歳になるまでの間に，両親合わせて13週間の取得が可能である．この場合の休業給付はない．

3 スウェーデン，フィンランド

　スウェーデンにおいて保育対策は家族福祉の主要な柱として位置づけられている．従来から幼保一元化の代表的システムがとられていたが，1998年に保育園 daghem が廃止されてプレスクールとなり，所管も日本でいう厚生労働省から文部科学省へと移管された．スウェーデンの女性の就労率は，7歳以下の子どもをもつ母親の約80％に及び，

---

column　OUT DOOR POLICY FOR THE PLAYGROUND AND WALKS

All teachers will take attendance of the children by name at six times when going outside to play : a) inside the classroom ; b) at the door of the school ; c) upon entering the playground ; d) upon leaving the playground ; e) upon entering the school ; and f) upon return to the classroom.

　上記の英文は，ニューヨーク市マンハッタンの，あるプリスクールの保育マニュアルの外遊び・散歩に関する部分である．園外に出るときには，保育室を出てから保育室に戻るまでに6回点呼を取るように記されている．保育者は「1人，2人，3人，……」と人数を数えるのではなく，一人ひとりの目をみつめて名前を呼び，チェックリストに印をつけていく．

　マニュアルというと心が通わない形式的なイメージがあるが，子どもたちは名前を呼ばれるたびにうれしそうな表情をみせる．楽しいはずの外遊びや散歩で，無責任な保育による悲惨な事故を防ぐために，「名前を6回呼ぶ」ことを実行したいものである．

　このほかにもマニュアルには，保育者が職務を確実に遂行するための事項が，詳細に記述されている．保育者による保育のばらつきをなくし保育の質を向上させるために，乳児保育においてはマニュアルの導入が検討されてもよいように思う．

プレイグラウンド

図 2-5. 午後の室内遊び（フィンランド）

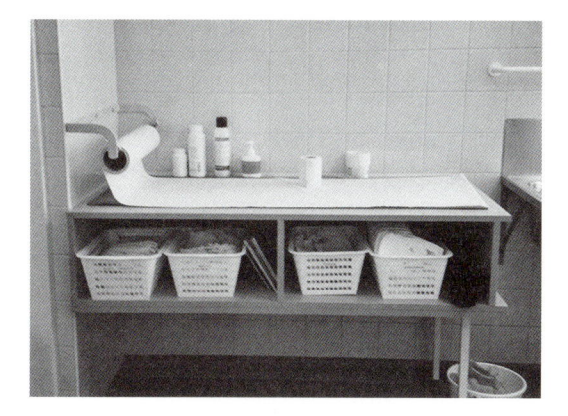

図 2-6. おむつ交換台（フィンランド）

出産後も仕事を続けるのが当たり前のこととなっている．

1993年のスウェーデン国会の議決により，1995年から各自治体は保育が必要な生後1年から12歳までの子どもに，これを提供することが義務づけられた．生後1年からとなっているのは，乳児については両親手当によって80％の所得保障で12カ月の休暇が取得できるためである．この育児休業は父親と母親が最低30日ずつ取ることが義務づけられ，1年を経過した後も定額の最低保障額による所得保障でさらに90日まで延長できるようになっている．

また，オープンプレスクールとして，家庭で育てられている子どもにも，保護者と週2～3回通園するスタイルが取り入れられていることも特徴である．

フィンランドでは母親が家にいても失業中であっても，保育所は子どもを預かるという考えが基本にある．1990年に子どもの保育について，3歳以下（1996年に6歳以下に改正）の子どもは希望すれば地方自治体がこれを提供するという法律ができた．6歳以下の子どもは，保育の提供がされるか，手当の支給によって家で育てられるかのいずれかであるが，90％以上の女性が就労していることもあって，保育を希望するケースが多くなっている．

子どもが生後10カ月まで母親への補助金が出され，これが終了すると保育の場をさがすことができる．最近の傾向として保育所への入所年齢が低くなっている．保育の対象となる子どもは，生後10カ月から小学校へ就学する7歳までとなっている．6歳児には「就学前教育」を地方自治体が全員に提供することになっている．この「就学前教育」は親の義務ではないが，ほとんどの子どもが通っている．

保育の形態は，「保育所」，3人の保育士が公的な建物のなかで最高12名まで保育する「グループホーム」，1人の保育士が自宅で4名まで預かる「ホーム保育」，個人セクター（私立保育所）内や自宅にきてもらう「ベビーシッター」の4形態がある（図 2-5，2-6）．保育料は全国統一で，保育の形態にかかわらず同じになっていて，両親の収入によって負担額が決められる．注目されるのは，保育所とホーム保育の連携が図られていることである．連携内容は，ホーム保育の保育者が保育所で講習を受けたり，保育所の行事に子どもと参加したり，保育者が病気のときに子どもの保育を保育所で行うことなどである．育児休業が終了した母親は，最初に子どもをホーム保育に預け，子どもが4,5歳になってから保育所に入れると集団にスムーズに移行できると，ホーム保育を評価している．

（田川悦子）

SECTION 3 わが国の乳児をとりまく環境状況

A. 家族環境

1 家族形態の変化と多様化

　家族の形態はその構造から，単独世帯，核家族世帯，三世代世帯，その他の世帯に分けられる．このうち核家族世帯には夫婦のみの世帯と，夫婦（ひとり親）と未婚の子どもからなる世帯とがある．わが国の昭和30年以降の世帯数の推移を構造別にまとめたものが表3-1である．

　核家族世帯は昭和40年の1,424万1千世帯から50年の1,930万1千世帯，60年の2,274万4千世帯と増加の一途をたどり，平成22年には2,909万7千世帯と世帯総数の6割に及んでいる．その構成割合をみると夫婦のみの世帯は年々増加しているが，戦後の家族構成の典型とされてきた夫婦と子どもからなる世帯は昭和55年の47.3％をピークに低下していて，平成22年には37.2％となり，もはや家族構成の典型ではなくなりつつあるといわれている．

　一方，老親と子どもと孫からなる三世代世帯の構成割合は低下し続けてきているが，実数でみると昭和60年まではほとんど変わらず，それ以降に減少がみられているのである．すなわち，昭和60年以前の核家族の増加は三世代家族の減少によるものではなく，戦後の高度経済成長期に，二男・三男たちが都会に出てサラリーマンとなり，そこで結婚して家庭をもつことにより急速に形成されてきたのである（図3-1）.

　三世代世帯のなかでは，子どもは祖父母と生活をともにすることで，高齢者や弱者に対する思いやりや優しさをもつこと，複雑な人間関係のなかから人の気持ちを理解できるようになることが自然に培われていた．また親子が対立したときには，祖父母はクッションの役割を果たし，子どもにとっては逃げ場ともなっていたのである．

　核家族の増加は，夫婦を中心とした男女平等の家庭を現実のものとしたことと引き換えに，三世代家族がもつ子育て機能を失ったのである．核家族では母親一人が子育てに専念することが多く，母親は育児の助言を受けたり，相談する人がいない状態で子どもと向き合うことになっている．その結果，過度の母子密着による育児不安や育児ノイローゼがみられるようになってきているのである．

　また，近年はひとり親家庭が増えてきている．平成18年の母子世帯は79万世帯，父子世帯は9万世帯となっているが，その理由として離婚によるものが母子父子ともに7割に及んでいる．ひとり親家庭の悩みとしては「経済的なこと」を母子家庭の7割が，「家事のこと」を父子家庭の4割が，「子どものこと」をいずれも約7割があげている．これらに対して地域や行政，職場などにお

表 3-1. 世帯構造別にみた世帯数および構成割合の年次比較

	総数	単独世帯	核家族世帯			3世代世帯	その他の世帯	平均世帯人員
			総数	夫婦のみの世帯	夫婦（ひとり親）と未婚の子のみの世帯			
推 計 数 （千世帯）								
昭 30 年 (1955)	18,963	2,040		8,600[1)]		8,324[2)]		4.68
35 (1960)	22,476	3,894		10,058[1)]		8,523[2)]		4.13
40 (1965)	25,940	4,627	14,241	2,234	12,007	7,074[3)]		3.75
45 (1970)	29,887	5,542	17,028	3,196	13,832	5,739	1,577	3.45
50 (1975)	32,877	5,991	19,304	3,877	15,428	5,548	2,034	3.35
55 (1980)	35,338	6,402	21,318	4,619	16,700	5,714	1,904	3.28
60 (1985)	37,226	6,850	22,744	5,423	17,322	5,672	1,959	3.22
平 2 (1990)	40,273	8,446	24,154	6,695	17,458	5,428	2,245	3.05
12 (2000)	45,545	10,988	26,938	9,422	17,516	4,823	2,796	2.76
17 (2005)	47,043	11,580	27,872	10,295	17,577	4,575	3,016	2.68
22 (2010)	48,638	12,386	29,097	10,994	18,102	3,835	3,320	2.59
構 成 割 合 （％）								
昭 30 年 (1955)	100.0	10.8		45.4[1)]		43.9[2)]		・
35 (1960)	100.0	17.3		44.7[1)]		37.9[2)]		・
40 (1965)	100.0	17.8	54.9	8.6	46.3	27.3[3)]		・
45 (1970)	100.0	18.5	57.0	10.7	46.3	19.2	5.3	・
50 (1975)	100.0	18.2	58.7	11.8	46.9	16.9	6.2	・
55 (1980)	100.0	18.1	60.3	13.1	47.3	16.2	5.4	・
60 (1985)	100.0	18.4	61.1	14.6	46.5	15.2	5.3	・
平 2 (1990)	100.0	21.0	60.0	16.6	43.3	13.5	5.6	・
12 (2000)	100.0	24.1	59.1	20.7	38.5	10.6	6.1	・
17 (2005)	100.0	24.6	59.2	21.9	37.4	9.7	6.4	・
22 (2010)	100.0	25.5	59.8	22.6	37.2	7.9	6.8	・

注[1)]「夫婦のみの世帯」と「夫婦と未婚の子のみの世帯」を一括計上している．
　[2)]「ひとり親と未婚の子のみの世帯」・「三世代世帯」と「その他の世帯」を一括計上している．
　[3)]「3世代世帯」と「その他の世帯」を一括計上している．
　[4)]平成7年の数値は兵庫県を除いたものである．
資料：昭和60年以前の数値は，厚生省「厚生行政基礎調査」，平成2年以降の数値は，厚生労働省「国民生活基礎調査」
出典：国民衛生の動向，2007，2013/2014

ける理解と支援が求められている（図 3-2, 3-3）．

　この他にも，晩婚化や高齢化の進行，離婚による単独世帯の増加，再婚に伴う家族構成の複雑化，さらに今後は血縁や婚姻関係によらない新しい形の家族の増加も予想されていて，家族形態は次第に多様化してきているのである．

　保育にあたる者は，家族形態の変化と多様化が子育てに種々の影響を及ぼしていることを認識し，問題をもったケースでは子どもの心をしっかりと受けとめ，子どもの健全な発育・発達を支援していく努力を期待するのである．

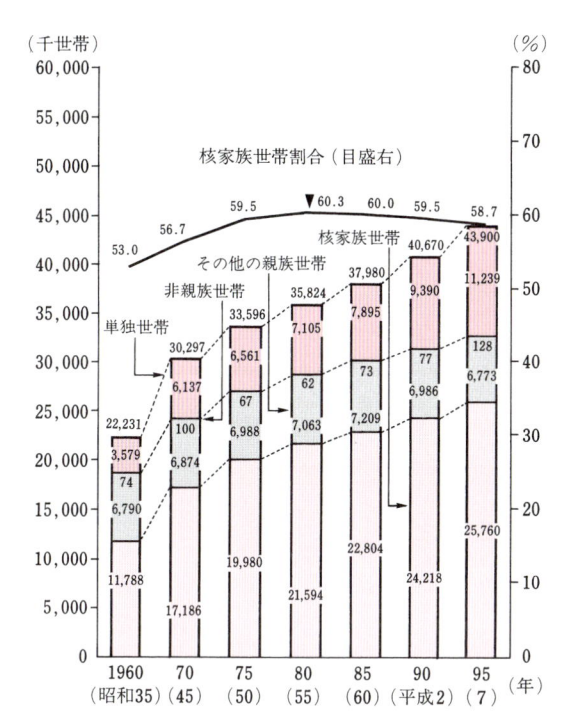

図 3-1. 家族類型別一般世帯数および核家族世帯割合の推移

資料：総務庁統計局「国勢調査」
出典：厚生白書，平成10年版

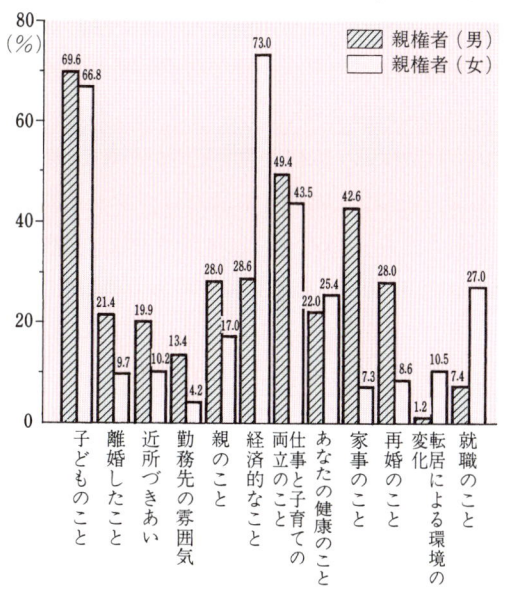

図 3-2. 離婚により生じた悩み

注）1997（平成9）年6月に協議離婚をし，親権を行う子を有する者（男女）を対象として，同年10月に行った調査．複数回答．

2 出生児数の減少

わが国の年間出生数は，昭和22年から24年にかけての戦後の第1次ベビーブーム期は260万人台であったのが，25年頃から減り始め，30年代には160万人前後に減少した．昭和41年はひのえうまの年で，その前後で特殊な変動をしたが，これを除けば，37年を境にやや上昇傾向となり，46年には200万人に達した．これは戦後のベビーブーム期に生まれた人々が子どもを産み始めたことによる．46年から49年の間は戦後第2のベビーブーム期と呼ばれている．その後，昭和49年から平成2年まで再び減少を続け，平成に入ってからは120万人前後で推移し，24年には104万人となっている（図3-4）．

合計特殊出生率（1人の女子が一生の間に生む平均子ども数）をみると，第1次ベビーブーム期

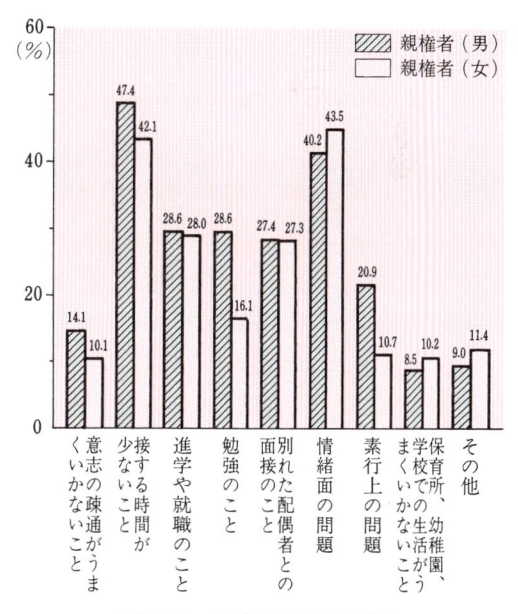

図 3-3. 子どもに関する悩み

注）1997（平成9）年6月に協議離婚をし親権を行う子を有する者（男女）を対象として同年10月に行った調査．図3-2で「子どものこと」で悩みのある者を集計した．複数回答．

資料：厚生省大臣官房統計情報部「平成9年度人口動態社会経済面調査―離婚家庭の子ども―」
出典：厚生白書，平成10年版

家族環境　17

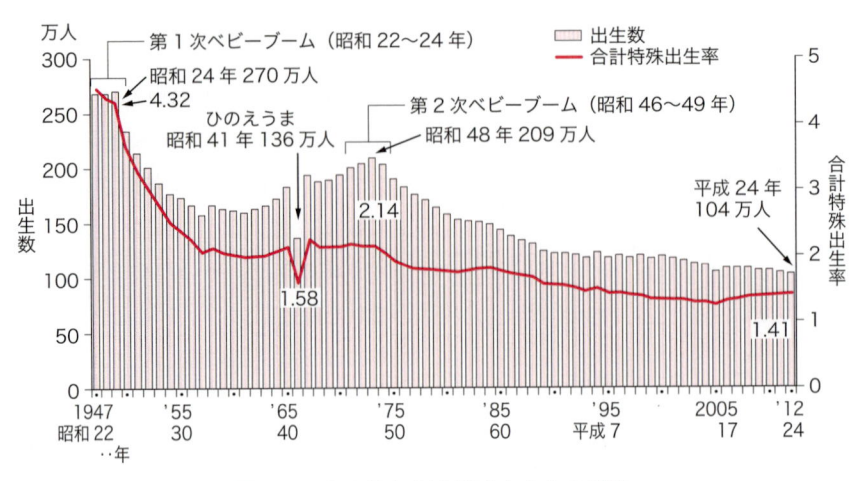

図3-4. 出生数と合計特殊出生率の推移
注）平成24年は概数である．　　資料：厚生労働省「人口動態統計」

には4を超えていたが，昭和25年から急激に下降し，32年には2.04となった．その後48年までは，ひのえうまを除き，2.0～2.1と安定していたが，50年に1.9と2.00を下回った．平成元年には1.57となり，これ以降少子化に対する国の施策がとられてきているが低下傾向は止まらず，17年には史上最低の1.26，24年には1.41となっている．これは人口を維持するのに必要な水準（人口置き換え水準）である2.07を大幅に下回っているのである．

出生率低下の要因として，従来は未配偶女性の増加や結婚年齢の上昇があげられてきたが，平成14年の「出生動向基本調査」（国立社会保障・人口問題研究所）では，結婚した夫婦の子ども数も減少していることが明らかにされ，双方に注目する必要があるといわれるようになった．また夫婦のもつ子ども数は，理想子ども数よりも少なくなっていることが同調査で示されている（図3-5）．

妻が理想の数だけ子どもをもとうとしない理由として多いのは「子育てや教育にお金がかかる」「高齢で生むのはいや」「育児の負担に耐えられない」で，経済的負担が大きな要因となっている（表3-2）．

財団法人こども未来財団の「子育てコストに関する調査研究」（平成15年3月）によれば，子育てにかかる費用は年額で，0歳児50万6千円，1歳から3歳まで各50万円前後，4歳から6歳まで各65万円前後となっている．これを合計すると，子どもが生まれてから小学校就学までに約400万円かかることになり，子育て費用の高さが知られるのである（図3-6）．

国立社会保障・人口問題研究所が平成14年に公表した「将来人口推計」によれば，少子・高齢化は一段と進み，2050年には年間出生数は現在のほぼ半数の67万人，総人口に占める65歳以上の割合は2倍の35.7％，人口は2100年には6,400万人へと半減することが予測されている．

このような少子化が社会に及ぼす影響として，高齢化による年金，医療，福祉などの社会保障の現役負担の増大や労働力人口の減少による経済成長の鈍化などがあげられている．結婚して，子どもを産み育てることにやさしい社会をつくることは，わが国の大きな課題となっているのである（図3-7）．

❸ 人口の都市集中と住宅問題

わが国では第二次大戦後すぐに，都市部への人

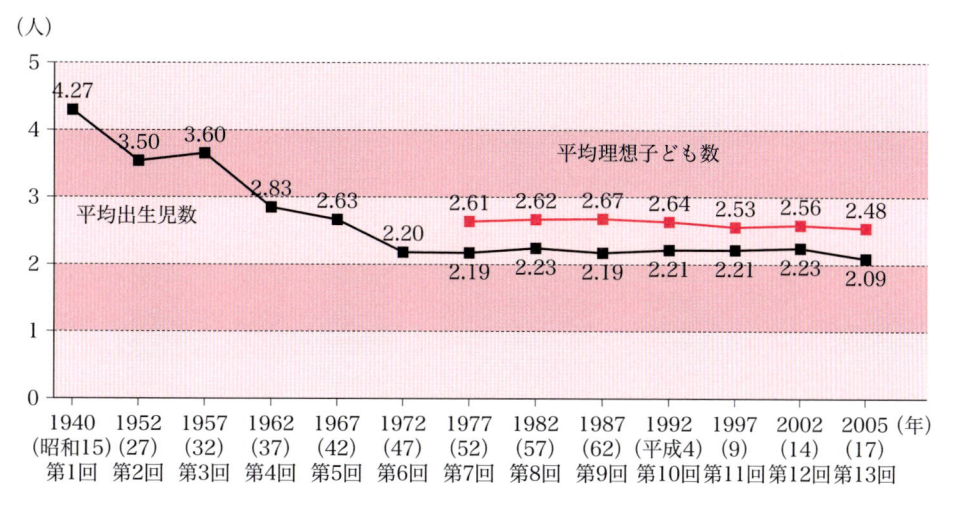

図 3-5. 平均出生児数・平均理想子ども数の推移

注1）理想子ども数については，50歳未満の妻に対する調査．
　2）平均出生児数は，結婚持続期間15～19年の妻を対象とした出生児数の平均．
資料：国立社会保障・人口問題研究所「出生動向基本調査（第10回～13回）」・「出産力調査（第1～9回）」

表 3-2. 妻の年齢別にみた，理想の子ども数を持たない理由
―予定子ども数が理想子ども数を下回る夫婦について―

（複数回答）

妻の年齢	標本数	子育てや教育にお金がかかりすぎるから	高年齢で生むのはいやだから	これ以上，育児の心理的，肉体的負担に耐えられないから	自分の仕事（勤めや家業）に差し支えるから	健康上の理由から	欲しいけれどもできないから	家が狭いから	夫の家事・育児への協力が得られないから	子どもがのびのび育つ社会環境ではないから	一番末の子が夫の定年退職までに成人してほしいから	夫が望まないから	自分や夫婦の生活を大切にしたいから
25～29歳	(115)	83.5	6.1	20.0	27.8	4.3	7.8	20.0	20.0	16.5	5.2	13.0	13.0
30～34歳	(329)	78.7	18.2	24.6	21.9	12.5	10.6	19.8	19.1	18.2	7.0	12.5	11.9
35～39歳	(464)	75.0	40.1	26.5	17.9	16.4	16.8	17.9	17.0	16.2	8.0	9.7	8.6
40～49歳	(897)	54.0	49.2	18.2	14.3	20.8	19.5	11.1	9.1	10.5	9.9	5.5	5.7
総数	(1,825)	65.9	38.0	21.6	17.5	16.9	16.3	15.0	13.8	13.6	8.5	8.3	8.1
第12回総数	(2,134)	62.9	33.2	21.8	17.1	19.7	15.7	14.6	12.1	20.4	9.6	7.2	11.5

注）予定子ども数が理想子どもを下回る夫婦の割合はそれらの不詳を除く夫婦の35.3％である．25歳未満（20件）については掲載を省略．ただし総数にはこれを含む．全数値は付表4（巻末）参照．

資料：国立社会保障人口問題研究所・「第13回出生動向基本調査」，2005

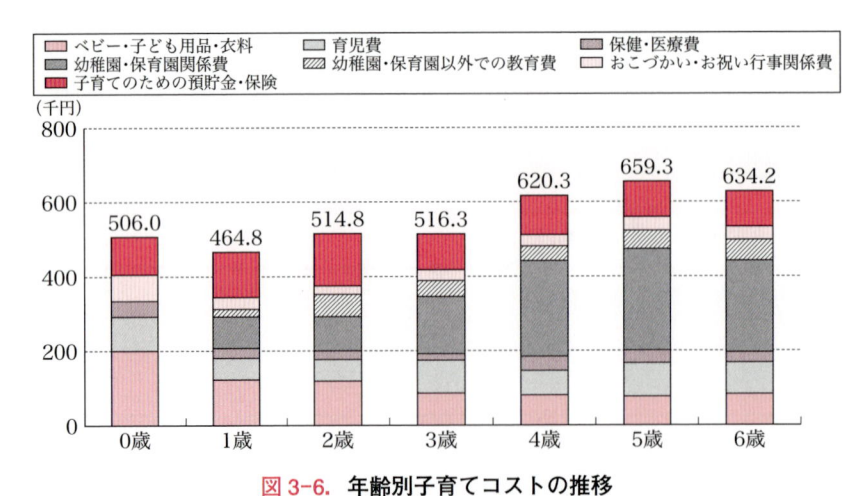

図 3-6. 年齢別子育てコストの推移

注）金額は年額．「育児費」とは，食費やおやつ（給食以外）をいう．
「幼稚園・保育園関係費」には，ベビーシッターや一時保育費も含む．
資料：財団法人こども未来財団「子育てコストに関する調査研究」（2003 年）
出典：少子化社会白書，平成 17 年版

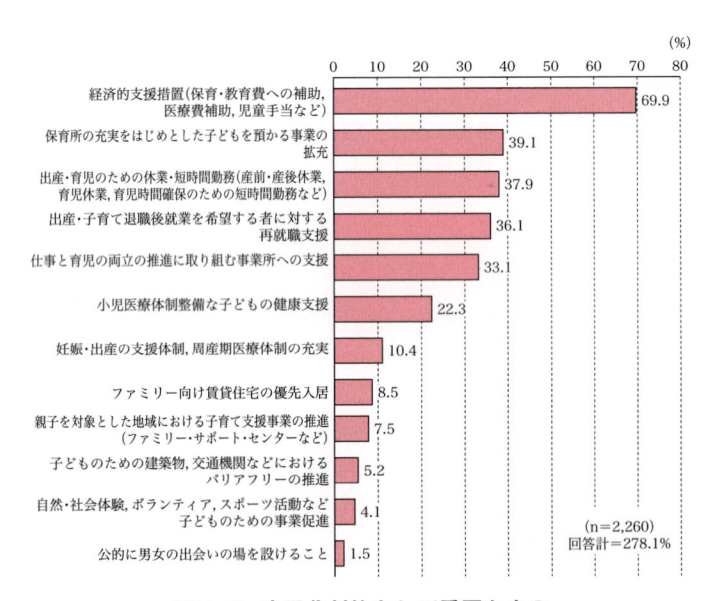

図 3-7. 少子化対策として重要なもの

注）選択肢の中から最高 3 つまで選択
資料：内閣府「少子化社会対策に関する子育て女性の意識調査」（2005 年 3 月）

口流入が始まり，高度経済成長に伴って昭和 30 年代から 40 年代にかけて急速に人口の都市集中が進んだ．人口集中地区の全人口に対する割合は昭和 35 年には 43.7％であったのが，平成 7 年には 64.7％に及んでいる．とくに首都圏への一極集中は著しく，圏内人口は昭和 35 年の 1,786 万人から平成 7 年には約 2 倍の 3,258 万人に増加し，全人口の 1/4 を超えている．

急速な人口の都市集中は都市中心部における住宅の取得を困難にした．そして公共交通機関の整

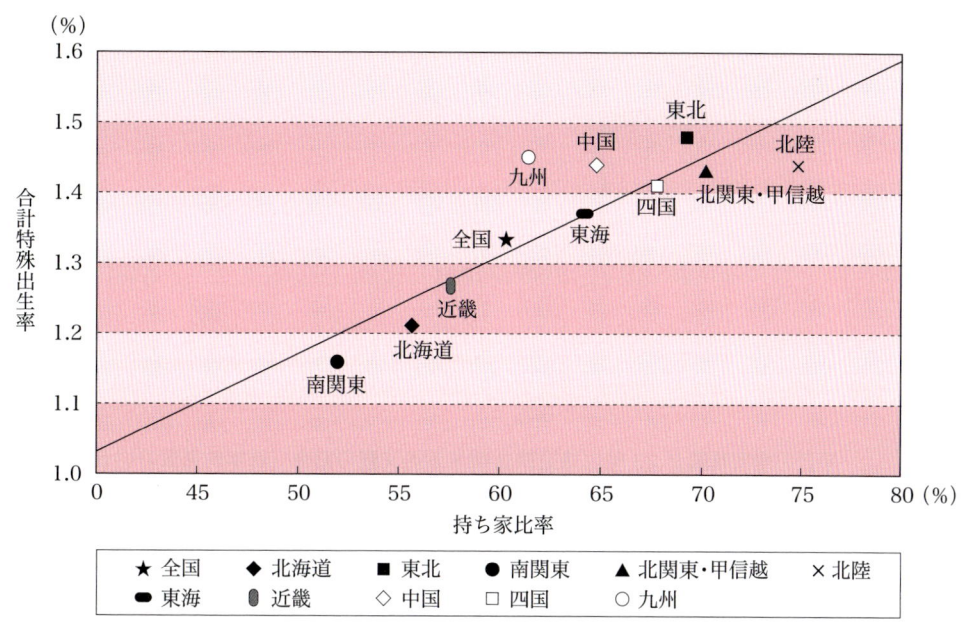

図 3-8. 持ち家比率と合計特殊出生率
注）九州ブロックは沖縄県を除く．
資料：総務省「住宅土地統計調査」，1998，厚生労働省「人口動態統計」，2001 により政策評価官室作成
出典：厚生労働白書，平成 15 年版

備とともに，都市近郊での住宅開発が進められたのである．また，ニュータウンの建設も進み，都市の外側には大規模な住居地域が形成されていった．

また，大都市圏においては地価の高騰による都心部の居住人口の減少が昭和 40 年代から始まり，若年齢層と子どもが著しく減少した．

さらに，農山村では都市部への若年人口の流出に伴って，過疎化，高齢化が深刻な問題となってきているのである．

人口の都市集中による住宅取得の困難によって個々の住宅面積は狭くなり，住宅の形態はかつての独立家屋から集合住宅，さらに高層住宅へと変化した．また郊外の住宅地域は，高度経済成長期に都会に出て被雇用者となって核家族を形成した住民から構成されていて，地域社会の共同体としての意識は低く，とくに男性は地域より職場に帰属意識をもつことになった．

このような住宅の変化は，子どもの成育にもさまざまな影響を及ぼしている（図 3-8）．

高層集合住宅は生活空間が限られ，階下への振動を気にして子どもの動きを制限する，戸外での遊びが少なくなる，危険なことが多いなどが指摘されている．子どもたちは狭い家の中に閉じこもりがちで，動きの少ない生活を余儀なくされているのである．

父親の通勤時間と距離の延長は，子どもと一緒にすごす時間を短くし，父親の育児参加を難しくした．総務省が平成 18 年に行った「社会生活基本調査」によれば，6 歳未満の子どもがいる夫の家事や育児時間は，日本では 1 日平均 1 時間程度で，スウェーデン，アメリカ，ドイツなど，他の先進諸国の 2〜3 時間に比べて非常に短くなっていた．そして人間関係が希薄な郊外住宅地で，子育ては母親一人が担うものになっていった（図 3-9）．

一方，住宅問題などとも関連している最近の新しい動きは，三世代同居を望む者の割合が多くなっ

家族環境

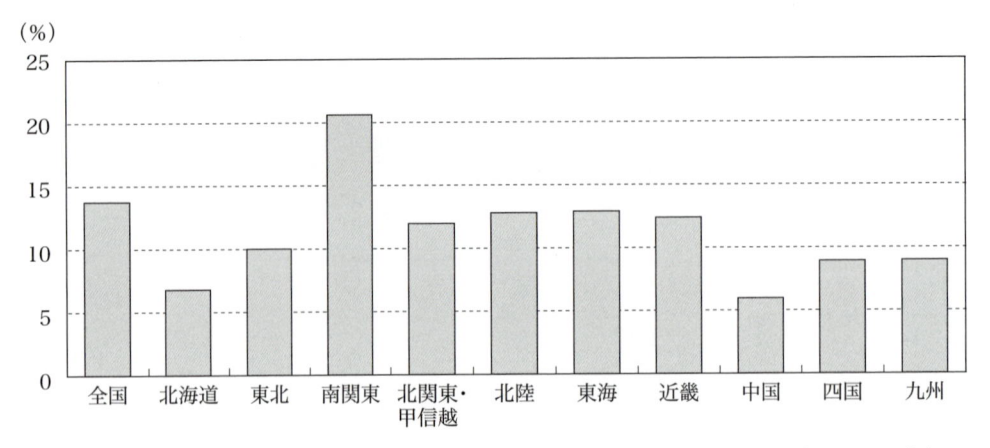

図 3-9. 平日の帰宅時間が 23 時以降翌朝 3 時未満の父親の割合（就学前児童のいる父親）
資料：(株)UFJ総合研究所「子育て支援策等に関する調査研究」（厚生労働省委託，2003年3月）
出典：厚生労働白書，平成15年版

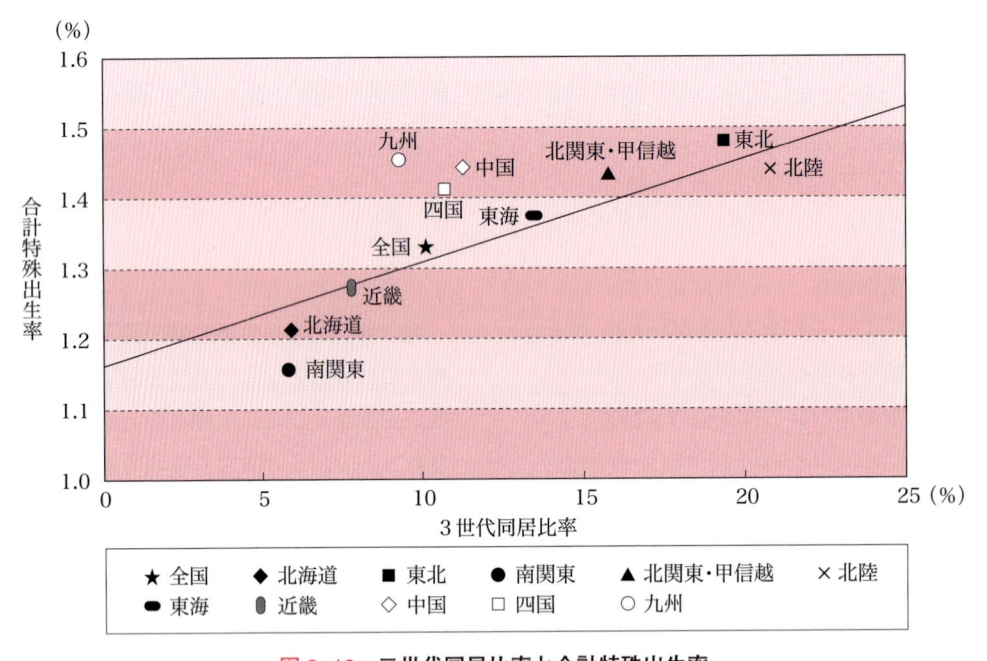

図 3-10. 三世代同居比率と合計特殊出生率
注）九州ブロックは沖縄県を除く．
資料：総務省「国勢調査」．2000，厚生労働省「人口動態統計」．2001 により政策評価官室作成
出典：厚生労働白書，平成15年版

てきていることである．共働きの増加や子どもの生活環境の変化に伴い，祖父母の役割は大きくなってきている．高齢化社会のなかで家族のあり方を考えるうえで，三世代住宅は多くの人たちに関心を向けられてきている（図 3-10）．

(田川悦子)

B. 社会環境

1 出生の場所の変化

平成23年（2011年）のわが国の出生の場所は99.8％が施設内で，自宅・その他は0.2％にすぎず，昭和25年（1950年）からの変化は図3-11のとおりである．

すなわち昭和50年代に入ってからは，市部，郡部を問わず出産は病院などの医療施設で行われるようになり，自宅分娩はほとんど姿を消したといえるのである．

これを昭和25年（1950年）にさかのぼってみると，施設内出産はわずか4.6％，自宅・その他が95.4％と自宅分娩が圧倒的な主流であったのである．そして市部，郡部別では，市部の施設内出産が11.3％，郡部では1.1％と，都鄙の格差が大きかった．

それが昭和35年（1960年）に全国平均の施設内出産が50.1％，自宅・その他が49.9％と，施設内と施設外の出産の割合が相半ばし，それから急速に病院などの医療施設内出産が増加し，50年（1975年）には全国平均の施設内出産が98.8％と，わが国のほとんどの出産が医療施設で行われるようになったのである．

このような急速な出生の場所の変化は，わが国だけのことではなかった．『出産の社会史』（ミレイユ・ラジェ，藤本佳子・佐藤保子訳，勁草書房，1994）にも，「出産をとりまく環境を1950年代まで不変のものとしてきた．産婦が医院に入るのが一般的となったことが，家族の心理のありようを変えてしまったのであった」と書かれている．すなわちフランスでも，第二次大戦後しばらくの間まで，出産はおおむねそれぞれの家庭で行われてきたことが知られるのである．

出生の場所が家庭内から施設内に急速に変化したことは，その後の子育てに少なからぬ影響をもたらした．医療従事者の管理のもとに行われる出産は，保健衛生環境を向上させ，母児双方の死亡率が低下して，今日では出生体重が1,000 gに満たない超低出生体重児の生存を可能にしている．そのため，出産は今日ではもはや命にかかわる大事というより，女性の生涯のイベントと化しつつある．出産そのものが減少したこともあって，病院のなかには産婦に祝膳を出したり，産婦のお手

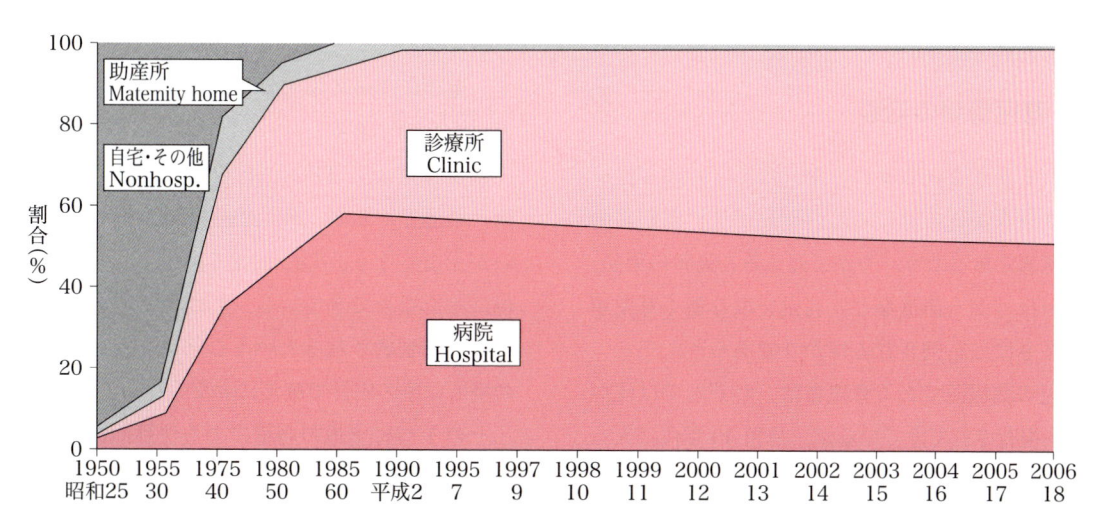

図3-11．出生の場所別，出生割合（昭和25年〜平成18年）

出典：母子保健の主なる統計 2007

柄意識をもち上げるところも増えつつある．

そして，家族や近隣の出産に対する参加協力意識は薄れ，母親本人でさえも麻酔の導入などもあって，自分が子どもを産んだという実感を薄れさせてきている．そして，新生児の集中管理は，母親の疲労回復や感染を防ぐなどプラス面も大きかった反面，母子関係を希薄化させることにもつながった．

少なくとも施設内出産の増加は，母乳栄養を減少させ，人工栄養を増加させたことは事実である．

これに対し，自然な母子関係を取り返すべく，出生後母親の傍らに新生児を置く，母子同室制 rooming-in system がアメリカからもたらされ，わが国の医療機関でも取り入れる所が増えつつある．

また出産に夫が立ち会い，夫婦協力感を増すようなラマーズ法や，東洋的な訓練手技やヨガ・禅の手法を取り入れたソフロロジー式分娩などの出産方法もみられるようになってきている．

そして母乳栄養促進のため，病院内から人工乳を取り除くといった動きも広がってきている．

しかし，このような急速な出生場所の変化は，子育てにメリットも少なくなかった反面，母子関係や家族関係に大きな影響を与えてきていることを，保育の専門家として認識しておくことが，きわめて大切である．

❷ 育児情報の氾濫

子どもが生まれるやいなや，たくさんのダイレクトメールが送られてくる．それは乳児期からの教育情報であったり，やがて迎える初節句の用品，ベビーシッター派遣など，乳児を取り巻く育児産業の多さには圧倒されるばかりであろう．

育児の情報源である育児書は，わが国では江戸期から発行されてきているが，昭和40年代に入ってからは育児雑誌も発行されるようになり，やがてマタニティ誌の発刊もあり，テレビやラジオの育児番組も多く，平成に入るとインターネットやメールなど新しいメディアによる情報の提供も加わるようになってきている．

また，自治体からは乳幼児健診の案内や新生児の訪問指導などの育児指導が提供されている．出産した，または地域の病院などの医療機関においても，健診や育児相談などの専門家の助言指導が行われている．

これらの氾濫する育児情報は，経験の乏しい母親には混乱や自信喪失につながるものになりかねないのである．昔の典型的な子育ては，母親だけでなく大家族や地域の協力のもとで，抽象的な理論ではなく体験に基づいて行われた．そのため今日のように母親に子育てのすべての権限が与えられることはなかったものの，不安や混乱も少なかった．

しかし今日のような情報の氾濫する時代には，その取捨選択がきわめて大切になってくるのである．育児法は時代や地域によっても変わるもので，日光浴がすすめられた時代もあったのが，近年では紫外線は有害とされるようになるなど，育児法は絶対不変ではないことも知っておかなければならない．

❸ 遊び場所の減少と遊びの変化

子どもにとって遊びは主体的活動の中心であって，遊びによって学習が行われ，発達が助長されていくものである．

遊びにはよく TPO が必要といわれ，時間と仲間と場面であるが，現代の生活は家庭にきょうだいが少なくなり，したがって近所にも遊び仲間が得にくくなってきている．乳幼児の場合は塾通いで時間が制約されるということは少ないが，遊びの場所は家の内外で確実に少なくなってきている．

その1つに土地の高騰による住戸面積の狭小化があげられる．とくに都会では土地価格が値上がりして，狭い住戸が多くなってきている．

その狭い住戸面積をいっそう狭くしている原因

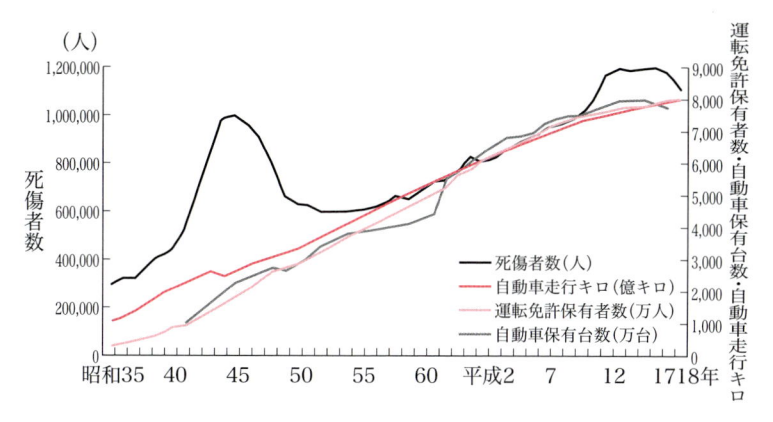

図 3-12. 死傷者数，運転免許保有者数，自動車保有台数及び自動車走行キロの推移

注）
1　死傷者数は警察庁資料による．
2　運転免許保有者数は警察庁資料により，各年 12 月末現在の値である．
3　自動車保有台数は国土交通省資料により，各年 12 月末現在の値である．保有台数には第 1 種及び第 2 種原動機付自転車並びに小型特殊自動車を含まない．
4　自動車走行キロは国土交通省資料により，各年度の値である．軽自動車によるものは昭和 62 年度から計上された．

出典：交通安全白書　平成 19 年版

に，電化製品や家具の増加があげられる．日本では各戸が電気洗濯機をもち，テレビがある．そのうえ最近は電子レンジ，パソコンにいたるさまざまな道具を所有するようになってきている．そのため人間が活動するスペースがせばめられ，とくに乳幼児にとっては実に暮らしにくい住居環境になってきている．こうした住宅のなかで子どもは，テレビやゲームに夢中になって時間をすごすことが多くならざるを得ないのである．

屋外もまた子どもの遊びに適さなくなってきている．その要因の第一は図 3-12 のように自動車の増加であって，山間へき地に暮らす子どもたちでも外遊びをしなくなっている．むしろいわゆる田舎のほうが，子どもだけの外遊びが危険になってきているともいえるのである．

そして，都市では公園や児童遊園などが次第に整備されてきているが，近年の事件・事故の多発をみると，乳幼児だけで遊びに行かせることはできない．そして母親が連れて行っても，ホームレスが朝から酒を飲んでいてこわいという声も聞かれ，また年長児がキャッチボールで占領していることもある．乳幼児には駆け込めるトイレが必要であるが，その管理も簡単ではない．

家のまわりの小路でさえも，自転車が歩行者さえも危険にさらし，事故にあわないまでもこわい思いをした経験をもたない人は少ないはずである．

集合住宅で雨の日に，家の中で大騒ぎをする子どもの遊びに，下の階の住人から苦情が出るのは，苦情を言うおとなに同情を禁じ得ないものがある．

このような状況にあって，乳幼児の集団保育の需要は，保護者の就労保障といったおとなの立場からだけでなく，子どもの発達を保障するためにも，ますますその必要性が高まってきているのである．

4 地域社会との結びつき（地縁）の希薄化

戦後高度経済成長期を迎えるまでのわが国では，

地域社会における近隣の結びつきがきわめて緊密であり，必要不可欠でもあったのである．

初宮参りのしきたりも，生児の氏子入りの儀式で，子どもが地域の氏神に氏子として承認を受けるためのものであった．しかし今日ではお宮参りというと，子どもの健やかな成育を祈念する個人的なイベントになって，地域の氏神とは無関係になってきている．

氏子入りのしきたりだけでなく，百はぎのきもの，乳つけなど，子育てにかかわるわが国に古くから伝わったしきたりの多くは，子育てが地域社会との結びつきのうえに成り立つことを教えたものが多かった．

しかし第二次大戦後の高度経済成長は，被雇用者を増大させ，人口の都市集中を招き，核家族化をもたらした．祖父母と未成年の子どものいる夫婦とが同居する三世代世帯は，昭和35年（1960年）には37.9％であったものが，平成18年（2006年）では9.1％まで減少してきている．

このような状況下にあって，個々の家庭の子育てが，相談する身近な人々のないなかで，きわめて孤独なものになってきつつある．そのうえ個人にもたらされる親身な情報や助力がないのに，一般的情報はテレビ，雑誌，インターネットなどで溢れるようにもたらされて，経験の乏しい親たちを混乱させ不安にするばかりである．

昭和20年代に，今日の茨城県つくば市で保母として働いていた女性が，「子どもにお昼のおべんとうを背負わせて遊ばせておくと，近所の人々が子どもを何くれと世話してくれて，それで仕事を続け子どもを育てることができた」と語っていたのを聞いたことがある．その頃には地域社会のつき合いはまことに家族的で，おおらかであったのである．田舎では住戸に鍵をかけることもなかったのである．

しかし今日，とくに大都市において個人のプライバシーが守られ，個人が自由を獲得できるようになったのと引きかえに，地域社会との結びつきが希薄になり，むしろ職場仲間や学校時代の友人とのつき合いのほうが多くなってきている．近隣に住む人々のつき合いは浅く，挨拶や立ち話をする人はいても生活面で協力し合う相手をもつ人は少数である（図3-13）．

5 家事労働の社会化の進展

昭和20年代までは，おむつはさらし布を購入することはあっても，輪に縫いあげた和式おむつを売っているということはなかった．それのみか新しいさらし布を購入して，生まれてくる子どもにおむつを作るというのは，ぜいたくとか恵まれているという状況だったのである．

それが今日では，紙おむつ（使い捨ておむつ）が主流になって，おむつが干してある光景などほとんど目にすることがなくなってしまっている．

人工栄養も以前は粉ミルクに砂糖類や穀粉などを家庭で添加していたが，今日では粉ミルクを一定濃度に溶くだけになり，やがてはアメリカのように溶いて瓶詰にした人工乳をそのまま使うようになろうとしているのである．

離乳食も同様で，以前は既製離乳食品は割高で，おいしくなく，旅行や特別な時に使うものと考えられていた．しかし今日では月齢にあわせた種々の既製離乳食製品が市販されるようになって，味もよくなり，少量の調理の材料や手間を考えれば割高とはいえなくなり，家庭で広く使われるようになってきている．

衣類なども手作りすることはきわめて少なくなり，ほとんどすべて既製品が使われるようになってきている．

ものに限らずベビーシッターや，母親が運転免許を取得するために学ぶあいだ子どもを預かるといった人的サービスも，次々に開発されてきつつある．

子育てに限ることではないが，多様なメニュー

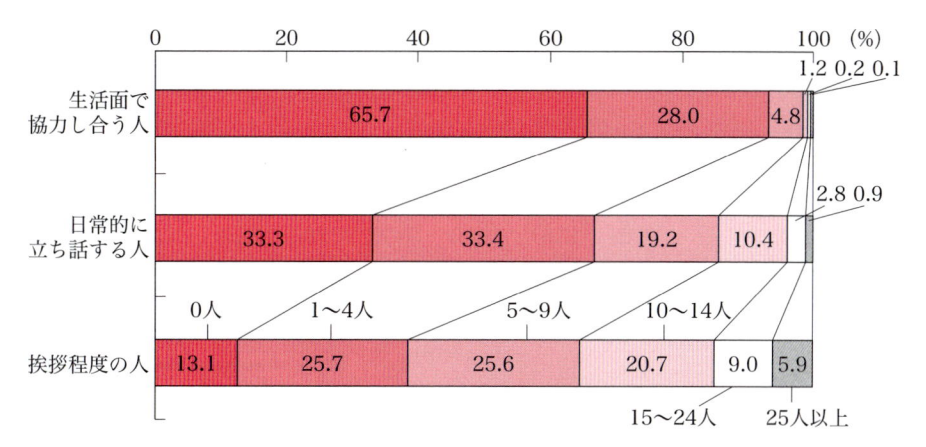

図 3-13. 近所付き合いの人数

注) 1. 内閣府「国民生活選好度調査」(2007 年) により特別集計.
2. 「あなたのご近所づきあいについてお聞きします. 次に挙げる目的にあてはまるご近所の方の人数をお答えください.」という問に対し, 回答した人の割合.「生活面で協力し合う人」は「互いに相談したり日用品の貸し借りをするなど, 生活面で協力しあっている人」,「日常的に立ち話する人」は「日常的に立ち話をする程度のつきあいの人」,「挨拶程度の人」は「あいさつ程度の最小限のつきあいの人」である.
3. 回答者は, 全国の 15 歳以上 80 歳未満の男女で,「生活面で協力し合う人」は 3,366 人,「日常的に立ち話する人」は 3,359 人,「挨拶程度の人」は 3,350 人.

出典：平成 19 年版　国民生活白書

の宅配や，掃除・洗濯・料理などの家事代行サービス業など，まさに家事労働の企業化は進展の一途をたどるばかりである．そのため家事は金銭で何とでもなるといった考えがなされるようになり，世界的に経済第一主義になってきている．家事・育児を軽視し，これを要領よく処理して，収入を得る活動をすることのほうが社会的評価が高くなってきている．

しかし既製品を買うにしても，それまでの手持ちの衣類との組み合わせや取り扱いの難易など，子育てや家事というものは責任をもって管理していく，通常主婦といわれてきた責任者が必要なのである．靴のかかとは修理業者に修理をまかせるであろうが，いつ頃修理を頼むかは家庭で判断するものである．また季節の移り変わりや冠婚葬祭といった行事なども念頭に置いて，家族の生活を管理していくことは，ホームヘルパーにまかせられるものではない．

column　ひとり親家庭の保育

母子世帯や父子世帯などのひとり親の家庭は，近年死別によるものより離婚を理由とする生別によるものが圧倒的に多くなってきている．さまざまな事情を抱えながら 1 人で家庭を支えているため，親の負担は大きく，ひとり親世帯の子育ての悩みとして教育・進学・しつけなどが多くあげられている．母子世帯の場合，その就労は臨時・パート・派遣などの割合が半数を占めるため経済的に困難な状況に陥りがちであり，父子世帯にあっても家計の悩みをあげることが少なくない．保育者は 1 人で懸命に子育てしている親への思いやりをもち，多様な社会的支援の情報を提供することにより親の負担感を軽減していくことができる．また，日々の忙しさのなかで子どもの世話が行き届かない場合でも，厳しく指摘することなく，さりげなく補っていく暖かさが求められる．

社会環境

表 3-3. 平均余命の推移

年次	男				女			
	0歳	60歳	65歳	75歳	0歳	60歳	65歳	75歳
明治 24～31 年	42.8	12.8	10.2	6.2	44.3	14.2	11.4	6.7
大正 15～昭和 5 年	44.82	12.23	9.64	5.61	46.54	14.68	11.58	6.59
昭和 22 年	50.06	12.83	10.16	6.09	53.96	15.39	12.22	7.03
30 年	63.60	14.97	11.82	6.97	67.75	17.72	14.13	8.28
40 年	67.74	15.20	11.88	6.63	72.92	18.42	14.56	8.11
50 年	71.73	17.38	13.72	7.85	76.89	20.68	16.56	9.47
60 年	74.78	19.34	15.52	8.93	80.48	23.24	18.94	11.19
平成 2 年	75.92	20.01	16.22	9.50	81.90	24.39	20.03	12.06
12 年	77.72	21.44	17.54	10.75	84.60	26.85	22.42	14.19
17 年	78.53	22.06	18.11	11.07	85.49	27.62	23.16	14.80
23 年	79.64	22.84	18.86	11.58	86.39	28.37	23.89	15.38

注）昭和 50 年からは沖縄県を含む．

資料：厚生労働省大臣官房統計情報部「生命表」，「簡易生命表」

家事労働の社会化が進むなかで，これをどのように個々の家庭で利用し，家族が生き生きと暮らしていけるようにするかは，家庭を管理していく者の仕事である．そして，家事労働の社会化に流されることなく，またそれに無関心すぎることもなく，適正な判断の下にそれぞれの家庭を運営していくことが大切なのである．

C. 女性のライフスタイルの変化

1. 平均寿命の延長

女性のライフスタイルを変化させた要因の第一は，その寿命の延長である．それぞれの人があと何年生きることができるかの平均が平均余命であるが，その推移が表 3-3 のようになっている．

表 3-3 からも知られるように，明治・大正期の女性の平均寿命はほぼ 45 歳程度であった．それが第二次大戦後，寿命は急速に延長し，今日では女性の平均寿命は 80 歳を超え，90 歳，100 歳でなお健康な高齢者が全く珍しくなくなっている．

むしろ 90 歳代まで生きることを考えて，人生設計を考えなくてはならなくなっているのである．

そのうえ生涯に産む子どもの数が少なくなって，結婚しても 2 人程度，3 人 4 人も子どもをもてば子福者といわれるほどになってきて，子育てにかかる負担が人生のなかで期間的にきわめて短縮されてきている．

平均初婚年齢も上昇の一途をたどってきて平成 22 年（2010 年）では 29.69 歳になっており，平均 2 人余の子どもを育てあげた 40 歳代からの女性は，それから 40～50 年もの長い人生をどのように生きていくかを考えなければならなくなってきているのである（図 3-14）．

そのため，結婚や子育てなどに負担のかかる 30 歳台を中心とした 20 年未満の期間を，それに没頭しすぎるとその時期をすぎて空巣症候群 empty nest syndrome と呼ばれる，子どもが巣立って残されたあとの無気力状態に陥ることが指摘されるようになってきている．

そうでなくとも，今日昼間，街のなかのレストラン・ティールームを占領しているのは圧倒的に女性であり，団体ツアーやカルチャーセンターな

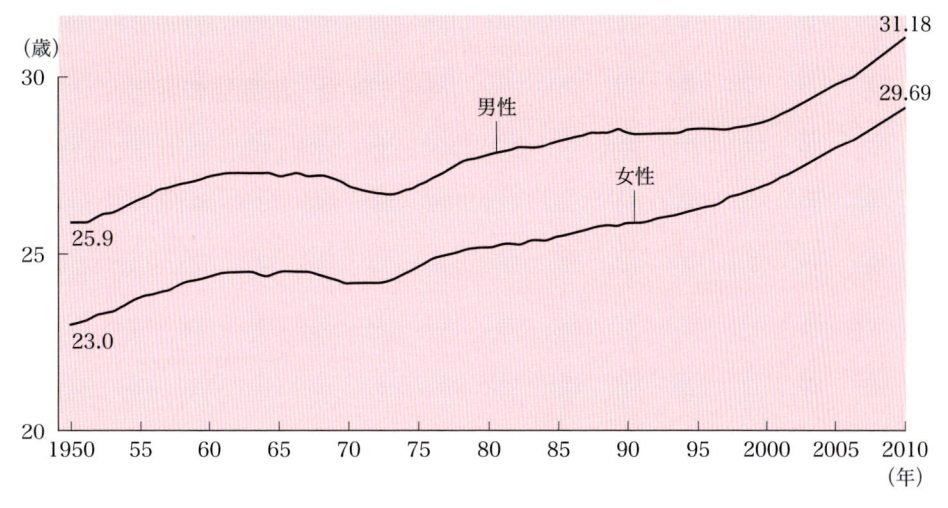

図 3-14. 上昇する平均初婚年齢

資料：厚生労働省「人口動態統計」

表 3-4. 高等学校・大学・短期大学への進学率（年次別）

（単位：%）

区　分	高等学校等への進学率			左記のうち通信を除く			大学・短期大学への進学率（過年度卒等を含む）		
	計	男	女	計	男	女	計	男	女
昭和25年度	…	…	…	42.5	48.0	36.7	…	…	…
35	…	…	…	57.7	59.6	55.9	10.3	14.9	5.5
45	…	…	…	82.1	81.6	82.7	23.6	29.2	17.7
55	…	…	…	94.2	93.1	95.4	37.4	41.3	33.3
平成2年度	95.1	94.0	96.2	94.4	93.2	95.6	36.3	35.2	37.4
7	96.7	95.8	97.6	95.8	94.7	97.0	45.2	42.9	47.6
12	97.0	96.3	97.7	95.9	95.0	96.8	49.1	49.4	48.7
17	97.6	97.3	97.9	96.5	96.1	96.8	51.5	53.1	49.8
22	98.0	97.8	98.3	96.3	96.1	96.5	54.3	52.7	55.9

注1）高等学校等への進学率：中学校卒業者のうち高等学校等の本科・別科，高等専門学校に進学した者（就職進学者を含み，浪人は含まない）の比率．
2）大学（学部）・短期大学（本科）への進学率（浪人を含む）：大学学部，短期大学本科入学者数（浪人を含む）を3年前の中学校卒業者数で除した比率．

資料：文部科学省「平成20年版　文部科学統計要覧」

ども中高年女性を抜きには成り立たなくなっているのである．

2 女性の高学歴化

文部科学省学校基本調査によれば，高等学校への進学率は昭和25年（1950年）男子48.0％，女子36.7％であったが，その後男女とも増加し，44年（1969年）には男子79.2％，女子79.5％と若干女子が男子を上回った．その後も女子がやや高率のまま進学率はさらに上昇し，50年（1975年）には男女とも90％を超えた．平成に入っても上昇を続け，平成22年（2010年）には女子の進学率

女性のライフスタイルの変化

は98.3%と義務教育就学率に近い数値に至っている（表3-4）．

大学・短期大学への進学率は昭和29年（1954年）男子15.3%，女子4.6%で進学者はごく一部のものに限られていた．女子の進学率はその後の上昇のカーブも緩やかで，46年（1971年）に20.8%，50年（1975年）に32.4%，平成元年（1989年）に男子の進学率を超え，平成4年（1992年）に40.8%と上昇を続け，22年（2010年）には55.9%と過半数にまで達している．女子の場合，短期大学への進学の割合が多かったものが，8年（1996年）には大学進学者のほうが多くなっており，女性の高学歴化はこのことからも認識されよう．

女性が目的をもって進学し，そこで獲得した専門能力を社会のなかで生かしたいと考え，結婚・出産後も就労の継続を希望する人々が多くなっている．その結果，乳児期から保育施設の需要が増大していくと考えられる．また高学歴の親は子どもの教育への関心が高く，保育所に対してもただ長時間預かってくれればよいというのではなく，保育内容への期待も高くなるのである．

3 結婚・家庭観の変化

結婚し家庭をつくって行くことは，戦前までのわが国の基本的考えと，憲法が改正され家のあり方が変わった戦後とでは，大きく移り変わったことはいうまでもない．しかし長いあいだ続いてきた家を継承するという考え方が，一朝にして全国のいずれの家庭でも払拭されたというわけではない．

家庭をどのようにとらえているかを調査した結果が発表されているが（図3-15），家庭のもつ意味を家族団らんの場，休息・やすらぎの場と考えるものが多数を占めている．

晩婚化が進んでいることはすでに述べたが，結婚しない男女も年代とともに増加しているのである．平成22年（2010年）には，35～39歳の年齢層にあっても男性の37.1%，女性の24.4%が未婚となっている（表3-5）．独身青年層の意識調査においても，ある程度の年齢までには結婚するつも

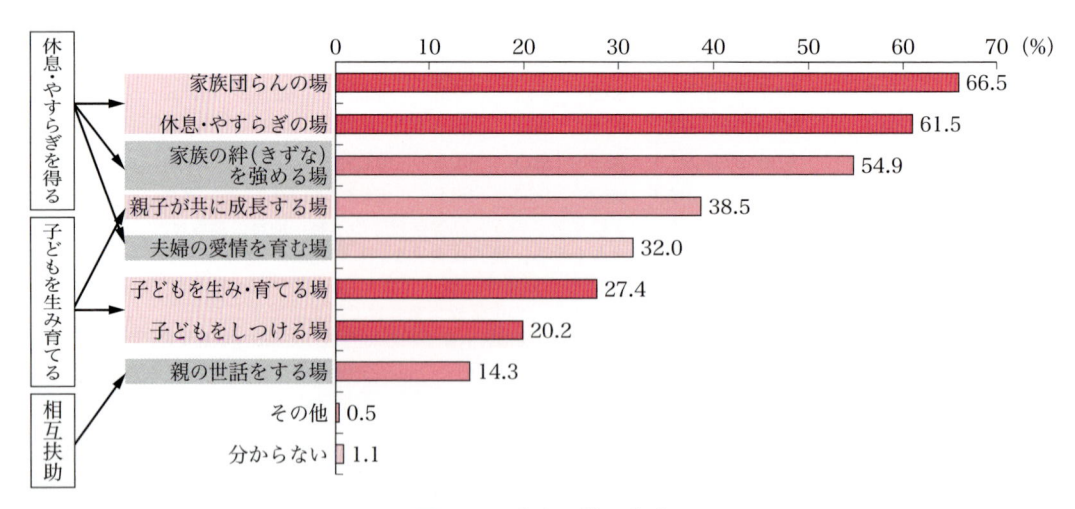

分類	項目	割合(%)
休息・やすらぎを得る	家族団らんの場	66.5
	休息・やすらぎの場	61.5
	家族の絆（きずな）を強める場	54.9
子どもを生み育てる	親子が共に成長する場	38.5
	夫婦の愛情を育む場	32.0
	子どもを生み・育てる場	27.4
	子どもをしつける場	20.2
相互扶助	親の世話をする場	14.3
	その他	0.5
	分からない	1.1

図3-15. 家庭の持つ意味

備考） 1．内閣府「国民生活に関する世論調査」（2006年）により作成．
2．「あなたにとって家庭はどのような意味をもっていますか．この中からいくつでもあげてください．」という問に対する回答の割合．
3．回答者は，全国の20歳以上の男女5,941人（無回答を除く）．

出典：平成19年版　国民生活白書

表 3-5. 未婚率の推移

年齢	男性						女性					
	1970	1980	1990	2000	2005	2010	1970	1980	1990	2000	2005	2010
20〜24歳	90.0	91.4	92.2	92.9	93.6	94.2	71.7	77.7	85.0	87.9	89.4	89.9
25〜29	46.5	55.1	64.4	69.3	72.6	72.8	18.1	24.0	40.2	54.0	59.9	61.3
30〜34	11.6	21.5	32.6	42.9	47.7	48.8	7.2	9.1	13.9	26.6	32.6	35.7
35〜39	4.7	8.5	19.0	25.7	30.9	37.1	5.8	5.5	7.5	13.8	18.6	24.4

資料:総務省「国勢調査」

表 3-6. 各回調査による結婚意志をもつ未婚者の結婚に対する考え方

結婚に対する考え方	男子			女子		
	第9回 (1987年)	第11回 (1997年)	第12回 (2002年)	第9回 (1987年)	第11回 (1997年)	第12回 (2002年)
ある程度の年齢までには結婚するつもり	60.4%	48.6	48.1	54.1%	42.9	43.6
理想的な相手が見つかるまでは結婚しなくてもかまわない	37.5	50.1	50.5	44.5	56.1	55.2
不詳	2.1	1.3	1.4	1.3	1.1	1.3
総数(18〜34歳)(標本数)	100.0% (3,027)	100.0 (3,420)	100.0 (3,389)	100.0% (2,420)	100.0 (3,218)	100.0 (3,085)

設問「自分の一生を通じて考えた場合,あなたの結婚に対するお考えは,次のうちのどちらですか.」
 1.ある程度の年齢までには結婚するつもり
 2.理想の結婚相手が見つかるまでは結婚しなくてもかまわない
注)対象は「いずれ結婚する」と答えた18〜34歳未婚者.

資料:国立社会保障・人口問題研究所

りであるという考え方よりも,理想的な相手が見つかるまでは結婚しなくてもかまわないと考えるものが次第に多くなってきているのである(表3-6).

4 女性就労の増大

女性の労働力率(15歳以上の人口に占める労働人口の割合)は,15歳から19歳の年齢階級を除きすべての年齢階級において昭和50年(1975年)以降,上昇の一途をたどってきていることは図3-16によっても知られるとおりである.とくに25歳から29歳の年齢階級と40歳から54歳の年齢階級において,就労人口の増加が著しい.これは裏を返せば30歳から39歳の年齢階級では子育ての真っ最中で,労働力率の伸びが少ないということであるが,近年M字型カーブの底が浅くなってきているのである.

子育てをしながら働くうえで問題となっていることとして,仕事と家事・育児の両立が体力・時間的に難しいことが第一にあげられ,両立の難しさを理由に仕事をやめた女性も少なくない(図3-17).また祖父母と同居し,保育援助があるほうが明らかに平均出生児数が多いという調査結果報告(図3-18)もあり,女性の就労は家庭や子育てによって困難になっていることが容易にうなずかれるのである.

そして女子雇用者の増加のなかで,パートタイム雇用者の割合が高いことが特徴となっていて,女子雇用者に占める短時間雇用者の割合は,昭和35年(1960年)8.9%,45年(1970年)12.2%,

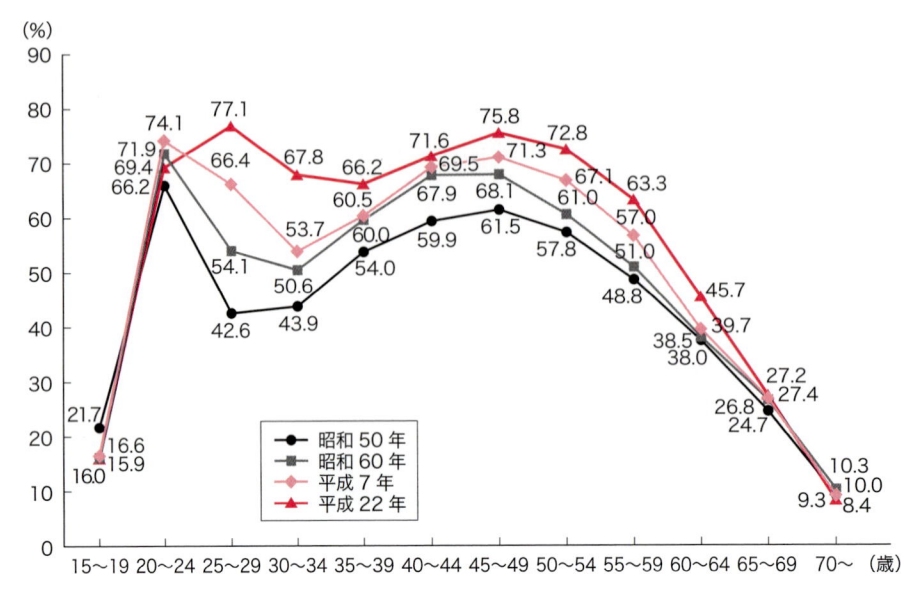

(%)

女性の年齢階級別労働力率のグラフ

年齢	昭和50年	昭和60年	平成7年	平成22年
15～19	21.7	16.6	16.0	15.9
20～24	66.2	71.9	74.1	69.4
25～29	42.6	54.1	66.4	77.1
30～34	43.9	50.6	53.7	67.8
35～39	54.0	60.0	60.5	66.2
40～44	59.9	67.9	69.5	71.6
45～49	61.5	68.1	71.3	75.8
50～54	57.8	61.0	67.1	72.8
55～59	48.8	51.0	57.0	63.3
60～64	38.5	38.0	39.7	45.7
65～69	24.7	26.8	27.2	27.4
70～	9.3	8.4	10.0	10.3

備考）
1. 総務省「労働力調査」より作成．
2. 「労働力率」…15歳以上人口に占める労働力人口（就業者＋完全失業者）の割合．

図 3-16. 女性の年齢階級別労働力率の推移

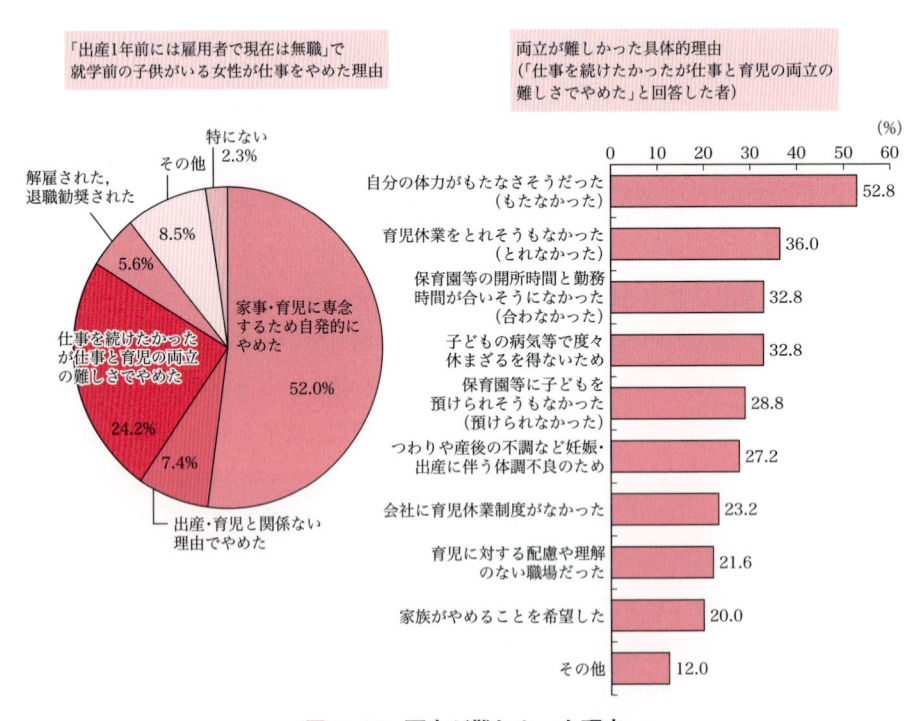

「出産1年前には雇用者で現在は無職」で就学前の子供がいる女性が仕事をやめた理由

- 家事・育児に専念するため自発的にやめた 52.0%
- 仕事を続けたかったが仕事と育児の両立の難しさでやめた 24.2%
- 出産・育児と関係ない理由でやめた 7.4%
- 解雇された，退職勧奨された 5.6%
- その他 8.5%
- 特にない 2.3%

両立が難しかった具体的理由
（「仕事を続けたかったが仕事と育児の両立の難しさでやめた」と回答した者）

理由	(%)
自分の体力がもたなさそうだった（もたなかった）	52.8
育児休業をとれそうもなかった（とれなかった）	36.0
保育園等の開所時間と勤務時間が合いそうになかった（合わなかった）	32.8
子どもの病気等で度々休まざるを得ないため	32.8
保育園等に子どもを預けられそうもなかった（預けられなかった）	28.8
つわりや産後の不調など妊娠・出産に伴う体調不良のため	27.2
会社に育児休業制度がなかった	23.2
育児に対する配慮や理解のない職場だった	21.6
家族がやめることを希望した	20.0
その他	12.0

図 3-17. 両立が難しかった理由
資料：日本労働研究機構「育児や介護と仕事の両立に関する調査」（平成15年）
出典：平成20年版　少子化社会白書

わが国の乳児をとりまく環境状況

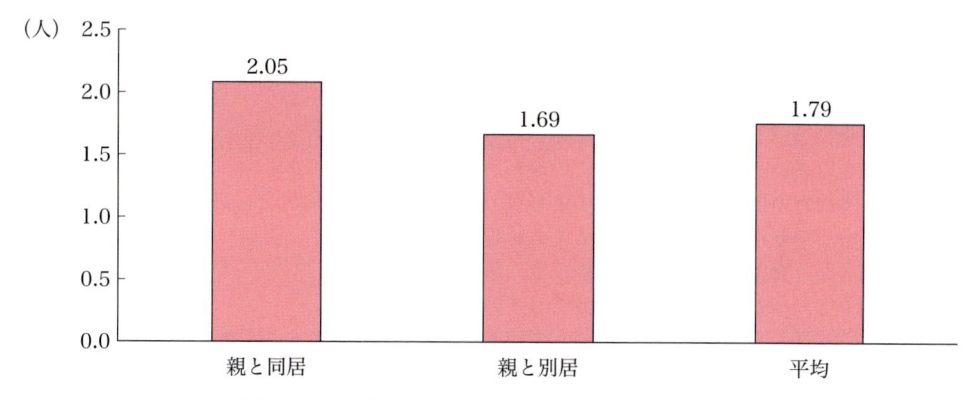

図 3-18. 親と同居・別居による平均出生子ども数

注： 1．国立社会保障・人口問題研究所「第12回出生動向基本調査」(2002年) により作成．
2．数値は，同別居組合わせ別の子どもの人数から算出したもの．
3．同居は妻の両親と同居，夫の両親と同居，妻の母親と同居，夫の母親と同居，妻の父親と同居，夫の父親の同居の数値の合計．
4．同別居組合わせのうち，両親死亡，不詳の数値，子どもの人数のうち，不明の数値は除いている．

出典：平成19年版　国民生活白書

55年（1980年）19.3％，平成2年（1990年）27.9％，12年（2000年）36.1％，17年（2005年）40.6％，19年（2007年）41.7％と上昇の一途をたどってきているのである．また，再就職者に占める女子パートタイム労働者の割合を年齢構成別にみると，30代，40代，50代で75％前後を占めていて，家庭の主婦が子育てから手が離れるようになると，パートタイムで就労し，仕事と家事との両立に四苦八苦する姿が想像されるのである．

男女間の賃金格差はゆるやかな縮小傾向が続いているものの，平成23年の「賃金構造基本統計調査」（厚生労働省）によれば，女性一般労働者の給与水準は男性の73.3％となっているのである．

（石原栄子）

D．育児不安

育児をめぐる最近の諸問題の中でもっとも重要なものは育児不安と子ども虐待だろう．この2つの問題は関連が深いと考えられるが，ここでは育児不安について述べ，子ども虐待は4章で述べる．

1 育児不安とは

育児不安ということばは，最近の育児の状況を表すキーワードのように使われる．しかし，そのことばの使い方は研究者によってかなり異なっていて，育児に不慣れな母親のとまどいをさす場合もあれば，育児への疲労感やいらだちをさす場合もあり，その背景として母親が孤立した状況にあることや，「理想の母親」を押しつける社会状況が強調されることもある．

外国では，「育児不安」のように一語で表すことはないようであるが，似た意味のことばに「母親の不安 maternal anxiety」がある．これは，性格的に不安傾向の強い，心配性の母親をさしているようである．これに対して，わが国においては，「育児」不安として，子どもとのかかわりのなかで感じられる不安，とまどい，負担感とされるところに特徴がある．

育児不安ということばには否定的なニュアンスがこめられているように思われるが，不安とは，もともと，ある種の危機のサインと考えられるのであり，それ以上の危機に対処する準備を起こさ

表 3-8. 育児への不安を表すと考えられる項目への反応頻度

項目	%
育児ノイローゼに共感できる	60.6%
私の生きがいと育児は別である	54.4
育児についていろいろ心配なことがある	51.6
子どものことで，どうしたらよいかわからなくなることがある	48.3
とくに理由はないが，子どものことがとても気になる	43.1
自分のやりたいことができなくてあせる	35.9
何となく育児に自信がもてないように思う	25.5
何かというとこどもに目がいってしまい，気疲れする	22.7
叱りすぎるなど，子どもを虐待しているのではないかと思うことがある	22.5
母親として不適格と感じる	19.8
子どものことがわずらわしくてイライラする	16.7
子どもを育てるため，がまんばかりしていると思う	11.6
子どもを育てることが負担に感じられる	10.3
私一人で子どもを育てているのだと思う	5.6

下記の論文の表1を修正．もとの表には育児不安項目として29項目についての反応頻度が示されているが，ここでは母親自身の精神的な問題というよりは，子どもとの関わりで現れてくる問題に関連した項目を示した．
(川井 尚・庄司順一ほか：育児不安に関する基礎的検討．日本総合愛育研究所紀要 30：27-39, 1994)

せるという意味では有用なものといえるし，人間が生きていくうえで避けることができないものである．後述するように，育児をしている人が当然感じる不安もあるのであり，育児不安すべてが問題であるというわけではない．

2 育児不安の実態

筆者らの調査では，ほとんどの母親（97％）は「子どもといっしょにいると楽しい」と感じているのだが，不安，悩み，心配をもつことも少なくないことが明らかにされた（表3-8）．つまり，ほとんどの母親は，決して，育児を放棄したいなどと考えているのではない．

しかし，母親のなかには，「母親として不適格と感じる」（19.8％），「子どもを育てることが負担に感じられる」（10.3％）など，臨床的に気になる人が10～20％いることに注目したい．

こうしたことは，育児の負担の重さを示している．育児をしながらも自分の生きがいを追求する母親に対する夫や周囲の人の理解とともに，息抜きの場や母親同士の気楽な話し合いの場，身近な相談の場など，母親が何らかの支援を求めていることを反映しているように思われる．

3 育児不安に関連する要因

育児は，大きなよろこびを得ることができる体験ではあるが，子どもが小さいうちは親の身体的，精神的な負担は大きい．子どもが親の手をはなれるまで長い期間を要し，「出口の見えないトンネルに入っている状態」といわれるように，先の見通しがもてない状況といえる．

最近では，新生児，乳児の世話をすることは，多くの人にとって，自分の子どもを出産して初めて経験することであり，そのためにとまどい，不安が生じやすい．表3-9に示したように，出産するまでに乳児を抱いたり，あやしたりしたことがあるというものは約2/3いたが，ミルクをあげたり，おむつをかえたりするなど「世話」をしたことがあるのは約1/3にすぎなかった．このように自分が出産するまで，乳幼児とかかわったり，自

表 3-9. 出産前に赤ちゃんとかかわった経験

抱いたことがある	69.2%
あやしたり，遊んだことがある	66.2
ミルクをあげたり，離乳食を食べさせたことがある	31.1
おむつをかえたことがある	35.5
世話や相手をしたことがない	27.0

(川井・庄司ほか, 1994)

分の親や周囲の人の育児行動をみる機会が少ないことは育児へのとまどい，不安を引き起こしやすくするだろう．また新生児，乳児はいかにも弱々しく，親に全面的に依存しているので，親―とくに母親―は乳児に一体感をもちやすく，子どもの状態に一喜一憂しやすい．しかも，養育の責任はもっぱら母親一人に帰せられ，夫の理解と協力が得られないことも多い．

子どもを育てることは，自分の子ども時代を思い出しやすくし，自分の親との間に解決していない葛藤があると，それが顕在化して，いらだちが子どもに向けられることもある．

このように，育児をしている間，母親の負担感は大きく，心理的な動揺も生じやすく，育児そのものが，不安や悩み，葛藤を生じさせやすい事態ともいえる．

また，家族の孤立化や，育児を女性にのみ押しつける伝統的な性別役割分業観も，育児不安にかかわる社会的要因として指摘することができる．

家族の孤立化に関連して，前述の筆者らの調査では，身近な人たちと子どもを預け合うことが「よくある」というのは 9.4% にすぎず，「たまにある」は 27.6% で，「ない」が 62.9% となっていた．とくに，いわゆる専業主婦の場合，孤立した，孤独な状況に陥りやすいといえる．

4 育児不安をもつ親への支援

いうまでもなく，夫をはじめとする周囲の人の理解と協力が育児不安の軽減に大きく関連している．夫（父親）が育児や家事をともに行うことができるような環境づくりが望まれる．これは，決して個々の家庭の問題ではなく，行政，企業，地域を含めた社会の問題と考えるべきであろう．

(庄司順一)

SECTION 4 子ども虐待

A. 子ども虐待への関心の高まり

子ども虐待は，育児に関連した諸問題のなかでもっとも重大なものといえる．それは，虐待は子どもの心身に深刻な影響を及ぼすからである．虐待により，子どもが死亡してしまうこともあるし，頭部打撲により頭蓋内出血を生じ，永続的な障害がもたらされることもある．たとえ身体の傷は癒えても，心の傷が残り，思春期，青年期に不適応行動をあらわすことも知られている．

子ども虐待への関心が高まってきたのは1990年代になってからであるが，児童相談所や乳児院，児童養護施設では，戦後ずっと虐待ケースとかかわってきた．しかし，長い間，子ども虐待は特殊な事例であり，限られた専門機関であつかう問題とみなされてきた．「保育所保育指針」（平成12年）に「虐待などへの対応」という一項が加わったことは，虐待の問題が一般化したことを意味している．保育所においても子ども虐待が重要な課題となってきたのである．

平成6年には日本子どもの虐待防止研究会が設立され，各地で虐待防止の取り組みもさかんになってきた．12年には，「児童虐待の防止等に関する法律」（児童虐待防止法）が制定された．同法は，平成16年，平成19年に改正された．

B. 子ども虐待の定義とタイプ

1 子ども虐待の定義

子ども虐待 child abuse とは，児童虐待防止法では「保護者がその監護する児童について行う次に掲げる行為」とされ，表4-1 に示したような4つの種類があげられている．

「しつけ」と「虐待」のちがいが問われることがある．「しつけ」とは，子どもの行動を正そうとする，あるいは社会性を育もうとするおとなの行為をいう．これに対して，「虐待」とは，子どもが心身に悪影響を受けることである．一方の端に「しつけ」があり，他方に「虐待」があって，どこまでが「しつけ」で，どこからが「虐待」となるのかというとらえ方は正しくない．「しつけ」と「虐待」は別のレベルのことなのである．親が子どものためを思ってやったことであっても，骨折したり，栄養不良になったり，おびえたりするなど子どもの心身に悪影響がでれば，親の行為は「虐待」なのである．

子ども虐待を理解するうえで大事なことは，あくまでも「子ども」の立場にたって判断することである．親の意図に関係なく，子どもの心身に悪影響があらわれるかどうかがポイントである．

ただ，ここで問題になるのは日本語での「虐待」

表 4-1 子ども虐待のタイプ

身体的虐待	児童の身体に外傷が生じ，または生じるおそれのある暴行を加えること．具体的には，殴る，蹴る，投げ落とす，タバコの火を押しつけるなど．かつて子ども虐待への注意を喚起したアメリカの小児科医ケンプが報告したバタード・チャイルド・シンドローム（殴打された子どもにみられる症候群）とほぼ同義といえる．
ネグレクト	児童の心身の正常な発達を妨げるような著しい減食，または長時間の放置など保護者としての監護を著しく怠ること．同居人による同様の行為を放置することもネグレクトに含まれる．不適切な養育，放置，保護の怠慢などと訳されることが多い．
心理的虐待	児童に対する著しい暴言，または著しく拒絶的な対応など，児童に著しい心理的外傷を与える言動を行うこと．DV（配偶者に対する暴力）を目撃することを含む．
性的虐待	児童にわいせつな行為をすること，または児童をしてわいせつな行為をさせること．子どもに性交あるいは性的行為を強要すること．小学校中学年以上の女児が対象となることが多いが，もっと年齢の低い子どもが対象となることもある．子どもをポルノの被写体にしたり，おとなが子どもに性器を露出して見せることも性的虐待に含まれる．

ということばの意味の強さである．私たちは，虐待というと，殴る，蹴る，投げ落とすなど，身体的暴力による場合を考えやすい．英語では，アビューズ abuse というが，これは"use"（使う，使用する）に"ab"という接頭辞がついたことばで，「不適切な使用，乱用，誤用」など広い意味をもつ．つまり，チャイルド・アビューズとは，「おとながその力を不当に使うこと」であり，日本語の虐待から連想されるように激しい暴力を意味するものではない．次に述べるように「暴力をふるわない虐待」もあるのである．欧米では，アビューズということばが使われてきたが，最近は暴力を連想させない，「マルトリートメント」（不適切な関わり）ということばを使うことも増えてきた．

2 虐待のタイプ

今日，虐待は4つのタイプに分けて考えるのがふつうである（表4-1）．もちろん，いくつかのタイプが合併する場合も少なくない．

身体的虐待，心理的虐待，性的虐待は子どもに「不当な行為をする」ものであるのに対して，ネグレクトは「適切な行為をしない」ものといえる．つまり，子どもに適切な食事を与えなかったり，放置していたり，子どもの安全に対する注意を怠るなどである．

ネグレクトは，殴られたりしないので，「軽い」虐待ではないかと思われることがあるが，親との関係が希薄なために，人格形成に深刻な影響が生じうるのであり，軽視してはいけない．

性的虐待は小学校中学年以上の女児が対象となることが多いが，乳幼児でも対象となることもあることに留意する必要がある．

最近注目されるようになった揺さぶられっ子症候群（シェイクン・ベイビー・シンドローム）は，乳児を激しく振り動かすことにより，頭蓋内出血，眼底出血などを生じ，死亡したり，身体的障害をもったり，失明したりすることもある．身体的虐待の一種といえる．これは，激しく揺さぶらないと発生しないといわれているが，乳児を空中にほうりなげるようなたかいたかいは避けるべきである．

C. 子ども虐待の実態

厚生労働省が全国の児童相談所で相談を受けた子ども虐待について統計を取り始めたのは平成2年度（1990年度）からである．児童相談所の虐待

表 4-2　子ども虐待の実態（平成 18 年度）

- 虐待のタイプ
    身体的虐待 41.2％，ネグレクト 38.5％，心理的虐待 17.2％，性的虐待 3.1％
- 子どもの年齢
    0〜3 歳 17.3％，3〜6 歳 25.0％，小学生 38.8％，中学生 13.9％，高校生・その他 5.0％
- 主たる虐待者
    実母 62.8％，実父 22.0％，実母以外の母 1.8％，実父以外の父 6.5％，その他 6.9％
- 対応
    面接指導 81.2％，施設入所 10.3％，里親等委託 0.6％，その他 7.9％

（厚生労働省）

相談処理件数は平成 2 年度には 1,101 件であったのが，平成 18 年度には 37,732 件となり，17 年間に約 34 倍に増加した．なお，平成 16 年の児童福祉法改正により相談の第一義的窓口は市町村となったが，平成 18 年度に市町村が受けた児童虐待相談は約 45,000 件となっている．その多くは児童相談所に送致されているとみられるが，虐待の実態を知るうえでは児童相談所だけでなく市町村への相談についても考慮する必要がある．

子ども虐待の実態を表 4-2 に示した．

子どもの年齢は，約 40％が就学前である．子ども虐待は乳幼児期の問題だといえる．数が多いことだけでなく，乳幼児であれば，子どもにみられた問題は改善しやすく，親の心の問題や親子関係も改善しやすいからである．

主たる虐待者では実母が多いが，これは，子どもと接する時間が長いからであろう．注目されるのは，「実母以外の母」「実父以外の父」であり，これは血のつながらない親子（内縁関係の場合や子連れ再婚家庭（ステップファミリー）など）における関係形成のむずかしさを反映しているように思われる．

対応については，約 80％は面接指導，つまり在宅ケアとなっている．施設入所の割合は近年低下しているが，実数はやや増加しており，虐待件数の増加により施設がほぼ満床状態であることを示している．

D. 虐待への対応―（1）保育所―

1 発見と通告

保育所は子ども虐待を発見しやすい場であり，虐待を受けている子どもを在宅で支援していく場合にも重要な役割が期待される（庄司，2007）．

虐待を疑わせる徴候については表 4-3 に示した．ただ，これがあれば必ず虐待と判断できるという徴候はない．表に示した「子どもの状態」は，虐待とは関係のないさまざまな理由でも生じることがある．したがって，これらの「心身の状態」が認められたら，虐待を 1 つの可能性として検討するということが必要といえる．子どもへの虐待は決してまれではないこと，そして乳児においては生命にかかわる重大な問題であることをよく認識してほしい．このさい，「何かおかしい」という保育者としての直観をたいせつにしてほしい．

下泉（2000 年）は，栃木県・群馬県・和歌山県・大阪府・大阪市のすべての保育所を対象に，園児の中で家庭で虐待を受けているとみられる子どもについての調査を行った．その結果，園児の 1.5％が虐待を受けている，あるいはその可能性が高いと判断された．これらの園児について，虐待を疑ったきっかけ（表 4-4），園児の状態（表 4-5），園児の行動・情緒の問題の例（表 4-6）を表

表 4-3　虐待を疑わせる徴候

1）子どもの状態
・発育の遅れ
・発達の遅れ
・説明のつかないケガ，火傷，出血斑
・身体や衣服の不潔さ，ひどいおむつカブレ
・無表情，笑わない，他者への関心が乏しい
・不自然な親子関係（甘えない，親の顔色をうかがう，緊張している）

2）親の態度
・子どもとのかかわりが少ない（抱いたり，あやしたりしない）
・イライラしている（人前で子どもをひどく叱る），笑顔がみられない，疲れている
・子どもへの関心が乏しい（発育・発達状況の認識があいまい）
・子どもについての拒否的な言動

表 4-4　保育所において虐待を疑ったきっかけ（複数回答）

子どもの状態から	69%
親が相談にきた	24
他の機関からの紹介	20
家族・親族・近隣からの情報	10
子どもが訴えた	6

（下泉，2000）

表 4-5　虐待が疑われた園児の状態（複数回答）

行動・情緒の問題	58%
いつも体や衣服が不潔	30
おやつや給食のときのむさぼり食べ	23
精神発達の遅れ	21
いつも体に傷をつくる	17
運動発達の遅れ	13
極端にやせている	11
とくに他の園児と変わらない	11
身長が低い	11
他の疾患・障害がある	11

（下泉，2000）

に示した．

　子ども虐待への対応は，すべての証拠が集まり，虐待であることが確実になってからではなく，疑いをもった段階から考えなければならない．

　虐待の疑いをもったら，まず保育所のなかで検討を行い，問題の確認と職員の共通理解をもつようにする．通告先としては市町村（福祉事務所など）や児童相談所ということになるが，役所の担当課や保健所・市町村保健センターと連携をとるのもよいだろう．

　経過をみていくだけでは不十分と思われる場合，つまり生命に危険が感じられる場合や子どもの状態が悪化していく場合，親との対応に苦慮する場合などは，すみやかに市町村の窓口や児童相談所に相談，通告する．通告は，虐待であるかどうか分からない段階でかまわない．通告の書式はとく

表 4-6 行動・情緒の問題の例

- 月曜など休み明けに傷もみられがちだが，機嫌もわるい
- 休日明けなどとくに自分をかまってほしい
- 周囲に対し，本児が一方的に暴言，暴力をふるった後，おとなに噛みつき，暴行するなど気持ちのコントロールができない
- 落ち着きがない，とっさの行動が多い
- 気持ちが不安定で極端に甘えたり，つっぱったりする
- 対人関係が全然とれず，つねにオドオドしている
- 破壊的行為，他の子へ攻撃的
- 友達との関わり方が分からず，押したり叩いたりして関わる
- ちょっとしたことで激怒することが多い
- びくびくしている，友達にひどくあたる

（下泉，2000）

表 4-7 虐待への対応において保育所ができること

1 親子が別々にすごせる時間の確保（保護的な環境）
2 発達促進的な環境（保育）…発達に必要な刺激，栄養，生活リズム
3 見守る
4 予防（子育て支援）

になく，文書でも電話でも，児童相談所などを訪問するのでもよい．通告は，原則として，保育所（組織）の判断として行う．虐待に関わる記録は，できるだけ詳しく，具体的に残しておく．

保育所の職員には公務員として，あるいは専門家として守秘義務が課せられている．しかし，児童虐待防止法（第6条）や児童福祉法（第25条）には，保護者のない児童や虐待を受けていると思われる児童を発見した者は児童相談所または福祉事務所に通告する義務のあることが記されている．子どもを保護するために児童相談所などへ通告することは，これらの法律に通告義務が定められていること，また通告を受けた児童相談所等の職員に守秘義務があることなどを考慮すれば，秘密漏示や守秘義務違反に当たるものではない．

2 子どもと保護者への対応

子ども虐待に対する保育所の役割としては，虐待の発見とともに，保護的な環境のもとで子どもの生命，発達を保障することが期待される．

虐待への対応において保育所ができることを表4-7 にまとめた．保育所を利用することで，親子が別々にすごせる時間をもつことができる，子どもが安心感，安全感をもちながらすごすことができる，保育をとおして発達に必要な刺激を受け，栄養のバランスのとれた食事をとることができるなどが大きな意味をもつ．また保育所は，日々の子どものようす，親子のようすを見守ることができ，虐待の再発の早期発見もできる．

表 4-8 には，下泉（2000年）の調査における保育所での実際の取り組みを示したが，子どもの愛着形成をはかるとともに，送迎のときを利用して親と話し合う機会をもったり，親のようすを観察していた．

親子とのかかわりにおいては，保育所は，あくまでも親と子どもの味方の立場をとり，とくに親と対立するようなことは児童相談所の役割とする．保育所に通ってくることが大事で，親が保育所を避け，子どもを通わせなくなったときには危険が大きい．

表 4-8 親や子どもへの特別の配慮

送迎の際に親とよく話をするようにした	67%
子どもを十分にかわいがったり，抱いたりした	65
送迎の際に親子のようすをよく観察した	61
特別に時間をとって親の話をきいた	41
子どものようす（傷など）を観察した	40
親に，相談機関へいくようにすすめた	22
連絡帳をつくり家庭とよく連絡をとるようにした	21
その子どもに特別に食事・牛乳などを与えた	11

（下泉，2000）

家庭および地域の養育力が低下している今日，保育所で実施されるさまざまな子育て支援活動は子ども虐待の予防としての意味も大きいといえよう．

E. 虐待への対応 ―（2）乳児院―

乳児院は，虐待への対応において，一時保護委託，子どもの入所による保護，子どもの治療的養育，親への支援と親子関係形成などの役割が期待される．

子どもの保護は，通常，児童相談所の一時保護所でなされ，子どもの判定や親との面接などを行い，援助方針が決定される．しかし，児童相談所では2歳あるいは3歳未満の乳幼児の保護は体制上困難である．したがって，乳児院が一時保護の委託を受けることになる．一時保護は，緊急性が高いことが多く，子どもについての情報が不足しがちであり，また費用が低いなどの問題がある．

乳児院に入所することにより，子どもは安全を確保される．入所後に，表情がおだやかで豊かになり，心身の発育・発達が急速に改善する例はしばしば経験される．

虐待を受けた乳幼児に対しては，医学的，心理学的な治療が必要となることが多いが，心理的治療に関しては，乳幼児の精神障害の診断法が確立していず，症状の理解もまだ十分とはいえない．心理療法の方法論も3歳未満の乳幼児に対してはまだ確立していない．しかし，乳児院の養育の原則である担当養育制は，虐待を受けた子どもに対しても有効な養育法である．保育者との愛着関係の形成は心理治療の基礎といえる．

親への支援は十分にはできていない．しかし，家庭支援専門相談員は児童相談所と連携しながら，家庭支援，親への支援を行う職種であり，今後の活躍が期待される．乳児院，児童養護施設などに

column　メアリー・エレン

アメリカの子ども虐待防止への取り組みはメアリー・エレンのケースにはじまるといわれます．メアリーは，1874年に，ニューヨークの貧民街での援助活動をおこなっていたエッタ・エンジェル・ホィーラーという宣教師によって，ひどい虐待をされていた里親家庭から救出されました．メアリーは9歳でした．エッタに協力したアメリカ動物愛護協会の創設者バーグと弁護士のゲリーは翌1875年，ニューヨーク児童虐待防止協会を発足させました．これが，世界で最初の子ども虐待防止活動といわれています．救出されたあと，メアリーはエッタの妹のもとで幸せな子ども時代をすごしました．24歳で結婚し，10年後に最初の子どもを出産しましたが，その子はエッタと名づけられました．メアリーは，虐待を受けて育ちましたが，自分の子どもには虐待することはありませんでした．

おいては，親に対しては，親の心理治療（カウンセリングなど），ソーシャルワーク（家庭環境調整や社会資源の活用に向けた援助），入所している子どもと親との関係の再構築が役割として求められよう．虐待をする親はさまざまな大きな問題を抱えていることが多く，対応は決して容易ではないが，最近は親への支援の必要性が認識され，取り組みがはじまった．

参考文献
1) 下泉秀夫：「児童虐待における保育所の役割と関係機関の連携のあり方」調査報告書．2000
2) 庄司順一：子ども虐待の理解と対応（改訂新版）．2007，フレーベル館

（庄司順一）

SECTION 5 わが国の乳児委託保育の制度と現状

A. 乳児院

1 乳児院の制度

a. 乳児院とは

子どもは，ふつう，家庭で育てられる．しかし，親のいない子ども，あるいは家庭での養育が不適当な子どもに対しては，社会がその子どもの養育に責任をもつ．これを社会的養護という．これは，施設養護（乳児院と児童養護施設）と家庭的養護（里親制度）とに大別される．乳児院は児童福祉法に次のように規定されている．

「乳児院は，乳児（保健上，安定した生活環境の確保その他の理由により特に必要のある場合には，幼児を含む）を入院させて，これを養育し，あわせて退院した者について相談その他の援助を行うことを目的とする施設とする」（児童福祉法第37条）．

保育所とは異なり，乳児院は家庭のかわりにそこで24時間生活する施設である．入所理由については後述するが，児童養護施設について児童福祉法で述べられている「保護者のない児童，虐待されている児童その他環境上養護を要する児童」ということが乳児院についてもあてはまると考えられる．乳児（実際には2歳頃までが多い）を対象とする乳児院と，幼児・児童（とくに必要のある場合は乳児を含む）を対象とする児童養護施設とのちがいは基本的には対象となる子どもの年齢だけであるといえよう．

乳児院への入所は児童相談所の措置による．つまり，入所（そして退所）については児童相談所が決定することになる．

b. 乳児院の最低基準

乳児院の運営については「児童福祉施設の設備及び運営に関する基準」（厚生労働省令）に定められている．これは，それを下回ってはいけない基準であり，「児童福祉施設は，最低基準を超えて，常に，その設備及び運営を向上させなければならない．」（第4条）とされている．しかし，実際には「最低基準」が「基準」となってしまい，これを大幅に上回ることは困難である．

乳児院における直接処遇職員（保育者）と子どもとの比率は1:1.6となっている．つまり保育者1人が1.6人の子どもの世話をすることになる．とはいえ，乳児院は24時間世話をする入所施設であり，職員は交代制勤務（3交代制あるいは2交代制）である．したがって，乳児院では日中は保育者1人が4〜5人の子どもを世話をしているのが平均的といえよう．保育者数については，昭和24年には1:4であったのが，26年1:3，39年1:2.5，45年1:2，そして51年からは1:1.7と増員されてきた．しかし，養育の現場としては保育者の比率をもっと高めてほしいところである．保

育者としては看護師が規定されているが，平成10年の改正により，「看護師は，保育士又は児童指導員をもってこれに代えることができる．」となった．「ただし，乳児10人の乳児院には2人以上，乳児が10人を超える場合は，おおむね10人増すごとに1人以上看護師を置かなければならない．」（児童福祉施設の設備及び運営に関する基準第21条）．従来は，保育者はほとんど保育士であったが，制度上は位置づけられていなかった．平成10年の改正により，保育士が位置づけられるようになったのである．また，看護師の配置が緩和されたが，乳児院の制度が確立した終戦後の状況と比べて，今日では乳幼児の栄養は改善し，保健医療制度も充実してきているので，当然のことといえよう．

この他の職員に関しては，ごく一部の乳児院にしかいなかったファミリーソーシャルワーカーや心理指導員などの専門職員の配置が望まれていたが，平成11年度から「家庭支援専門相談員」が配置されることになり，16年度からは常勤として配置することができるようになった．家庭支援専門相談員は入所児と保護者の絆を深めたり，家庭引き取りに向けての専門的な支援活動を行う専門職員であり，今後の活動が期待される．

c. 乳児院に関する資料

乳児院は施設数が少ないこともあって，有意義な取り組みをしているわりには，知られていない．

全国乳児福祉協議会では，養育マニュアルともいうべき「乳児院養育指針」（2002年）を刊行した．さらに，前述の家庭支援専門相談員の業務のあり方を示した「乳児院における家庭支援専門相談員ガイドライン」（2003年）を作成した．

2 乳児院の現状

a. 乳児院の施設数・入所児数

平成23年10月現在，全国に乳児院は127施設あり，3,035人の子どもが在籍していた．施設数，入所児数とも昭和50年頃をピークとし，その後，少子化に伴い，減少しつつあったが，この数年はほぼ横ばいとなっている．

b. 入所理由・退所先・在籍期間

平成17年度の資料によると（表5-1, 5-2, 5-3），入所理由は，母親の疾病（29.8%），虐待（10.5%），父母怠惰（ネグレクト）（9.5%），父母就労（借金・貧困）（7.7%），受刑（7.1%），母未婚・婚外出産（6.9%），父・母の家出（4.0%），養育拒否（4.0%），次の子どもの出産（4.0%），家族の疾病の付き添い（2.9%），離婚・別居（2.4%）などであった．

母親の疾病のなかでは精神障害がもっとも多く，その他，内科系，外科系，産婦人科系のさまざまな病気が含まれている．

次子出産による場合は，そのほとんどが1週間から10日間程度の短期入所（短期入院）である．昭和56年に，当時ベビーホテルでの死亡事故がつづいたことを背景に，厚生省から乳児院での短期入所をすすめるよう通知が出されたことにより数が増えた．

未婚は増加しつつあるが，最近はとくに若年の未婚の母が増えてきている．この他には，養育拒否，虐待などによる場合もある．主たる入所理由が「虐待」であることは増加してきており，また入所後に虐待が判明することもある．

ここで注意すべきことは，遺棄や親の死亡が少ないこと，母親の精神障害，父母就労，未婚の母，虐待が目立つことである．つまり，現在の乳児院には親のいない，あるいは親が不明の子どもは少なく，親がいる子どもがほとんどであり，したがって家庭へ引き取られる子どもが多い．しかし，その親は育児への不安をもっていることも多く，また精神障害や若年の未婚の母への養育指導など，親への支援が重要になってきている．

乳児院からの退所先は，約58%が自宅へ引き取られる．約29%が他の施設へ移る．その多くは児童養護施設であるが，子どもに障害がある場合に

表 5-1. 在籍期間別 入所理由

	入 所 理 由		① 在籍1カ月未満	② 在籍1カ月以上	③ 合 計	%	%
A 家族の状況	父母不明（遺棄）		2	26	28	0.9	0.9
	父母家出（蒸発）		4	19	23	0.7	
	父家出		2	7	9	0.3	4.0
	母家出		15	81	96	3.0	
	養育拒否		9	120	129	4.0	4.0
	離婚別居		11	66	77	2.4	2.4
	母未婚		14	172	186	5.8	6.9
	婚外出産		5	30	35	1.1	
	受刑		49	178	227	7.1	7.1
	虐待		41	295	336	10.5	10.5
	父母怠惰（ネグレクト）		57	248	305	9.5	9.5
	父母就労（借金・貧困）		36	212	248	7.7	7.7
	父・母・両親の死亡		2	26	28	0.9	0.9
	父母の出張・研修		10	0	10	0.3	0.8
	冠婚葬祭		15	1	16	0.5	
	その他		80	162	242	7.5	7.5
	小　計		352	1,643	1,995	62.2	62.2
B 家族の疾病	父母ともに疾病		3	12	15	0.5	0.5
	父の疾病		4	10	14	0.4	0.4
	母の疾病	精神障害	129	440	569	17.7	29.8
		ガン	11	9	20	0.6	
		結核	0	2	2	0.1	
		産婦人科系疾患	37	37	74	2.3	
		内科系疾患	95	61	156	4.9	
		外科系疾患	31	25	56	1.8	
		その他の疾患	36	42	78	2.4	
	次の子どもの出産		76	53	129	4.0	4.0
	家族の疾病の付添い		73	21	94	2.9	2.9
	小　計		495	712	1,207	37.6	37.6
C	児童自身の障害		2	5	7	0.2	0.2
	合　計		849	2,360	3,209	100.0	100.0

平成17年4月1日〜平成18年3月31日までの入所児童. （全国乳児福祉協議会）

は障害児施設となる．約8％が里親委託や養子縁組となる．

乳児院の在籍期間は，1カ月未満約28％，1カ月から3カ月未満13％，3カ月から6カ月未満10％，6カ月から1年未満12％，1年から2年未満20％，2年以上18％であった．

以上のように，乳児院というと，かつての孤児院のイメージから親のいない子が多く，長期間在籍していると思われがちであるが，現在は乳児院を一時的に利用して，家庭復帰する例が多い．そういう意味で，乳児院の機能は，従来の家庭に代わって子どもを養育する養育代替機能から，親の養育を支援する養育支援機能が求められているといえる．

c. 病虚弱児・障害児

近年の乳児院にかかわる問題の1つは，入所児

表5-2. 退所児童の退所理由

退所理由		人数	%
①	親元引取	1,821	58.3
②	親戚引取	24	0.8
③	里親委託	216	6.9
④	養子縁組	39	1.3
他の施設に移管 ⑤	児童養護施設	776	24.8
⑥	知的障害児施設	15	0.5
⑦	肢体不自由児施設	14	0.5
⑧	重症心身障害児施設	15	0.5
⑨	その他	93	3.0
⑩	母子生活支援施設に入所	16	0.5
⑪	死亡	7	0.2
⑫	その他	89	2.9
合計		3,125	100.0

(全国乳児福祉協議会)

表5-3. 在籍期間別 退所児数

在籍期間	人数	%	%
1カ月未満（短期入所）	289	9.3	27.6
1カ月未満（通常措置）	572	18.3	
1カ月～3カ月未満	417	13.3	13.3
3カ月～6カ月未満	317	10.1	21.7
6カ月～1年未満	361	11.6	
1年～2年未満	617	19.7	19.7
2年～3年未満	445	14.2	14.2
3年以上	107	3.4	3.4
合計	3,125	100.0	100.0

平成17年4月1日～平成18年3月31日までの退所児童.
(全国乳児福祉協議会)

に病虚弱児や障害児が少なくないということである．入所した子どものなかで，とくに心身に問題がなく「健常な子ども」とみられるのは約70%である．逆にいえば，入所した子どものうち，約30%は心身に何らかの問題を有している．それらは，たとえば，アトピー性皮膚炎や喘息などのアレルギー疾患，低出生体重児（いわゆる未熟児），精神発達遅滞や肢体不自由などの障害をもつ子ども，被虐待児などである．これらの子どもに対して，きめの細かい観察やケア，必要な場合には，病院や障害児施設への通院を行っている．

乳児院では，もともと低月齢の子どもから養育していること，そして前述のように病虚弱児や障害児を養育することもしばしばあることから，保育士には看護的な知識も求められ，看護師には保育の知識が求められる．そこで，全国乳児福祉協議会では「保育看護」という考え方を提唱している．保育士，看護師にはそれぞれ独自の役割，責任があるが，乳児院では両者のはたらきの重なりあうところが重要であり，互いに理解，協力しあいながら，専門性を高めていくことが求められる．

d. 退所後の課題

乳児院に入所した子どもは家庭に引き取られることが多い．しかし，それまですごしていた乳児院から家庭での生活に適応するまでには時間がか

column 児童相談所について

児童福祉法に基づいて設置される児童相談所は各都道府県に1カ所以上置かれており，平成24年度11月現在，全国に207カ所となっている．児童相談所の職員構成は，児童福祉司，相談員，心理判定員などで，専門家がチームで児童のよりよい処遇のために努めている．相談件数は年々増加傾向にある．とくに子ども虐待に関しては近年深刻な社会問題として注目されていて，相談件数の増加が顕著で，引っ越し等に対応するため相談所間の連絡を密にすることが決議されている．相談内容は0歳児では養護・保健に関するものが多く，1, 2歳児では養護・知的障害・言語発達障害等が多くなっている．乳児院への入所は児童相談所の決定によるため，入所後も連携が密接であるが，保育所の場合，直接のつながりは少ない．しかし障害がみられる子どもの個別指導の相談や，虐待が疑われる子どもの相談など，保育所側から連携をとっていく必要がある．

かる場合もあるし，不幸にして，引き取られた家庭で虐待を受けたりする場合もある．したがって，アフターケアあるいはフォローアップが重要といえる．

筆者らがかつて行った研究によれば，家庭での生活に適応するまでの期間は子どもによって，数日以内から3カ月以上までとかなり幅があること，年齢が低いほど適応までに要する期間は短く，年齢が高いほど長い期間がかかることが多いことが明らかとなった（庄司・帆足・二木，1983）．家庭に適応するまでにみられる問題は，睡眠，摂食，排泄や，母親，父親との関係，泣きや表情の乏しさ，落ち着きのなさ，発語の少なさなどであった．

母親との関係は，べったりしがみついて離れない，あとを追うなどが多くみられた．父親にははじめのうちなつかないことが時にみられるが，乳児院に男性職員が少ないことも関係しているだろう．摂食，排泄，睡眠の問題は家庭という新しい環境に対する不安や緊張を反映していると考えられる．これらの反応は，基本的には，乳児院ですごしてきた子どもにはなじみのない家庭に対する不安の現れであり，あるいはその不安を解消しようとするアタッチメント行動と考えられる．

乳児院を退所した子どものなかに，家庭で虐待を受けたり，殺害されたものもいる．全国の乳児院で過去5年間に退所した子どものうち，退所後に家庭で虐待を受けたことが確認された子どもは0.7％，殺害，事故，不審な状況で死亡した子どもは0.1％であった（庄司・谷口・帆足ほか，1999）．これらは無視し得ない数字であり，家庭引き取りに向けての慎重な対応が求められる．

3 これからの乳児院

すでに述べたように，今日の乳児院には，①入所した子どもには親がいる（遺棄された子どもなど，親がいない子どもは非常に少ない），②入所した子どもの親は，子どもを虐待していたり，精神障害があったり，若年の未婚の母であるなど，専門的な援助を必要とすることが多い，③乳児院に入所した子どもには病虚弱児，障害児など専門的な養育を必要とする子どもが多い，④乳児院をとりまく地域では「孤立」や「育児不安」など，子育て支援を求めている家庭が多いなどの特徴がみられる．

乳児院では入所児に対する専門的養育だけではなく，その親に対する支援も求められるようになってきた．つまり，乳児院の機能は従来のチャイルド・ケア（子どもの養育）からチャイルド＆ファミリーケア（子どもの養育と家族への支援）に変化してきた（全国乳児福祉協議会，2003）．とくに，子ども虐待に関しては，乳幼児の保護，治療を行う施設がないことから，乳児院は乳幼児虐待ケアセンターとしての機能も求められている．

また，地域における子育てを支える力が弱化するとともに，乳児保育に高い専門性をもつ乳児院の地域における子育て支援活動（相談，親子グループの育成，デイ・ケア・ショートステイなど）が期待されている．

平成11年度から，子どもの早期家庭復帰を目指し，家庭への支援，児童相談所との連携，親子関係形成の援助，および里親への支援を行う家庭支援専門相談員が配置されるようになった．これからの乳児院では，新たな職種である家庭支援専門相談員を中心にして，児童相談所など他機関との連携のもとに，子どもと家庭への支援を行うことが重要となってきた．

B. 里親制度

前述のように，社会的養護は家庭的養護（里親制度）と施設養護（乳児院や児童養護施設）とに大別される．現在，欧米の多くの国では家庭的養護が主となっているが，わが国では施設養護が中

心で，社会的養護を必要とする子どもの約8％が里親のもとで養育されているにすぎない．

施設養護に比べて，家庭的養護では，養育者との間に親密で，継続的な関係を形成しやすいし，家庭的な生活そのものを経験することができる．このように，家庭的養護は施設養護よりも望ましいと考えられるが，わが国では登録里親の数は昭和30年代がピークで，その後ずっと減少してきたが，この数年，微増傾向がみられる．家庭的養護が発展しない理由は，血縁を重視する風土，行政や児童相談所が里親への委託に消極的であることなどが指摘されている．

平成14年秋に里親制度の大きな改革がなされ，里親は，養育里親，短期里親，専門里親，親族里親の4種類があることとされ，里親が行う養育に関する最低基準が定められた．さらに平成20年に児童福祉法が改正され，短期里親は養育里親に含まれることになった．

養育里親は，従来の里親をいう．社会的養護を必要とする子どもを自らの家庭に引き取って養育しようとする人（世帯）で，都道府県知事の認定を受けた者をいう．

専門里親は，虐待を受けた子どもを養育する里親である．

親族里親は，親が死亡，拘禁などにより養育できない場合に，三親等以内の親族がその子どもだけを養育する（通常は祖母やおじ，おばが養育することになる）．

里親制度改革のもっとも重要な意義は，里親養育が，里親の個人的な考えに基づき，児童相談所など関係者からの支援を受けない個人的な養育ではなく，里親が中心となるにしても，多くの関係者との連携のもとに行う社会的な養育であることを明確にしたところにある．

里親は委託を受けた子どもの養育を行うにあたって，児童相談所が作成する養育計画にしたがうこと，必要な場合にはレスパイト・ケア（里親の休息のために一時的に他の里親や施設に子どもをあずけること）が受けられることになった．里親には子どもの生活にかかる費用（生活諸費，平成20年度は月額約50,000円）と里親手当（月額72,000円，2人目以降は1人につき36,000円）などが支給される．

乳児院での養育体制の充実を図るとともに，里親制度の普及，発展が望まれる．

参考文献
1) 全国乳児福祉協議会：21世紀の乳児院のあり方を考える特別委員会最終報告．2003
2) 庄司順一：フォスターケア─里親制度と里親養育─．2003，明石書店

（庄司順一）

C. 認可保育所

1 保育所の制度

a. 法的位置づけ

保育所は児童福祉法第39条に「① 保育所は日日保護者の委託を受けて，保育に欠けるその乳児または幼児を保育することを目的とする施設とする．② 保育所は前項の規定にかかわらず，特に必要があるときは，日日保護者の委託を受けて，保育に欠けるその他の児童を保育することができる」と規定された児童福祉施設である．

保育所の入所については，児童福祉法第24条第1項に「市町村は，保護者の労働又は疾病その他の政令で定める基準に従い条例で定める事由により，その監護すべき乳児，幼児又は第39条第2項に規定する児童の保育に欠けるところがある場合において，保護者から申込みがあったときは，それらの児童を保育所において保育しなければならない．ただし，付近に保育所がない等やむを得ない事由があるときは，その他の適切な保護をし

なければならない」と規定されている．第2項では入所希望保育所を保護者が選択できること，第3項では市町村が入所の選考ができること，第4項では保育を必要とする児童の保護者に保育実施の申込みを市町村が勧奨しなければならないこと，第5項では保育所の情報提供を行うことなどがあげられている．

保育所の保育の実施基準については6項目が示されている（付録，表付-8, 215頁参照）．

b. 施設数の変化

保育所は，児童福祉法施行当時の昭和23年（1948年）2月，施設数1,787カ所，入所児童数158,904人という記録が残っている．昭和40年代から50年代に施設数，在所児童数ともに増加の一途をたどり，その当時のピークは昭和59年（1984年）の施設数22,904カ所，55年（1980年）の在所児童数1,996,082人となっている．その後出生数の減少と公立保育所の統廃合により漸減を続けてきたが，平成7年（1995年）以降低年齢児の入所が増加し，20年（2008年）10月現在22,898カ所，在所児童数2,137,692人とこれまでの最大値を示している．60年間で施設数が12.8倍，児童数が13.4倍に増加している．その後，保育所数，入所児童数ともにやや減少している．

c. 近年の動向

女性の就労が増大する時代背景のなかで，保育所は入所定員の拡大のみならず多様な保育需要への対応を重ねてきた．

平成に入り少子化が急激に進行し，平成5年（1993年）の人口動態統計によれば，合計特殊出生率が1.46まで下がり，大きな社会的論議を引き起こした．このような状況のなか，子育てと就労の両立支援をめざして，保育所の役割はさらに大きなものとなっていった．深刻な少子化への対応策として，6年（1994年）12月「今後の子育て支援のための基本的方向について」（エンゼルプラン）が打ち出された．

7年（1995年）には「緊急保育対策等5カ年事業」により，「低年齢児受入れ枠の拡大」，「多機能保育所の整備」，「延長保育の促進」，「一時保育の促進」，「地域子育て支援センター」，「放課後児童健全育成事業」，「乳幼児健康支援一時預り事業」など多様な保育の受け入れの拡大を目指した．12年（2000年）には「重点的に推進すべき少子化対策の具体的実施計画」（新エンゼルプラン）が策定され，16年（2004年）には「子ども・子育て応援プラン」，22年（2010年）に「子ども・子育てビジョン」が発表され，少子化・次世代育成支援対策の一貫として，多様な保育ニーズに対応する事業を拡大している．

保護者の就労形態の多様化に対応して，延長保育を実施する保育所は全体の77％を超え，一時保育を実施する保育所はおよそ34％と増加している．

2 保育所の現状

a. 待機児童の問題

共働き家庭の一般化と核家族化により，低年齢児の保育所利用数が増加しており，また認可保育所に入所できないために認可外保育施設を利用している児童も3歳未満の低年齢児の割合が多い．

平成20年（2008年）2月には「新待機児童ゼロ作戦」が策定され，3年間を集中重点期間として解消策がすすめられている．そこでは認可保育所のみならず家庭的保育（保育ママ），認定こども園，幼稚園の預かり保育，事業所内保育施設の充実など多様な方策が考えられている．24年（2012年）の調査結果においても，待機児童が多い地域は東京都，千葉県，神奈川県，愛知県，大阪府，福岡県，沖縄県など，大都市圏では新たな需要に対応が追いつかない状況がみられている．

b. 保育士の配置基準

乳児保育を担当する保育士の配置基準は，児童福祉施設最低基準によりこれまで乳児または満3歳に満たない幼児おおむね6人につき1人以上と

されていたが，平成10年（1998年）の児童家庭局長通知により，乳児については，乳児おおむね3人につき1人以上と引き上げられた（表5-4）．

c. 保育所分園の設置

都市部における待機児童の解消や過疎地域における入所児童の減少に対応するため，平成10年（1998年）に「保育所分園設置運営要綱」が定められた．これによれば，本体となる中心保育所1カ所につき設置できる分園は2カ所までとし，1分園の定員は30人未満となっている．11年（1999年）6月に開園した東京都世田谷区のおともだち保育園は，既存の中学校の校舎の1階を改修した園舎で，1・2歳児のみを受け入れており，その定員は29名である．児童・生徒数の減少する小中学校の余裕教室を利用する方式は，今後増えるものと予測される．23年（2011年）10月では全国で分園数525カ所，定員16,150人となってきている．

d. 自治体による対応の偏り

保育所は都道府県により施設数の差が大きい（付録，図付-1, 216頁参照）．沖縄県や神奈川県など幼稚園就園率の高い県では保育所が少なく，低年齢児の受け入れ施設の不足が目立っており，現在その対策が急務となっている．しかし全国的にみれば待機児童数が0という長野県，石川県，富山県などがあり，保育需要にも地域差が大きい．家族形態や就労形態など家庭の条件と，各自治体の対応の相違が認められ，現在の国の取り組みは緊急の対応が必要な都市部向けの保育対策となっている．

e. 認可要件の緩和

これまで認可保育所の設置経営は，私営の場合社会福祉法人が行うものとし，それが困難な場合は財団法人とするよう行政指導がなされてきた．しかし，待機児童の増加が社会問題となり，その解消が急がれたため，平成12年（2000年）に厚生省は民間企業など多様な事業主体の参入を認め

表5-4. 保育所における保育士の配置基準

年齢区分	児童：保育士
0 歳 児	3：1
1 歳 児	6：1
2 歳 児	
3 歳 児	20：1
4 歳以上児	30：1

（平成10年　厚生省児童家庭局長通知）

る方針を明らかにした．民間が運営する認可外保育施設でも，その施設・設備や保育者の数が児童福祉施設の設備及び運営に関する基準を上まわるところが少なくない．その後に認可された施設には，学校法人，宗教法人・NPO・営利法人などがあり，社会福祉法人以外の私営保育所は24年（2012年）で1,563カ所となっている．

f. 職員の研修

社会の変化に伴い多様化する保育ニーズへの対応や地域の子育て家庭への子育て支援サービスを担うなど，保育者の社会的使命は増すばかりである．保育者の研修には所内研修や派遣研修などがあるが，日常の自己学習と研鑽がより大切である．乳児保育や延長保育などの保育ニーズが拡大するなかで「子どもがかわいそう」と子どもの前で発言する保育者もみられるが，保護者の多様な生活形態を受けとめる度量と専門職としての自負をもって，子どもがかわいそうではない保育をなすべきである．そのためにも時代感覚をみがき，保育技術を高める幅広い研修体制をととのえていくことがのぞまれる．平成20年（2008年）に改定された保育所保育指針においても，保育士など職員のみならず，施設長の責務として研修体制の確立があげられている．

表 5-5. へき地保育所の設置数などの推移

		昭和50年度	59	平成2年度	7	12	17	22
設置施設数	施設数	2,179カ所	1,639	1,584	1,389	1,195	866	566
	指数	100.0	75.2	72.7	63.7	54.8	39.8	25.9
設置都道府県数		44	44	44	44	43	42	―

出典：厚生労働省「社会福祉施設等調査報告」

D. へき地保育所

へき地保育所は，交通条件および自然的，経済的，文化的諸条件に恵まれない山間地，開拓地，離島などのへき地において，児童福祉法に規定する保育所を設置することが困難な地域に対し，昭和36年（1961年）から国庫補助が行われるようになったものであり，設置主体は主に市町村である．入所児童の定員は30名程度，設備，運営基準については，児童福祉施設最低基準に準じ，地方の実情に応じて行われることになっている．

へき地保育所は36年（1961年）当時340カ所であったものが，その後次第に増加したが，50年以降は過疎化や出生数の減少などで入所児童数が減少し，施設を閉鎖したり，統合して一般の保育所に移行するなど減少傾向が続いている．また，交通網が整備されることにより条件が解消されている地域も認められる．これらの地域では三世代以上の家族が多数を占め，一般的にいわれる「保育に欠ける」状況は少ないが，近隣に年齢の近い遊び仲間が得にくく，集団保育を希望する場合が多い．しかし，3歳未満児は保育料が高額になり入所がためらわれている（表5-5）．

（石原栄子）

E. 認定こども園

わが国における小学校就学前の子どもの教育・保育は，文部科学省所管の幼稚園と厚生労働省所管の保育所の二元制度がとられ，幼稚園は学校教育法に基づく学校に，保育所は児童福祉法に基づく児童福祉施設に位置づけられ，それぞれの目的と機能を果たしてきた．制度の成立以来，子どもの成長・発達の視点から保育制度一元化への検討は幾度となく行われてきたが，2つの省庁にわかれていることもあって実現には至らなかった．

しかし，少子化の進行や教育・保育ニーズの多様化に伴って，幼稚園では利用児童が減少し，保育所では待機児童の問題をかかえるというアンバランスが生じてきた．さらに，子どもが少ない地域では，幼稚園と保育所の運営が別々では子どもの集団が小規模化し，その運営も非効率であるという問題も生じている．一方，文部科学省と厚生労働省においては，幼稚園と保育所の施設・設備の共有化や地域の実情にあわせた運用の弾力化など，連携を強化する取組みがなされてきた．自治体によっては幼稚園の低年齢児の受け入れや預かり保育の実施が，保育所の待機児童の解消につながるなど，幼稚園と保育所の役割が接近してきて，その動向が注目されるようになった．

こうした背景を受けて，新たな選択肢として幼稚園と保育所の機能を一体化した認定こども園制度が平成18年10月にスタートした．認定こども園は，幼稚園，保育所などのうち，「親の就労の有無に関わらず0歳から就学前の子どもに幼児教育・保育を提供すること」「地域における子育て支援を実施すること」を機能として備えるものを都道府県が認定するものである．認定対象には「幼

保連携型」「幼稚園型」「保育所型」「地方裁量型」の類型があり，平成20年4月現在の認定数は229件となっている．

文部科学省・厚生労働省の幼保連携推進室が平成20年3月に実施した調査によれば，保護者の8割，施設の9割が認定こども園を評価しているという．乳児保育の受け皿の量的拡大とともに，低年齢の子どもに質の高い保育を提供できる施設として，検討が重ねられることを期待したい．

F. 認可外保育施設

保育に欠ける乳児または幼児を保育することを目的とする施設で，認可保育所以外のものを総称して認可外保育施設という．以前は無認可保育施設と一般に呼んでいたが，現在は認可保育所以外という意味でこの用語に変わった．認可外保育施設は質にばらつきがあり，死亡事故が続いたこともあって，昭和56年の児童福祉法改正では行政の報告聴取と立ち入り調査権が認められ，平成13年の改正では届出対象となる認可外保育施設を設置した場合の届出が義務づけられるなど監督の強化が図られている．

認可外保育施設のなかには，通称ベビーホテルと呼ばれるところや共同保育所，一部自治体の補助を受けている小規模保育施設などさまざまな形態の施設があり，運営や設備などは施設によってかなりの違いがみられる．なお，事業所内保育施設は厚生労働省の認可外保育施設現況調査時の「児童福祉法に定める届出を義務づけた施設ではないので，認可外保育施設に含めない」という分類にしたがって，本章においても認可外保育施設とは別に述べる．

1 ベビーホテル

ベビーホテルは昭和50年代に社会問題化したこ

とがあって，そのとき厚生省はベビーホテルを，「無認可保育施設であって，夜間保育，宿泊を伴う保育，または時間単位での一時預かりのいずれかを行っているものをベビーホテルという」と定義している．ベビーホテルの呼称は和製英語で，昭和40年代にホテル内に，主としてホテル利用客の同伴する乳幼児を一時的に預かって保育する施設が開設されたとき使われはじめたとみられている．

現在ベビーホテルの一般的利用者のなかには生活の不安定な人々も多く，公的助成のないベビーホテルが，認可保育所よりも，かなり低廉な保育経費で保育需要に対応しているのが実態であるため，保育環境が認可保育所に比し悪いのは当然である．しかし社会にはベビーホテルに対して暴利をむさぼる育児産業という非難の声もある．このようなことから昭和56年には児童福祉法の一部が改正され，無認可保育施設への行政の報告聴取および立ち入り調査権が認められるようになった．

厚生労働省が平成19年3月に行った調査によれば，ベビーホテルは全国で1,566カ所あり，29,548名の児童が入所している．3歳未満児は52％に及び，点検・指導の結果では70％の施設が指導基準に適合していなかったとなっている．

利用者は認可保育所の入所待機中であったり，勤務が不規則であったり，認可保育所の保育時間とあわないなどの場合が多くなっている．一時的に利用して，やがて認可保育所に転所していくケースが多いが，認可保育所や小規模保育室に在籍している子どものなかにも，休日や夜間に利用していることがある．

2 その他の認可外保育施設（含地方単独保育事業）

認可保育所は，平成25年4月現在，全国に24,038カ所設置され，利用児童数は222万人となっている．しかし，産休明け保育をはじめとす

る低年齢児保育，年度途中の受け入れ，長時間保育など，多様な保育ニーズに対応しきれていない部分が，母親の家庭外就労の増加とともに保育の課題となってきている．これを補完するために小規模の認可外保育施設が自然発生的にできてきて，自治体もこれを無視することができず，一定の基準をみたす小規模保育室に対する運営経費等の助成が昭和40年代頃からはじまり，今日に至っている．

さらに近年，保育所入所待機児童が社会的な問題になってきて，自治体による認可外保育施設への支援が急速にすすめられてきている．平成9年からスタートした横浜市の「横浜保育室」，平成13年度からの東京都の「認証保育所」などをはじめとして，各地で独自の認定基準による支援が行なわれている．

これらの認可外保育施設では低年齢児の比率が高くなっていて，保育経費は認可保育所に比べてかなり低額となっている．また，保育を委託する者と保育者との間で入所の受け入れを直接に，また納得して取り決めるので，一般にその関係は良好である．

保育に対するニーズの変化や地域差が大きくなり，さらに認可保育所の乳児保育の経費が非常に高額となることが問題となっている今日，経済効率がよく，ニーズに柔軟に対応している自治体の助成を受けた小規模保育施設は，幼稚園や企業の参入も含めて，これからの保育施策の1つの方向として定着していくように思われる．

G. 事業所内保育施設

事業所が雇用者の福利厚生や，または人材確保などその目的には多少違いはみられるが，雇用者の子どもを対象として設置する保育施設を，事業所内保育施設と一般にいっている．保育所のルーツをたどれば，わが国のみならず世界的視野にたっても，事業所内保育施設にたどりつくといわれている．

明治期のわが国においても産業の発展に伴い，女子労働者の雇用対策として工場付設の託児所がすでに設けられていた．そして戦前にも電話局や貯金局，専売局，紡績工場といった女子労働者を多く必要としていた官公庁や大企業に，事業所内保育施設がすでに設置されていた．

戦後の事業所内保育施設の急増は，高度経済成長期に入った昭和40年代にはじまったとみられる．そしてその大きな原動力の1つが医療機関労働者の動きで，47年度から「看護婦共同利用保育施設整備費」が，49年度からは「院内保育事業運営費補助」が制度化されたのである．

事業所内保育施設整備に対する助成や，保育従事者の研修助成などは，昭和54年から制度化され，事業は日本児童手当協会に委託されてきたが，平成6年にこども未来財団の発足とともにこれに引き継がれている．旧労働省においても事業所内託児施設に対する助成が5年から行なわれ，7年に21世紀職業財団に引き継がれた．現在は，こども未来財団で「事業所内保育施設環境づくり支援事業」として保育遊具等助成事業と保育活動促進事業が，21世紀職業財団で「事業所内託児施設設置・運営コース」として設置・運営や増築費用と保育遊具などの購入費用の一部助成が行われている．

事業所内保育施設の助成の対象は，事業所が求人対策や従業員の福利厚生の一環として，事業主によって設置されているものとなっている．保育所が不足していた時代には女子労働者を多数雇用する事業所に多くみられたが，現在では仕事と育児の両立支援策として関心が高まっている．業種別の施設数はこども未来財団の調査で，医療関係が半数以上に及び，ついで販売，サービスとなっている（表5-6）．

表 5-6. 業種別事業所内保育施設数

業種	医療	社会福祉	製造	縫製	食品	販売	サービス	その他	合計
実数	2,250	80	51	16	68	959	107	87	3,620
(%)	(62.2)	(2.3)	(1.4)	(0.4)	(1.9)	(26.5)	(3.0)	(2.4)	(100)

出典：財団法人こども未来財団，平成19年度

　事業所内に設置されていてもこども未来財団の集計に含まれていない施設もあり，これを含めた事業所に付設されている保育施設は，事業の経営体が設置しているものと共同保育形態で運営されているものに大別される．そして運営に公的補助を受けているものと，公的補助を全く受けていないものとがある．助成の種類も事業所内保育施設に対する助成金以外のもの，たとえば自治体の小規模保育施設としての経常経費の補助を受けている場合もみられ，そのような所では部外者も利用できるようになっている．さらに児童福祉施設として認可を受けている場合もあり，施設の形態は実にさまざまで，現在わが国に真の意味の事業所内に設置されている保育施設がどのぐらいあるかは，正確にはつかみ得ているとはいえない．また事業主にとって運営にかかる負担が大きく，景気の変動などによって流動的でもある．

　事業所内保育施設に入所している児童の年齢では3歳未満児が半数以上に及び，1施設当たりの平均定員は15人くらいの小規模な施設が多くなっていることが特徴である．長所としては，保育時間が保護者の勤務時間に合わせやすい，休憩時間などを利用しての授乳や母子のふれあいがなされやすいなどがあげられる．反面，自宅との距離が必ずしも近くなく，通勤ラッシュに子どもを連れて行かなければならない，少人数のため同年齢の仲間作りが難しいなどの課題もみられる．

H. 家庭的保育

　昭和20年代後半から30年代にかけて，大都市を中心に認可保育所の不足を補うために，自治体独自の補助事業として「昼間里親」「家庭福祉員」「家庭保育所」などと呼ばれる家庭的保育の制度が創設された．

　家庭的保育（いわゆる保育ママ）は，保護者が保育者の自宅に乳幼児を連れていき，そこで保育者が保育を行うものである．ファミリーサポートのような短時間の預かりとは異なる．保育者の資格要件は自治体によって異なり，保育士，看護師，教員などの資格や免許を有する者とする場合と，育児経験を必要とする場合とがある．年齢は幅広いが，40代から50代が多くなっている．

　受け入れる子どもの年齢は0歳児が多く，3歳児未満に限定することがあるため，3歳児以上はごく少数である．1カ所での受け入れ人数は3人以内が大多数となっている．

　家庭的保育者とのあいだの緊密な信頼関係は，子どもの安定につながるだけでなく，親にとっても育児や日常生活の相談相手としての役割を担っている．保育時間も親の都合に合わせて個別的に柔軟に対応している場合が多い．家庭的保育には低年齢児を小集団できめ細かに保育するというメリットがあるが，他方，保育の責任が1人の保育者にかかるため，病気でも休めなかったり，保育についての情報交換の場が乏しく仕事が孤独に陥りやすいことと密室化への懸念，個々の保育者による質のばらつき，待遇，家庭的保育者の高齢化

などの問題点があげられている．

平成11年の「新エンゼルプラン」で，低年齢児保育についてはさまざまな手法を用いる必要があるとして，家庭的保育を応急的暫定策として導入することが示され，12年度から「家庭的保育事業」が実施されてきた．これは従来の家庭的保育の問題点を解決するために，家庭的保育者の要件を保育士または看護師の資格を有する者とし，保育所または児童入所施設と連携を図りながら，保育者の居宅で少人数の低年齢児の保育を行う事業である．連携保育所の役割は家庭的保育者が保育する児童を保育所に招いたり，行事への参加を勧めたり，家庭的保育者の休暇や研修時の保育を行うなどとなっている．さらに，19年度に「子どもと家庭を応援する日本」重点戦略等において，保育サービスの量的拡充と提供手段の多様化の1つとして家庭的保育の充実が図られることになり，家庭的保育者の研修，処遇向上，賠償責任保険への加入などの整備が行われた．

フランスを代表として海外では家庭的保育が一般的に普及している．わが国では自治体により保育者の資格や実施場所などの要件が異なっているが，普及するためには法的に位置づけることが重要であり，平成20年の児童福祉法改正においてこれが実現した．落ち着いた雰囲気のなかで安心してすごすことのできる家庭的保育は，乳児保育にふさわしい選択肢の1つと思われる．

I. ベビーシッター

保護者の委託を受けて，主としてその居宅において乳幼児の保育などのサービス（在宅保育サービス）の提供を行っているものをベビーシッターと通称している．これまで述べてきた各種保育施設と異なり，保育者が家庭に出向くことがその特徴である．

ベビーシッターということばは，戦後アメリカから入ってきたもので，わが国でも昔から子守りという仕事はあったが，時間当たりで費用を支払うビジネスライクなものではなかった．しかし社会情勢や育児観の変化などにより，都市部を中心に昭和40年代後半から1時間の単価で保育を委託するような動きがみられるようになり，60年以降普及してきたといわれる．

旧厚生省がベビーシッターの調査・研究事業費を初めて予算化したのは，平成元年のことであった．そして同年10月には任意団体としての全国ベビーシッター協会が設立され，翌年の6月には20社がこれに加盟している．その後，研修活動や広報活動などを行い，3年6月に社団法人として厚生省から認可され，加盟企業は20年8月現在150社となっている．

事業としては，母親に代って子どもの世話をするだけのものから，ピアノや英語などを教える教育プログラムもあわせて行うものなど，会社によって特徴を打ち出している．最近は，海外旅行者の便宜を図るために，海外へ進出した会社もある．

平成6年度から児童手当制度に基づく福祉事業として在宅保育サービス援助事業がスタートし，14年度からベビーシッター育児支援事業となっている．これは，社員が就労のためにベビーシッターを利用する場合に，企業を通して割引券の交付を受けると，割引券1枚につき1,700円の助成が行われるもので，国からこども未来財団を通してベビーシッター協会に助成金が出されるという制度である．

在宅型のベビーシッターは必ずしも保育所と同次元に論じられるものではないが，女性のライフスタイルの変化に伴い，今後，このようなニーズが高まっていくものと思われる．

J. その他

近年わが国における委託保育の状況は目まぐるしく変化し、保護者の多様なニーズに対応するための種々の保育サービスが提供されている．

地域においては「子育て経験のある母親が家庭で子どもを預かる民間ネットワーク」として全国に支部をもつ組織もみられ、非営利事業体として30年以上の活動を続けている．この組織は温かな家庭のなかで、わが子と同じように保育をするという考え方を基本として、時間単位から夜間や不規則保育まで、ニーズに柔軟な対応をしている．そのため利用の9割が不定期な保育で、預ける母親の職業は、不規則勤務の多い航空会社の客室乗務員や舞台関係者、医師などが多いということである．

市町村が設立運営し、国、都道府県が補助を行うファミリー・サポート・センター事業が平成6年度から労働省の補助事業として開始された．これは前述の民間ネットワークのように地域で育児の相互援助活動を行うものである．援助を受けたい依頼会員と援助を行いたい援助会員がセンターに申し込み、保育所の送迎、保育所開始前や終了後の預かり、保護者の病気や急用時の預かり、冠婚葬祭や外出時の預かりなどの援助を行っている．当初は仕事と家庭の両立支援という目的から、育児の援助を受けられる者は原則として雇用労働者に限定されていたが、13年度から省庁統合のメリットを活かす形で、自営業者や家庭の主婦など、子

---

column　ふたご（多胎児）の育児

複数の胎児が同時に母体内ではぐくまれている状態を多胎妊娠といい、胎児が2つのとき"双胎"、3つを"三胎"（品胎）、以下四胎、五胎と称し、ヒトでは九胎まで報告例がある．

厚生省（当時）の調査で1997年のふたごの出産数は死産を含めて11,080組、出産千に対する出産組数（出産率）は9.0で、統計から出産率が計算できる1951年以降の最高値となっている．二卵性ふたごの出産率は自然状態では一卵性の半分とされるが、1975年の1.86から1987年以降急増し、1997年には4.0を超えて一卵性を上回っている．その要因には排卵誘発剤の使用や体外受精などの不妊治療があげられている．

みつごの頻度はふたごの頻度の2乗くらいといわれるが、奈良時代にもその出生の記述がかなり残されている．

ふたごの育児は、授乳をどのように行うかに始まって、おむつ交換、入浴、外出、夜泣きへの対応、また一方が病気の時の通院など、赤ちゃんが2人いることによって、母親はまさに猫の手も借りたいような忙しさとなり、疲労と睡眠不足で精神的にまいってしまうことが多い．さらには2人を比べることによって、一方の子どもを虐待してしまうケースもみられるという．乳児期にはとくにできる限りの助力を得るようにすべきである．

ふたごの親のためのサークルは各地にみられ、悩みを話し合ったり情報交換を行ったりしているが、近年は自治体によるものも増えてきている．

ふたごはとくに2人を一組として扱われやすいが、将来一人ひとりが独立した社会人となっていかねばならないので、ひとりを一時的に預けたり、違ったおもちゃや衣類を与えることなどになれさせていくことも大切である．

どもをもつすべての者が援助を受けられるようになった．

また，平成17年度から厚生労働省の直営事業として緊急サポートネットワーク事業が実施されている．病児・病後児の預かりなどの援助を受けたい労働者と，援助を行いたい看護師・保育士などの有資格者が会員となり，病気・病後児（回復期）の預かり，急な残業や出張時の宿泊を伴う預かり，緊急度の高い保育所などへの送迎や預かりなどにおける育児を助け合うシステムである．

このように子育てには認可保育所以外にも多くの委託制度が支援にかかわっているが，このほか両親の保育ニーズを最も多く支えているのは，世界的にも歴史的にも祖父母をはじめとする親族などである．

（田川悦子）

SECTION 6 からだの発育

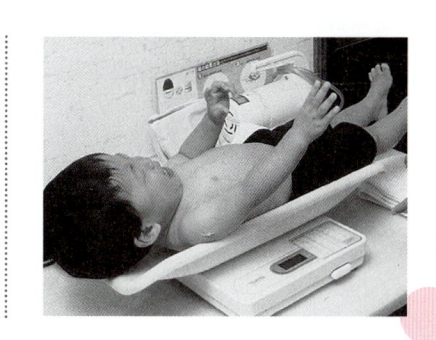

A. 成長・発達・発育の定義

　小児の特徴とは常に成長，発達，発育していることで，これが成人ともっとも異なる点である．成長とは身長，体重のように量的に数値で表現できる形態面の増加を意味し，発達とは言語面で喃語から意味あることばへ，運動面ではいはいからひとり歩きへの機能面の成熟に対して使用され，成長と発達の両者を合わせて発育という．

1 小児の成長・発達の原則

　1）成長・発達はほぼ一定の順序ですすむ．頭部から足部へ，たとえば，首がすわり→おすわり→はう→歩くへ，体の中心部から末梢へ，肩や腕などの大きな筋の運動から手指の細かい運動へ，この順序はすべての子どもに一定である．

　2）成長・発達は連続的であるが，常に一定の速度ですすむのではなく，重要器官から先に発達する．胎生期の初期からもっとも発達が早いのは，体全体を支配する脳と，全身に血液を送り出す心臓であり，出生後も脳神経系は他の器官より早く発達していく．思春期に発育する生殖器は後から発達していく．

　3）成長・発達にはそれぞれ決定的に重要な時期があり，何らかの理由でその時期の発達が障害されると，永続的な欠陥や障害を残す．たとえば，妊娠初期の母親が風疹に罹患すると，心臓や聴覚器が分化発育する時期の胎児も風疹に罹患し，その後，生まれてきた新生児に心臓病や難聴などの障害が認められる．

　4）発育速度は低年齢ほど著しい．幼児よりも乳児，乳児でも幼弱なほど発育が速い．体重3 kgの新生児は約1カ月で1 kgも体重増加し4 kgになる．このことは，体重30 kgの人なら1カ月で40 kgにもなるぐらいに，大きくなっているのである．身長も出生時50 cmが生後1年間で25 cmも伸びて，出生時の1.5倍にもなる．

　5）臓器別に発育パターンが異なる．各臓器も一定のスピードではなく，それぞれの臓器別に特有の速度をもって発育する（図6-1）．Scammonは，体の各臓器を一般型，神経系型，リンパ系型，生殖器型の4型に分けて，出生時の重量をゼロとし，成人になった時を100として発育曲線を描いたのがScammonの臓器別発育曲線である．大脳や小脳などの神経系は，臓器のなかでもっとも早く発育し6歳で成人の90％にも達する．睾丸や子宮などの生殖系は，思春期まではほとんど発育がみられず，思春期に急速に発育する．免疫に関与する胸腺やリンパ節などのリンパ系は，幼児学童期には成人以上の組織の増加があり，20歳頃成人のレベルに縮小してくる．大部分の臓器や体重，身長などの発育は一般型といい，乳児期と思春期に著しい発育を示す．

2. 発育期の分類

小児の発育期を区分すると，新生児期は乳児期に含まれることと，乳児期とは医学的には 1 歳まで，保育学的には 2 歳までの間をいう（図 6-2）．

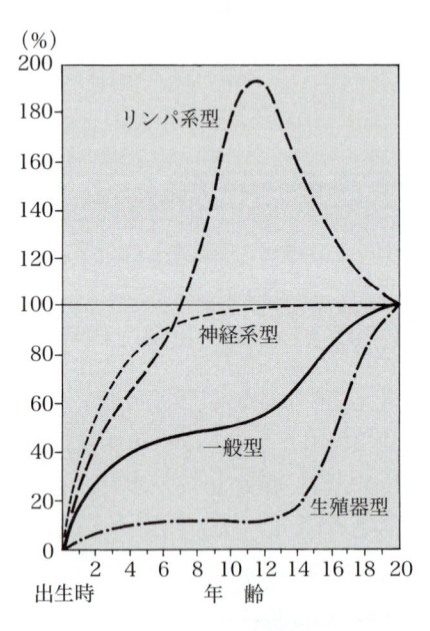

図 6-1. Scammon の臓器別発育曲線

体組織の発育の 4 型．図には，20 歳（成熟時）の発育を 100 として，各年齢の値をその 100 分比で示してある．

- 一般型：全身の外形計測値（頭径を除く），呼吸器，消化器，心・大動脈，筋全体，骨全体，血液量
- 神経系型：脳，脊髄，視覚器，頭径
- 生殖器型：精巣，卵巣，精巣上体，子宮
- リンパ系型：胸腺，リンパ節，間質性リンパ組織

(Scammon, in Harris : The Measurement of Man. 1930, University of Minnesota Press)

a. 新生児期
出生後の 4 週間をいう．また妊娠 22 週から出生後 1 週間を周産期という．

b. 乳児期
出生より 1 年ないし 2 年の間，新生児期を含む．この乳児期に一生の間で一番身長が伸びる．

c. 幼児期
乳児期をすぎてから小学校入学までをいう．

d. 学童期
小学校在学の期間をいう．思春期の発現である第二次性徴は女子の方が男子よりも約 2 年先に出現するので，小学校 5・6 年では女子の方が身長，体重，胸囲，座高などの平均値は男子の平均値より一時的に大きくなる．

e. 思春期
中学校から青年になるまで．または，大腿骨などの長管骨の骨端線が閉鎖して成長が止まるまでの期間をいう．

B. からだの発育

1. 身体発育の概要

1）新生児は出生時体重約 3,000 g，身長 50 cm である．その後 3～4 日間に体重が 150～300 g 減少する．

生理的体重減少：これは皮膚・肺からの水分の蒸散（じょうさん）と胎便の排泄に対して，哺乳量が少ないので体重が減少する．生後 10 日までに元の体重に回

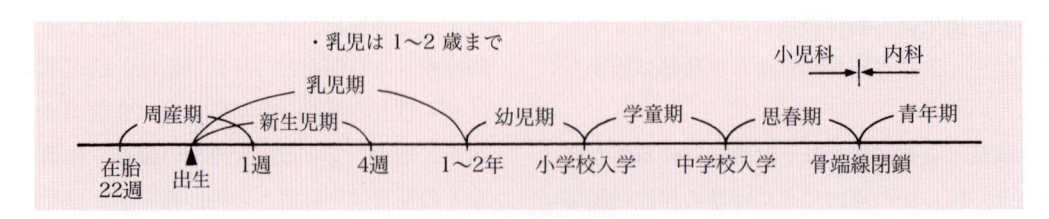

図 6-2. 発育期の分類

復する．つねに大きくなる子どもに，生理的に体重が一時的に減少する時期があるのがポイントである．

2）乳児期身長は年間に約 25 cm 伸び，体重が 2 倍になるのは生後 3 カ月から 4 カ月頃，3 倍になるのは 1 歳，出生時は胸囲より頭囲が大きく，1 歳を過ぎると胸囲の方が大きくなる．3 歳以降は身長と体重の増加はほぼ一定になる．

3）乳児のからだは成人のからだをそのまま小さくしたものではない．体型も月齢とともに変化し，小さいときほど頭部の身体全体に占める割合が大きく，乳児早期は 1/4 頭身の頭でっかちである．

4）発育には個人差があり，それぞれの子どもに固有の発育パターンがあり，大柄，小柄，太い，細い子どもがいる．発育状況は栄養摂取量，養育環境，病気や障害，遺伝的要因などに影響される．

2 身長とその計測法

1）出生時身長は約 50 cm で，生後 1 年間で出生時から 1.5 倍の 25 cm 伸びて約 75 cm になる．4 年で出生時の 2 倍 100 cm になる．幼児期は年間約 7 cm，思春期は年間約 8〜12 cm 増加する．

2）乳児には乳児用身長計を使用する．靴下を脱がせて，乳児用身長計の上に耳孔と目を結んだ線が垂直になるように乳児を寝かせ，頭を固定板につける．1 人が頭を固定し，他の 1 人が乳児の足をのばして，必ず両足を移動板に押しあてて目盛りを読む．立位をとれるようになれば，成人の身長計を使用する．

3 体重とその計測法

1）出生体重は約 3 kg で，体重は生後 3 カ月から 4 カ月で出生時の 2 倍の 6 kg，1 年間で 3 倍の 9 kg になる．母乳分泌不足の判断には 1 日平均体重増加量を使う．1 日平均増加量は 0 カ月から 3 カ月児で約 30 g である．3 歳の体重は出生時の 4 倍になる．

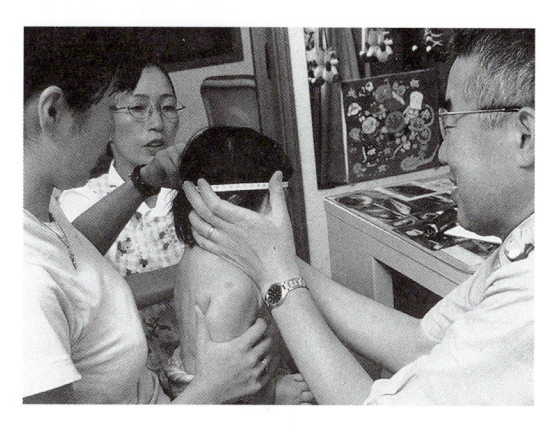

図 6-3．頭囲計測

2）乳児には感度が 10 g 単位のデジタル体重計を使用する．乳児の体重は原則として，寒くない環境で裸にして測定する．測定時，泣いて計測時間が長くならないようにあやしたり，寝返りをして体重計から落下することがあるので，かならず乳児から目を離さないようにする．

4 頭囲と胸囲とその計測法

1）頭囲，胸囲は身長，体重ほど計測されないが，頭囲は中枢神経系，とくに大脳の発育と関係する．頭囲が大きすぎる場合（水頭症など），小さすぎる場合（発達の遅滞，小頭症など）が問題で，平均値より 2 標準偏差以上大きいか小さいとき検査が必要である．

出生時の頭囲は 33 cm で胸囲より大きいが，生後 1 年には 45 cm で胸囲とほぼ等しくなる．それ以後は胸囲の方が発育する．

2）頭囲測定は，後ろは後頭結節，前は眉間点を通るようにメジャーをあてる（図 6-3）．胸囲は仰臥位で，乳頭を通るように測定する．

C. 身体発育の評価

身体計測値を評価する方法として，パーセンタイル値で表現される乳幼児発育値，平均値・標準

偏差，発育指数のカウプ指数とローレル指数，成長曲線がある．

1 パーセンタイル値と乳幼児発育値（表6-1）

パーセンタイル値（百分値）とは，全例の何パーセント目にあるかを示すものである．たとえば，体重が10パーセンタイル値とは100人中体重の少ない方から10番目ということである．50パーセンタイル値とは中央値で平均値にほぼ一致する．日本の子どもの身体発育を評価するための基準が厚生労働省が発表する乳幼児身体発育値である．そこには月齢別に体重，身長，胸囲，頭囲がパーセンタイル値で示されている．数値は3，10，25，50，75，90，97パーセンタイル値で示されている．この発育値をもとに母子健康手帳には男女別に体重，身長，頭囲が3，97パーセンタイル値を示したパーセンタイル曲線が表示されている（図6-4，6-5，6-6）．

97パーセンタイル値以上と3パーセンタイル値以下は病的な場合が多いので，医療機関などでの検査や経過観察が必要である．

2 平均値・標準偏差

ある集団について身長や体重を計測して，その平均値と標準偏差値を算出し，代表値とその分布の目安を知ることができる．おおよそ±1標準偏差の中には全体の約68.3％が含まれ，±2標準偏差の中には全体の約95.4％が含まれ，±2標準偏差の外側にある場合に問題が多く，医療機関などでの検査や経過観察が必要である．

3 発育指数

身長や体重などの単一の計測値のみによる判定には限界があるので，身長と体重を組み合わせて評価する発育指数が使われる．たとえば体重が普通でも，それ以上に身長が大きければやせた子であり，逆に体重が少なくても身長も少なければ普通の発育となる．この指数は体つきの特徴をしめすもので，体型や栄養状態の判定に使用する．

a. カウプ指数

$$カウプ Kaup 指数 = \frac{体重（g）}{身長^2（cm）} \times 10$$

（正常範囲 15〜18）

カウプ指数は乳幼児の栄養状態の評価に使用し，20以上は肥満傾向である．

b. ローレル指数

$$ローレル Rohrer 指数 = \frac{体重（g）}{身長^3（cm）} \times 10,000$$

（正常範囲 110〜160）

ローレル指数は学童期の肥満の判定に使用し，160以上は肥満である．

4 成長曲線

個人の年齢ごとの身長測定値をつないだ曲線を成長曲線といい，発育を点ではなく線・流れとして評価するもので，母子健康手帳の後半に，身長，体重，頭囲の発育曲線が記載されている．成長曲線は成長ホルモン分泌不足による低身長や二次性徴が早期に出現する真性思春期早発症の診断に使用される．

5 成長に影響する因子と評価

子どもの成長に影響する要因には内因と外因がある．内因について，人種間では白色人種は黄色人種よりも大きい．家系では両親が大きいとその子どもも大きい．性別では男の子は女の子より大きい．外因について，栄養不良では小さくなり，慢性疾患や内分泌の病気があると小さくなり，貧困やストレスでも小さくなる．

表 6-1a. 乳幼児の体重発育値 (kg)

年・月・日齢	男子 パーセンタイル値							女子 パーセンタイル値						
	3	10	25	50 中央値	75	90	97	3	10	25	50 中央値	75	90	97
出生時	2.10	2.45	2.72	3.00	3.27	3.50	3.76	2.13	2.41	2.66	2.94	3.18	3.41	3.67
1日	2.06	2.39	2.62	2.89	3.14	3.38	3.63	2.07	2.34	2.56	2.81	3.06	3.28	3.53
2日	2.01	2.33	2.57	2.84	3.09	3.33	3.56	2.04	2.29	2.51	2.76	2.99	3.22	3.46
3日	2.00	2.33	2.58	2.84	3.10	3.35	3.59	2.03	2.28	2.51	2.76	3.00	3.23	3.47
4日	2.03	2.36	2.60	2.88	3.14	3.38	3.62	2.05	2.31	2.54	2.79	3.04	3.26	3.50
5日	2.04	2.35	2.62	2.90	3.17	3.42	3.65	2.03	2.31	2.54	2.81	3.06	3.28	3.54
30日	3.00	3.37	3.74	4.13	4.51	4.85	5.17	2.90	3.22	3.54	3.89	4.23	4.54	4.84
0年 1〜2月未満	3.53	3.94	4.35	4.79	5.22	5.59	5.96	3.39	3.73	4.08	4.47	4.86	5.20	5.54
2〜3	4.41	4.88	5.34	5.84	6.33	6.76	7.18	4.19	4.58	4.97	5.42	5.86	6.27	6.67
3〜4	5.12	5.61	6.10	6.63	7.16	7.62	8.07	4.84	5.25	5.67	6.15	6.64	7.08	7.53
4〜5	5.67	6.17	6.67	7.22	7.76	8.25	8.72	5.35	5.77	6.21	6.71	7.23	7.70	8.18
5〜6	6.10	6.60	7.10	7.66	8.21	8.71	9.20	5.74	6.17	6.62	7.14	7.67	8.17	8.67
6〜7	6.44	6.94	7.44	8.00	8.56	9.07	9.57	6.06	6.49	6.95	7.47	8.02	8.53	9.05
7〜8	6.73	7.21	7.71	8.27	8.84	9.36	9.87	6.32	6.75	7.21	7.75	8.31	8.83	9.37
8〜9	6.96	7.44	7.94	8.50	9.08	9.61	10.14	6.53	6.97	7.43	7.97	8.54	9.08	9.63
9〜10	7.16	7.64	8.13	8.70	9.29	9.83	10.37	6.71	7.15	7.62	8.17	8.74	9.29	9.85
10〜11	7.34	7.81	8.31	8.88	9.48	10.03	10.59	6.86	7.31	7.78	8.34	8.93	9.49	10.06
11〜12	7.51	7.98	8.48	9.06	9.67	10.23	10.82	7.02	7.46	7.95	8.51	9.11	9.68	10.27
1年 0〜1月未満	7.68	8.15	8.65	9.24	9.86	10.44	11.04	7.16	7.62	8.11	8.68	9.29	9.87	10.48
1〜2	7.85	8.32	8.83	9.42	10.05	10.65	11.28	7.31	7.77	8.27	8.85	9.47	10.07	10.69
2〜3	8.02	8.49	9.00	9.60	10.25	10.86	11.51	7.46	7.93	8.43	9.03	9.66	10.27	10.90
3〜4	8.19	8.67	9.18	9.79	10.44	11.08	11.75	7.61	8.08	8.60	9.20	9.85	10.47	11.12
4〜5	8.36	8.84	9.35	9.97	10.64	11.29	11.98	7.75	8.24	8.76	9.38	10.04	10.67	11.33
5〜6	8.53	9.01	9.53	10.16	10.84	11.51	12.23	7.90	8.39	8.93	9.55	10.23	10.87	11.55
6〜7	8.70	9.18	9.71	10.35	11.04	11.73	12.47	8.05	8.55	9.09	9.73	10.42	11.08	11.77
7〜8	8.86	9.35	9.89	10.53	11.25	11.95	12.71	8.20	8.71	9.26	9.91	10.61	11.28	11.99
8〜9	9.03	9.52	10.06	10.72	11.45	12.17	12.96	8.34	8.86	9.43	10.09	10.81	11.49	12.21
9〜10	9.19	9.69	10.24	10.91	11.65	12.39	13.20	8.49	9.02	9.59	10.27	11.00	11.70	12.44
10〜11	9.36	9.86	10.41	11.09	11.85	12.61	13.45	8.64	9.18	9.76	10.46	11.20	11.92	12.67
11〜12	9.52	10.03	10.59	11.28	12.06	12.83	13.69	8.78	9.34	9.93	10.64	11.40	12.13	12.90
2年 0〜6月未満	10.06	10.60	11.19	11.93	12.76	13.61	14.55	9.30	9.89	10.53	11.29	12.11	12.90	13.73
6〜12	10.94	11.51	12.17	12.99	13.93	14.90	16.01	10.18	10.85	11.56	12.43	13.36	14.27	15.23
3年 0〜6月未満	11.72	12.35	13.07	13.99	15.04	16.15	17.43	11.04	11.76	12.56	13.53	14.59	15.64	16.76
6〜12	12.42	13.10	13.89	14.90	16.08	17.34	18.82	11.83	12.61	13.49	14.56	15.75	16.95	18.27
4年 0〜6月未満	13.07	13.80	14.65	15.76	17.08	18.51	20.24	12.56	13.39	14.33	15.51	16.84	18.21	19.73
6〜12	13.71	14.50	15.42	16.62	18.09	19.71	21.72	13.27	14.15	15.15	16.41	17.89	19.43	21.20
5年 0〜6月未満	14.37	15.23	16.24	17.56	19.17	20.95	23.15	14.01	14.92	15.97	17.32	18.93	20.65	22.69
6〜12	15.03	16.02	17.17	18.63	20.36	22.19	24.33	14.81	15.75	16.84	18.27	20.00	21.91	24.22
6年 0〜6月未満	15.55	16.84	18.24	19.91	21.70	23.43	25.25	15.71	16.68	17.81	19.31	21.15	23.21	25.77

(厚生労働省, 2010)

表6-1b. 乳幼児の身長発育値 (cm)

年・月・日齢	男子 パーセンタイル値							女子 パーセンタイル値						
	3	10	25	50 中央値	75	90	97	3	10	25	50 中央値	75	90	97
出生時	44.0	46.0	47.4	49.0	50.2	51.5	52.6	44.0	45.5	47.0	48.5	50.0	51.0	52.0
30日	48.7	50.4	51.9	53.5	55.0	56.3	57.4	48.1	49.7	51.1	52.7	54.1	55.3	56.4
0年 1～2月未満	50.9	52.5	54.0	55.6	57.1	58.4	59.6	50.0	51.6	53.1	54.6	56.1	57.3	58.4
2～3	54.5	56.1	57.5	59.1	60.6	62.0	63.2	53.3	54.9	56.4	57.9	59.4	60.6	61.7
3～4	57.5	59.0	60.4	62.0	63.5	64.8	66.1	56.0	57.6	59.1	60.7	62.1	63.4	64.5
4～5	59.9	61.3	62.8	64.3	65.8	67.2	68.5	58.2	59.9	61.4	63.0	64.4	65.7	66.8
5～6	61.9	63.3	64.7	66.2	67.7	69.1	70.4	60.1	61.8	63.3	64.9	66.3	67.6	68.7
6～7	63.6	64.9	66.3	67.9	69.4	70.8	72.1	61.7	63.4	64.9	66.5	68.0	69.2	70.4
7～8	65.0	66.4	67.8	69.3	70.9	72.2	73.6	63.1	64.8	66.3	67.9	69.4	70.7	71.9
8～9	66.3	67.7	69.0	70.6	72.2	73.6	75.0	64.4	66.0	67.6	69.2	70.7	72.0	73.2
9～10	67.4	68.8	70.2	71.8	73.3	74.8	76.2	65.5	67.1	68.7	70.4	71.9	73.2	74.5
10～11	68.4	69.8	71.2	72.8	74.4	75.9	77.4	66.5	68.1	69.7	71.4	73.0	74.3	75.6
11～12	69.4	70.8	72.2	73.8	75.5	77.0	78.5	67.4	69.1	70.7	72.4	74.0	75.4	76.7
1年 0～1月未満	70.3	71.7	73.2	74.8	76.5	78.0	79.6	68.3	70.0	71.7	73.4	75.0	76.4	77.8
1～2	71.2	72.7	74.1	75.8	77.5	79.1	80.6	69.3	71.0	72.6	74.4	76.0	77.5	78.9
2～3	72.1	73.6	75.1	76.8	78.5	80.1	81.7	70.2	71.9	73.6	75.3	77.0	78.5	79.9
3～4	73.0	74.5	76.0	77.7	79.5	81.1	82.8	71.1	72.9	74.5	76.3	78.0	79.6	81.0
4～5	73.9	75.4	77.0	78.7	80.5	82.2	83.8	72.1	73.8	75.5	77.3	79.0	80.6	82.1
5～6	74.8	76.3	77.9	79.7	81.5	83.2	84.8	73.0	74.7	76.4	78.2	80.0	81.6	83.2
6～7	75.6	77.2	78.8	80.6	82.5	84.2	85.9	73.9	75.6	77.3	79.2	81.0	82.7	84.2
7～8	76.5	78.1	79.7	81.5	83.4	85.1	86.9	74.8	76.5	78.2	80.1	82.0	83.7	85.3
8～9	77.3	78.9	80.6	82.4	84.4	86.1	87.9	75.7	77.4	79.2	81.1	83.0	84.7	86.3
9～10	78.1	79.8	81.4	83.3	85.3	87.1	88.8	76.6	78.3	80.0	82.0	83.9	85.6	87.4
10～11	78.9	80.6	82.3	84.2	86.2	88.0	89.8	77.5	79.2	80.9	82.9	84.8	86.6	88.4
11～12	79.7	81.4	83.1	85.1	87.1	88.9	90.7	78.3	80.0	81.8	83.8	85.7	87.6	89.4
2年 0～6月未満	81.1	82.9	84.6	86.7	88.7	90.6	92.5	79.8	81.5	83.3	85.3	87.4	89.3	91.2
6～12	85.2	87.0	89.0	91.1	93.3	95.4	97.4	84.1	85.8	87.7	89.8	92.0	94.1	96.3
3年 0～6月未満	88.8	90.7	92.8	95.1	97.4	99.6	101.8	87.7	89.6	91.5	93.8	96.2	98.4	100.6
6～12	92.0	94.1	96.2	98.6	101.1	103.4	105.8	90.9	92.9	95.0	97.4	99.9	102.2	104.5
4年 0～6月未満	95.0	97.1	99.3	101.8	104.5	107.0	109.5	93.8	96.0	98.3	100.8	103.4	105.7	108.1
6～12	97.8	100.0	102.3	104.9	107.7	110.3	113.0	96.5	99.0	101.4	104.1	106.7	109.1	111.4
5年 0～6月未満	100.5	102.8	105.2	108.0	111.0	113.7	116.5	99.1	101.8	104.5	107.3	110.1	112.5	114.8
6～12	103.3	105.8	108.4	111.3	114.3	117.1	119.9	101.6	104.7	107.6	110.6	113.4	115.9	118.2
6年 0～6月未満	106.2	109.0	111.8	114.9	118.0	120.8	123.6	104.2	107.6	110.8	114.0	116.9	119.4	121.7

(厚生労働省，2010)

からだの発育

表 6-1c. 乳幼児身体発育値（中央値）

年・月・日齢	体重 (kg) 男 50中央値	体重 (kg) 女 50中央値	身長 (cm) 男 50中央値	身長 (cm) 女 50中央値	胸囲 (cm) 男 50中央値	胸囲 (cm) 女 50中央値	頭囲 (cm) 男 50中央値	頭囲 (cm) 女 50中央値
出生時	3.00	2.94	49.0	48.5	32.0	31.6	33.5	33.0
1日	2.89	2.81						
2日	2.84	2.76						
3日	2.84	2.76						
4日	2.88	2.79						
5日	2.90	2.81						
30日	4.13	3.89	53.5	52.7	35.8	35.1	36.7	35.9
0年 1～2月未満	4.79	4.47	55.6	54.6	37.5	36.6	38.0	37.0
2～3	5.84	5.42	59.1	57.9	40.1	38.9	39.9	38.9
3～4	6.63	6.15	62.0	60.7	41.8	40.5	41.4	40.2
4～5	7.22	6.71	64.3	63.0	42.9	41.6	42.3	41.2
5～6	7.66	7.14	66.2	64.9	43.6	42.4	43.0	41.9
6～7	8.00	7.47	67.9	66.5	44.1	42.9	43.6	42.4
7～8	8.27	7.75	69.3	67.9	44.6	43.4	44.2	43.0
8～9	8.50	7.97	70.6	69.2	44.9	43.7	44.6	43.5
9～10	8.70	8.17	71.8	70.4	45.3	44.0	45.1	43.9
10～11	8.88	8.34	72.8	71.4	45.5	44.3	45.5	44.3
11～12	9.06	8.51	73.8	72.4	45.8	44.5	45.9	44.7
1年 0～1月未満	9.24	8.68	74.8	73.4	46.1	44.8	46.2	45.1
1～2	9.42	8.85	75.8	74.4	46.3	45.0	46.5	45.4
2～3	9.60	9.03	76.8	75.3	46.5	45.2	46.8	45.6
3～4	9.79	9.20	77.7	76.3	46.8	45.5	47.0	45.9
4～5	9.97	9.38	78.7	77.3	47.0	45.7	47.2	46.1
5～6	10.16	9.55	79.7	78.2	47.2	45.9	47.4	46.3
6～7	10.35	9.73	80.6	79.2	47.5	46.2	47.6	46.5
7～8	10.53	9.91	81.5	80.1	47.7	46.4	47.8	46.6
8～9	10.72	10.09	82.4	81.1	47.9	46.6	47.9	46.8
9～10	10.91	10.27	83.3	82.0	48.1	46.8	48.1	46.9
10～11	11.09	10.46	84.2	82.9	48.3	47.0	48.2	47.0
11～12	11.28	10.64	85.1	83.8	48.6	47.2	48.3	47.2
2年 0～6月未満	11.93	11.29	86.7	85.3	49.2	47.9	48.7	47.5
6～12	12.99	12.43	91.1	89.8	50.3	48.9	49.2	48.2
3年 0～6月未満	13.99	13.53	95.1	93.8	51.2	49.8	49.7	48.7
6～12	14.90	14.56	98.6	97.4	52.0	50.7	50.1	49.2
4年 0～6月未満	15.76	15.51	101.8	100.8	52.9	51.6	50.5	49.6
6～12	16.62	16.41	104.9	104.1	53.8	52.6	50.8	50.0
5年 0～6月未満	17.56	17.32	108.0	107.3	54.8	53.6	51.0	50.4
6～12	18.63	18.27	111.3	110.6	55.7	54.5	51.3	50.7
6年 0～6月未満	19.91	19.31	114.9	114.0	56.7	55.1	51.6	50.9

（厚生労働省，2010）

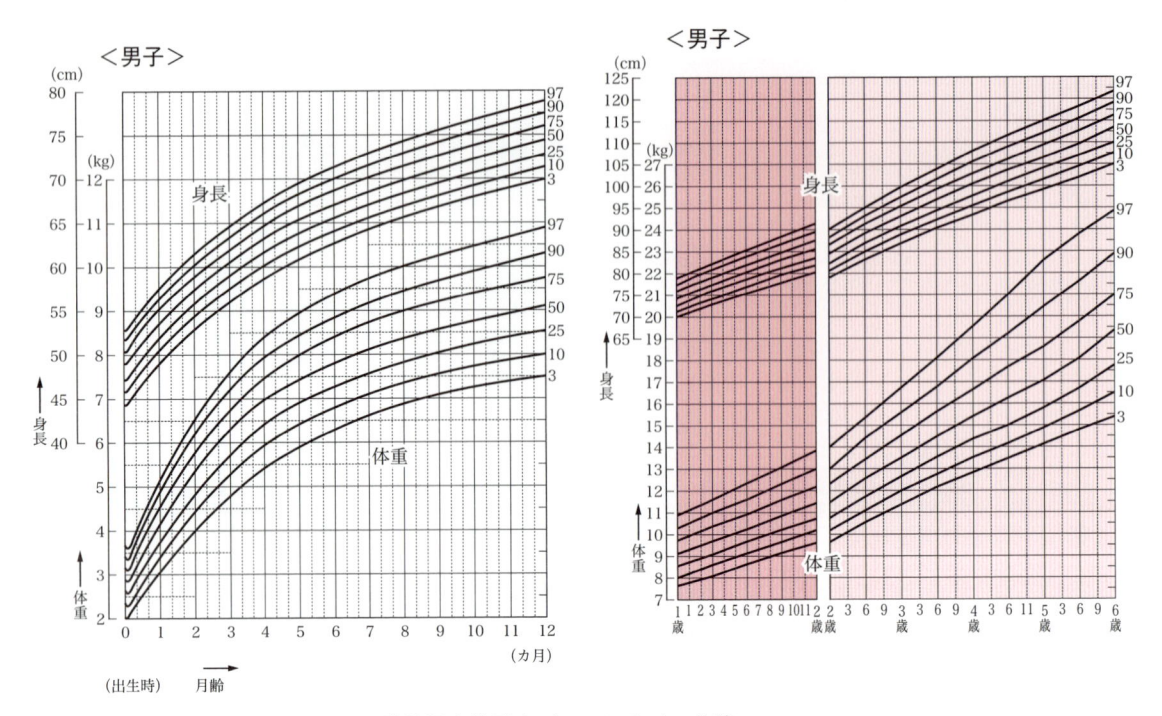

図 6-4. 乳幼児身体発育パーセンタイル曲線 (厚生省, 2010)

注) 身長と体重についてそれぞれ 7 本の線は, 下から 3, 10, 25, 50, 75, 90 および 97 の各パーセンタイル値を示す (以下のグラフも同じ). 1 歳代の身長は仰臥位身長を示し, 2 歳以降は立位身長を示す.

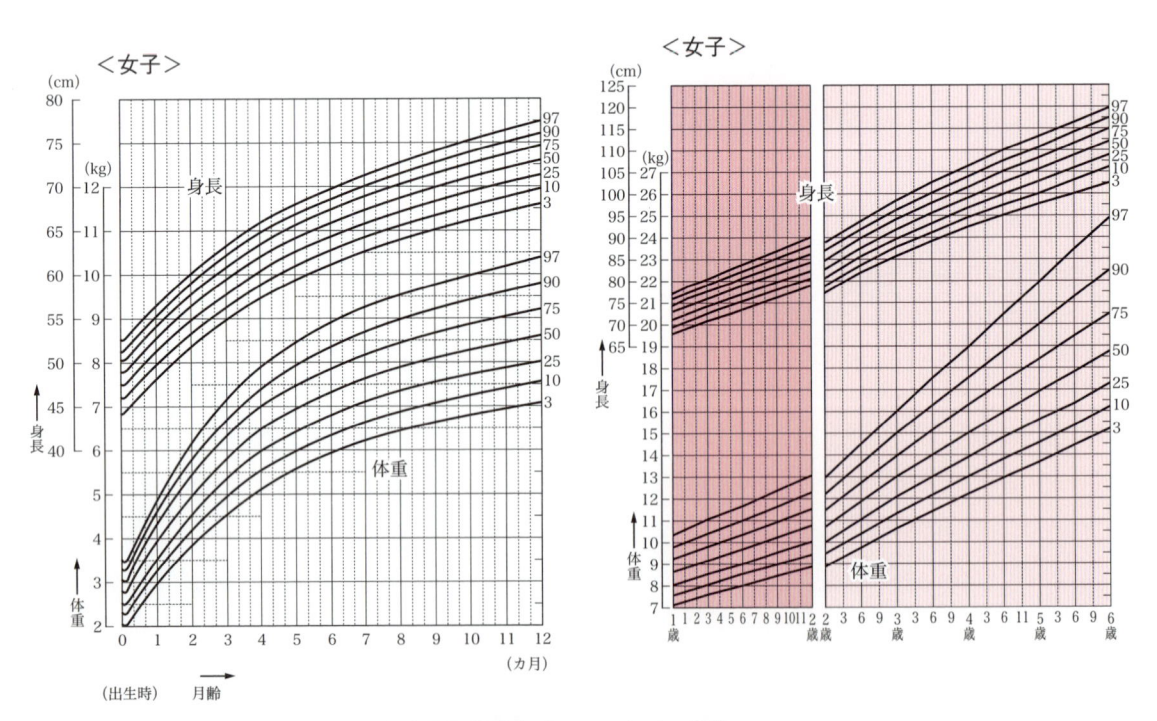

図 6-5. 乳幼児身体発育パーセンタイル曲線 (厚生省, 2010)

注) 1 歳代の身長は仰臥位身長を示し, 2 歳以降は立位身長を示す.

68　からだの発育

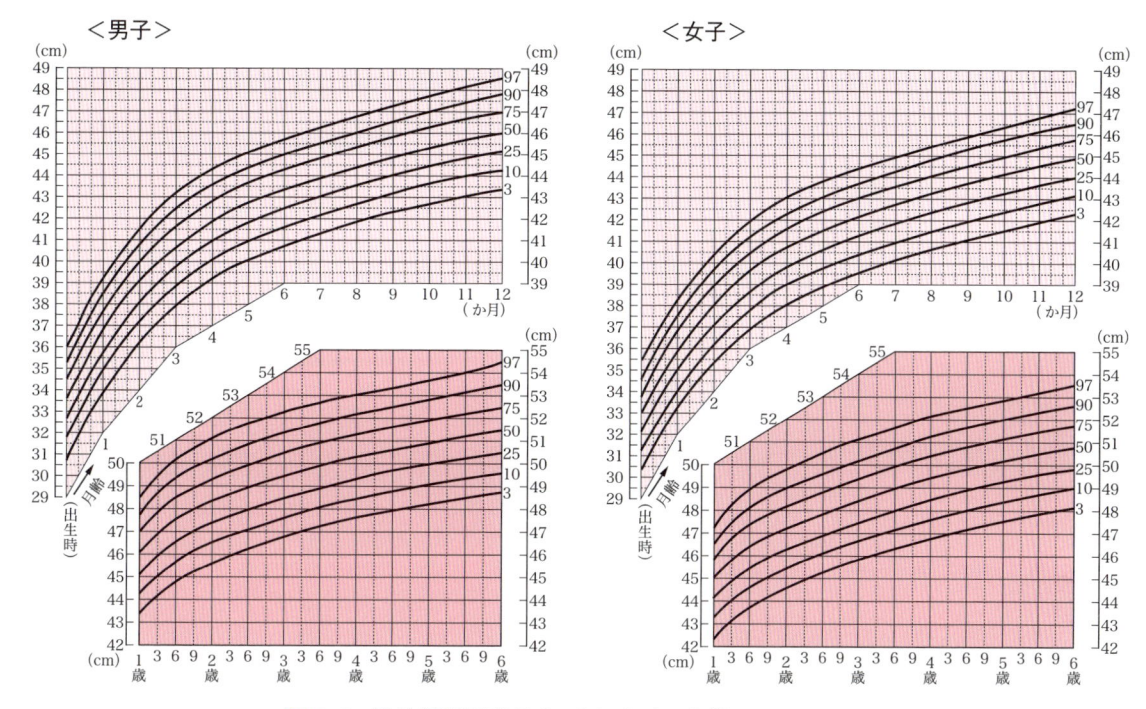

図 6-6. 乳幼児頭囲発育パーセンタイル曲線 (厚生省, 2010)

(横井茂夫)

column 赤ちゃん肥満は健康肥満

　新生児は体重 3 kg, 身長 50 cm で生まれて, 1 年間で体重は 3 倍の 9 kg, 身長は 1.5 倍の 75 cm になります. 体重 50 kg・身長 160 cm の成人に例えれば 1 年間で体重が 150 kg に, 身長が 2 m40 cm にもなる速さなのです. 乳児を毎日見ていると日々大きくなるように感じます. お母さんの母乳をたくさん飲んで, 離乳食もモリモリ食べると 6〜7 カ月で 9〜10 kg になる乳児もいます.「まあ太っているわね」と, まわりから言われると母親は子どもの生活習慣病が心配になります. このような乳児の将来は, いわゆる生活習慣病やメタボリック・シンドロームになるのでしょうか?
　大きな乳児の多くは母乳栄養で, 母乳の分泌の少なくなる 1 歳すぎから徐々に体形が変化してきます. 一般的には, 大きな乳児の経過を見ますと, 太った 3 歳児になることはなく, 背の高い足の長い 3 歳児になることが多いです. 母乳栄養の赤ちゃんの肥満は健康的な肥満で, 生活習慣病につながることはまずありませんので, お母さんを安心させて下さい.

身体発育の評価

SECTION 7 からだの発達

＊自動歩行
新生児が支えられると，歩くように両下肢を交互に出す新生児反射．

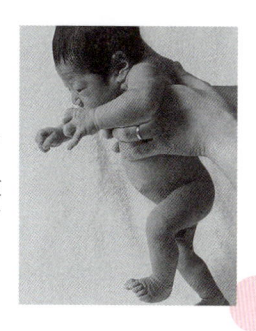

　小児の生理機能の特徴は，成人に比べて未熟性，未発達，未分化である．そのため，異常や障害が発生しやすく，乳児期だけにかかりやすい病気も多い．小児は発育するため成人に比べ代謝機能は亢進し，体重あたりの酸素消費量が多く，二酸化炭素・尿などの老廃物の排泄が多く，心臓の一回拍出量は少ないので，呼吸数，脈拍数が多く，体温も高く，体重あたりの発汗量も多い．各生理機能は，外界の刺激に対して反応が過敏や不十分のため，発熱時にけいれん，嘔吐や下痢の時に脱水になりやすい．

A. からだの生理的・機能的発達

1 呼吸器

　出生と同時に肺呼吸が開始されるが，呼吸が不規則になったり，無呼吸になったりすることがある．乳児の呼吸は成人に比べると，1分間に30〜40回で速く浅い呼吸である．のどや肺の気管支などの空気の通る気道が成人に比べ狭いので，風邪をひくとぜいぜい（喘鳴）しやすく，肺炎などにもなりやすい．
　成人は肋骨の走行が前傾し，肋間筋の働きで，肋間の間を拡げて呼吸する胸式呼吸である．乳児では肋骨の走行は水平で狭く，肋間筋の発育が弱

表7-1. 小児の呼吸数，脈拍数

	呼吸数 （1分間）	脈拍数 （1分間）
新　生　児	50〜40	140〜120
乳　　　児	40〜30	130〜120
幼　　　児	30〜20	110〜100
学　　　童	20	90〜80
成　　　人	16	70

く，呼吸は横隔膜を使う腹式呼吸で，横隔膜が高位にあり，肝臓も大きいことから，速く，浅くなり，換気予備力も少ないので気管支炎や喘息などで容易に酸素不足になり呼吸不全になりやすい（表7-1）．

2 循環器

　血液は心臓から肺へ（肺動脈・静脈血），肺から心臓へ（肺静脈・動脈血），心臓から全身へ（大動脈・動脈血），全身から心臓へ（大静脈・静脈血）と血液が流れている．心臓から出される1回の血液拍出量が少ないので，脈拍は年齢が幼いほど多くなる．乳児の脈拍数は1分間に120〜130回で，発熱，啼泣，哺乳などで増加し，睡眠で減少する．

3 消化器

a. 生歯（図7-1）

　乳歯の萌出は個人差があるが，生後6カ月から9カ月から生えはじめ，3歳で上下20本（上下左

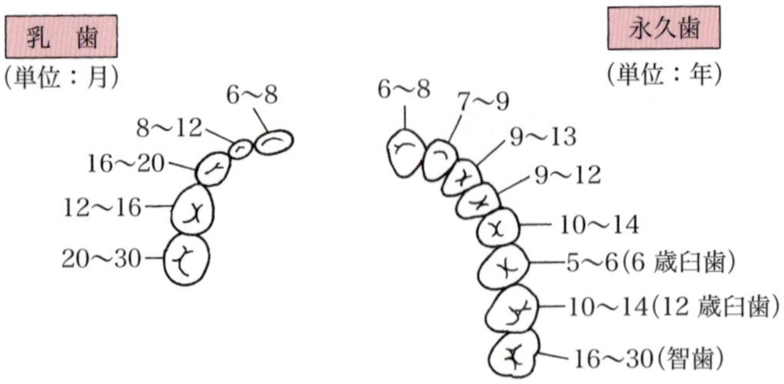

乳　歯	永久歯
（単位：月）	（単位：年）

乳歯:
- 6〜8
- 8〜12
- 16〜20
- 12〜16
- 20〜30

永久歯:
- 6〜8
- 7〜9
- 9〜13
- 9〜12
- 10〜14
- 5〜6（6歳臼歯）
- 10〜14（12歳臼歯）
- 16〜30（智歯）

図 7-1．乳歯，永久歯の萌出時期

右の切歯 2，犬歯 1，臼歯 2 本）が生えそろう．5 歳から 6 歳からは第 1 大臼歯（6 歳臼歯）が生え変わり始め，10 歳から 14 歳までに 28 本（上下左右の切歯 2，犬歯 1，小臼歯 2，大臼歯 2 本）が生える．

b．胃腸機能

胎児は母親の子宮の羊水の中で，指しゃぶりをし，羊水を嚥下し，胃腸管から吸収する．血液の中に入った羊水は腎臓で尿として排泄され，羊水へ排尿される，これをくりかえしている．

先天的に消化管の閉鎖がある場合，羊水を胃腸管から吸収できないので，羊水が異常に多くなる．出生前には唾液・胃液などの消化液の分泌はなく，出生後に空気を嚥下して胃が膨らむと胃液の分泌が始まる．

成人の胃は J 型であるが，乳児の胃は伸展性に富み，容積が大きくなる，ほぼ球形である．食道と胃の間の噴門部のしまりが悪いので，ちょっとした刺激で嘔吐する．乳児は嘔吐しやすいので，吐いても機嫌がよく，体重増加良好な場合は心配ない．

c．糞便

出生直後の便を胎便といい，暗緑色の無臭粘稠な便である．生後 3〜5 日で乳便に移行する．

乳便は母乳栄養と人工栄養では異なる．母乳栄養児の便は水分が多く，柔らかく回数も 2〜4 回と多い．色は卵黄色で弱酸性，臭いは芳香性酸臭（プレーンヨーグルトの臭い），腸内細菌はビフィズス菌が優位に多い．人工栄養児の便は水分が少なめでやや硬めである．回数は 1〜2 回と少なく，色は淡黄色で弱アルカリである．臭いはやや腐敗臭，腸内細菌は大腸菌が優位である．黄色の便が緑色に変わった緑便は以前「母乳栄養では生理的であるが，人工栄養では病的」とされたが，近年の粉ミルクが母乳に極めて似てきたので，人工栄養児でも緑便が高頻度にみられ，病気ではない．

4　頭部と大泉門の発育

身長と頭長との比：新生児は頭でっかちで身長と頭長の比が 4：1，4 頭身である．6 歳で 6：1 になる．乳児では頭蓋骨の縫合が完成しておらず，頭囲の発育も著しいので，大泉門という前頭骨と頭頂骨に囲まれた骨のない柔らかい菱形の部分が存在する．河童のお皿に相当する部分である．大泉門は頭囲発育がやや緩やかになる 1 歳半頃に閉鎖する．大泉門閉鎖遅延は水頭症，くる病，クレチン症，ダウン症候群に見られる．髄膜炎，硬膜下血腫では脳圧が亢進し大泉門は膨隆する．嘔吐や下痢の脱水症では逆に陥凹する．

5　腎臓と水分

a．腎臓と尿量

腎臓は尿をつくり，老廃物などを尿中に排泄して，体液の pH，浸透圧などを一定に保つ働きが

表 7-2. 乳児水分必要量 150 mL/kg の内訳

内訳	水分の量（mL）
不感蒸泄	60〜50
尿	90〜80
便	5
体内蓄積	5
計	150

ある．老廃物の尿中への排泄には一定の水分が必要であり，水分が少ないときは尿を濃く（濃縮力）して排泄する．乳児は尿の濃縮力が未熟なため，蛋白や塩分の多すぎる食事や濃いミルクを与えると，塩分や尿素窒素の尿中への排泄が増加し，合わせて尿量も増加するので容易に脱水し，発熱することがある．尿量は乳児では 60 mL/kg/日・300〜500 mL/日，成人では 30〜40 mL/kg/日・1200〜2000 mL/日である．

b. 水分必要量（表 7-2）

乳児は体水分量，とくに細胞外液量が多く，代謝も盛んで，皮膚と肺から失われる水分・不感蒸泄量も多い．乳児の水分必要量は 150 mL/kg/日で成人の水分必要量 50 mL/kg/日の約 3 倍である．このため，下痢，嘔吐，発熱などで容易に脱水状態になりやすい．

B. 脳神経系の発達

1. 中枢神経系の発達

脳は，大きく大脳・間脳・脳幹・小脳からなっている．大脳は精神活動・運動・感覚などの中枢であり，小脳は運動機能調節の中枢である．脳幹は意識の保持，呼吸・循環などの生命維持の中枢である．植物機能全体の中枢は間脳・脳幹が担っている．

大脳皮質は前頭葉・頭頂葉・後頭葉・側頭葉に分かれ，さらにそれぞれは機能的に細分化される．大脳皮質は表面から深層に向けて 6 層構造である．6 層構造は次の 3 段階の過程を経てつくられる．第 1 段階は妊娠の 6 週から約 3 カ月間，側脳室壁を取り囲む特殊な神経上皮である神経前駆細胞の細胞分裂によって神経細胞が生まれる．第 2 段階は若い神経細胞が大脳表層へ移動する過程である．第 3 段階は生後行われる大脳皮質においてシナプス形成・ミエリン形成などの成熟が進む過程である．

新生児の脳の重さは約 350 g で体重の 10〜12％である．脳の重さは生後 1 年で出生時の 2 倍，5 歳で 3 倍，10 歳で成人の 95％になる．脳はからだの最も重要な臓器である．その機能を維持・発揮するために酸素とエネルギーが供給される．成人の脳は体重の 2％であるが，安静時で心拍出量の 12％の血液が脳に送られ，安静時に消費される酸素の 20％が脳で使われる．子どもではこの割合はさらに大きくなる．

2. 知覚の発達

光に対する反応は出生直後から認められ，1 カ月頃には，目の前の母親の顔をゆっくり追う．視力は成人より弱く，1 歳で 0.2 程度である．3 歳頃に成人とほぼ同じ視力になる．立体視は 4 カ月頃より発達し始め，1 歳になると立体視がみられる．

子宮のなかの胎児は外からの音に反応を示す．新生児期より音に対する反応はみられ，聴性脳幹反応を使用して難聴児のスクリーニングが行われる．3 カ月頃より音のする方向に顔を向ける．

新生児は甘味に対して，吸啜力が増加する．

3. 睡眠

睡眠時間は，新生児では 15〜20 時間，3 カ月児では 14 時間，6 カ月から 12 カ月児では 12 時間くらいである．新生児では 1 回の睡眠時間が短く，1 日に何回も睡眠と覚醒をくりかえす．4 カ月頃

より昼間覚醒し，夜間眠るパターンに移行していく．睡眠パターンは脳の発達分化と関係があるが，時間やパターンには個人差も著しい．

4 新生児反射・原始反射

a. 新生児反射・原始反射とその意味

新生児に固有にみられる反射を新生児反射または原始反射という．全ての新生児にみられ，発達のなかで上位の神経からの支配を受けて変化する．新生児反射は約30種類あるが，重要な新生児反射は随意運動の発達に関係するモロー反射，緊張性頸反射，手把握反射，足把握反射の4種と，私たちにもみられる防御反応のパラシュート反射を加えた5種類である（図7-2）．

b. 新生児反射と運動発達との関係

新生児反射が存在している間は反射が関与する随意運動は出現できないし，その随意運動が出現したときには，その前に新生児反射は消失している．つまり，緊張性頸反射が出現する間は寝返りはできないが，寝返りができるときには緊張性頸反射はすでに消失している．このことから新生児反射からも運動発達の評価が可能となる．

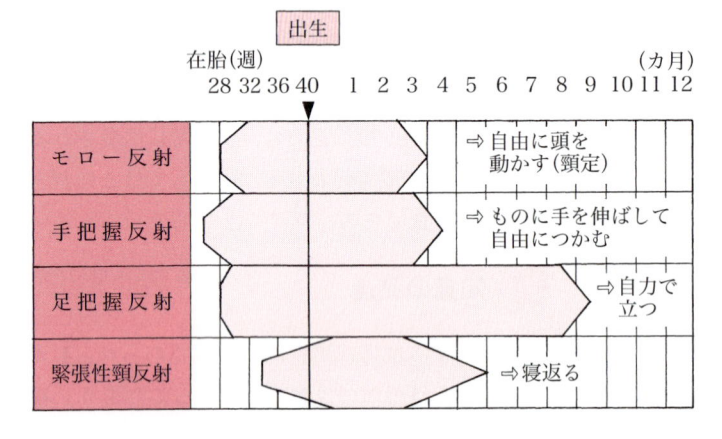

図7-2. 新生児反射と運動発達の関係

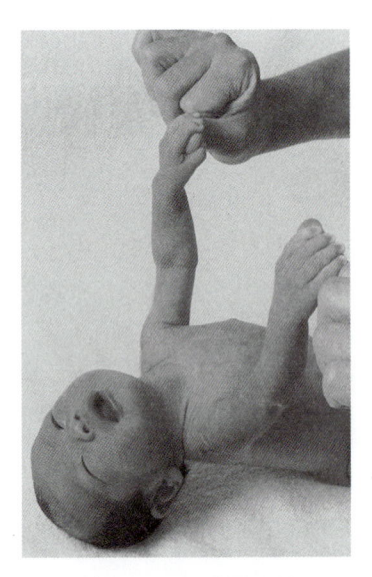

図7-4. 手の把握反射

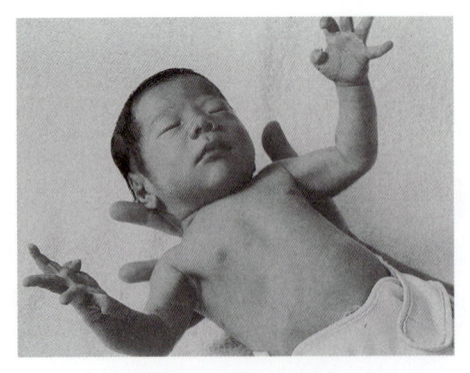

図7-3. モロー反射

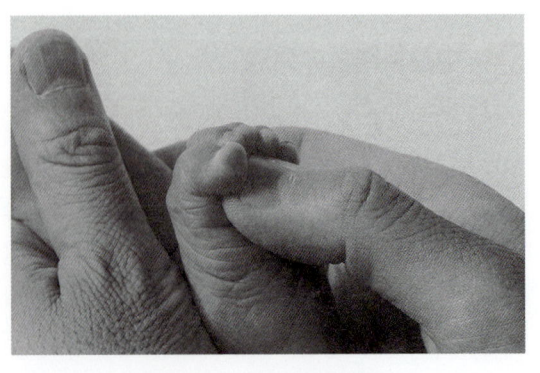

図7-5. 足の把握反射

c. 新生児反射の出現時期と消失時期

1）モロー反射（図7-3）

背臥位で新生児の頭を支え，急に頭部の手を離し20〜30度くらい頸部を一瞬後屈させると，手を開き両上肢の伸展・外転が起こり，続いて抱きつくように上肢を屈曲・内転する．

反射の消失：3カ月頃から消失．その後に頸定し，自由に頭を動かすことができるようになる．もしも，モロー反射がずっと残っていたら，後ろを振り向いたら反射が出て，もっているものを放り出してしまうことになる．

2）手の把握反射（図7-4）

検者の指を新生児の手の中に入れて，手掌を押すと検者の指をギュッと握りしめる反応．

反射の消失：4カ月頃消失．その後に，物に手をのばして，自由につかめるようになる．もしも，この反射がずっと残っていたら，好きな人の手を握ったら，握ったまま離れられないことになる．

3）緊張性頸反射

新生児の頭を一方に向けると顔の向いた方の上下肢は伸展し，反対側・後頭側の上下肢は屈曲する．

反射の消失：3カ月頃より減弱し5カ月頃消失．その後に寝返りができるようになる．もしも，この反射がずっと残っていたら，朝起きようとしても向いた方の手足がピンと伸びて，ベットの上で寝返りができないことになる．

4）足の把握反射（図7-5）

乳児の親指の付け根を検者の母指で押すと乳児の足の指がものをつかむように屈曲する．

反射の消失：9カ月頃消失．その後に，つかまり立ちやつたい歩きができるようになる．もしも，この反射がずっと残っていたら，立ち上がったときには足の指が屈曲して，一歩も動けないし，靴もはけないことになる．

5）パラシュート反射

防御反射の1つで立位か座位にした乳児を前後左右に倒すと，身を守るように指を開いて手を伸展させる反応．

反射の出現：9カ月頃に出現し，身を守るように一生涯続く．この反射のおかげで誤って転倒しても，手が出るので顔面にケガをしないのである．

（横井茂夫）

---

column　赤ちゃんは母親のお腹の中で外へ出る準備をしています

　赤ちゃんは出生までの40週間を母親の子宮の中ですごします．新生児は生まれた直後から呼吸をし，哺乳をし，排尿をし，排便をします．妊娠の後期になると，羊水の中で浮かんだ状態で，呼吸運動のために羊水を肺の中に深呼吸をするようにゆっくりと吸い込んで吐き出し，哺乳のために指しゃぶりをし・羊水を飲み込んでいます．飲み込んだ羊水は腸管から吸収されて，腎臓で尿にして排尿をしています．ただし，生まれる直前まで決して排便はしません．赤ちゃんは母親のお腹の中で外へ出る準備をしているのです．このような胎児の行動は妊婦検診に使用される超音波断層装置：通称エコー検査で分かってきました．この検査では生まれる前に赤ちゃんの心臓や腎臓の病気も見つかっています．

SECTION 8 心の発達

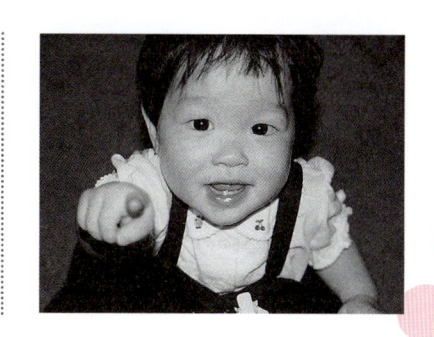

A. 心理的発達とその評価

1 心理的発達の領域

　保育をすすめていくうえで，子どもの心理的発達の理解は欠かせない．

　心理的発達（精神発達）とは，いわゆる知情意に代表される精神機能，つまり心のはたらきの発達である．身体発育が主として身体の形態・構造の変化にかかわるのに対して，機能・行動に関するものといえる．しかし，心のはたらきは多様であるので，運動，認知，言語，対人関係，情緒など，いくつかの領域からとらえるのがふつうである．次に主な領域について述べる（運動発達については後述する）．

a. 認知の発達

　認知とは「知る」心のはたらきであり，知覚，記憶，思考，言語などの心理的活動を含むものである．

　認知の発達を研究したピアジェ Piaget, J. は，1歳半ないし2歳頃までを感覚運動的知能の段階，2歳から4歳頃までを表象的知能の段階としている．

　感覚運動的知能の段階は，見たものに手をのばすとか，つかんだものを振り動かすなど，周囲の事物を感覚と運動で取り扱う時期である．つまり，まだ頭にイメージを思い浮かべることはできないのである．

　表象とはイメージを思い浮かべるはたらきをいう．これは，感覚運動的活動がくりかえされ，内化されることにより成立すると考えられ，1歳半ないし2歳頃から出現する．表象機能が出現したことは，たとえば，延滞模倣（模倣動作を，あとで，お手本のないところで行う），象徴遊び（からのコップから飲むふりをしたり，積み木を自動車に見立てるなどの遊び）などにみられる．これらは，いずれも目の前に実際にはないものを頭のなかに思い浮かべて行う活動である．

b. 言語発達

　言語は認知の発達と関係が深い．言語とは，ある事物，事象を音声や文字などの記号に置き換えたものである．私たちが，自分の考え，感情を表現し，伝達し，相手の考え，感情を理解するための手段として，言語が重要な役割をはたしていることはいうまでもない．このように言語の主要なはたらきとして，コミュニケーションの手段，思考の道具という2つのことが指摘できる．言語の発達というと，ことばを話しはじめてからのことと考えられやすいが，乳児期からはじまっている．

　言語の発達については，話しことば（スピーチ）と言語理解に分けて考えるのがふつうである．

　ことばを言いはじめる前の発声を喃語という．「ママ」「マンマ」「ブーブ」「ワンワン」など意

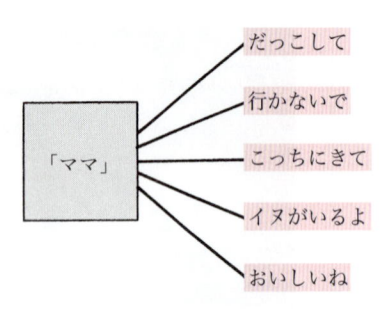

図 8-1. 1語文が表現するもの

味のあることばをはじめて言う（初語あるいは始語）のは1歳前後であるが，個人差が大きいことに留意しなければならない．ことばをしゃべり始めたころは，1つの単語で文の内容を表している．これを1語文という（図 8-1）．

その後，しだいに語彙は増加し，1歳半から2歳にかけて，語を2つつなげて言う2語発話（2語文）が出現してくる．さらに2歳前後には「これなーに」「これは」とものの名称を知りたがるようになる（第1質問期）．2歳半頃になると「どうして」「なぜ」など理由をきいてくるようになる（第2質問期）．このようにして，3歳頃にはことばによるコミュニケーションがかなりできるようになる．

ことばの発達が遅れているようであっても，言われたことが分かっていたり（言語理解には問題がない），指さし（図 8-2）をしたりする場合には，ことばの発達は追いついていくことが多いようである．

c. 対人関係の発達とアタッチメント

対人関係は発達の基礎をなすものである．乳幼児においてはとくに母親との関係が重要である．最近の母子関係に関する考え方はボウルビィ Bowlby, J. のアタッチメント理論の大きな影響を受けている．ボウルビィは，特定の少数の人（ふつうは母親である）との間に情緒的な絆を形成することをアタッチメント（愛着）といった．

発達が順調にすすみ，心理的に健康であるため

図 8-2. 指さしはことばを言いはじめる頃にみられる特徴的な動作である

には，アタッチメントの成立が不可欠であると考えられる．それは，アタッチメントが子どもの不安を軽減し，安心感・安全感をもたらし，母親（あるいは保育者など母親に代わる人）を安全の基地として探索行動を生じさせるからである．そういう意味で，母親の役割として大事なことは，子どもに安心感を与えることといえる．

アタッチメントの発達は，乳児と母親との相互作用のなかですすむ．ボウルビィは，子どもに生得的にそなわっている泣く，ほほ笑むなどの行動に母親がタイミングよく応えることによって成立するという．1歳前に現れる人見知りや後追いは，アタッチメントが成立したことを示す行動である．1歳児はもっとも強くアタッチメント行動を表す．3歳頃になると，しだいに母親の行動を理解し，予測することができるようになり，短時間の別離には耐えられるようになる．子どもは母親を安全の基地として利用しながら，しだいに自立していくのである．

乳幼児にとって母親との関係が重要であることはいうまでもないが，子どもは母親と2人だけですごしているわけではない．父親の役割についての研究は少ないが，父親が子どもにとって大事であるのは当然のことである．

子ども同士のかかわりは，歩行ができるようになる前も，機会さえ与えれば，見つめたり，手をのばしてさわろうとしたりすることがみられる．歩行が成立したあとでは，他の子どもとかかわる機会も多くなり，それを好むようになる．子ども同士のかかわりは，おとなとのかかわりとは違い，遠慮のない，真剣なものである．ときにぶつかることもあるが，そのなかで，おとなとでは経験できないさまざまな感情を経験するのである．

d．情緒の発達

情緒は，快—不快，よろこび，怒り，悲しみ，恐れ，憎しみ，驚き，愛情，悩み，嫉妬など，主観的な経験である．情緒に関連した語に，情動と感情があるが，ほぼ同義と考えてよい．

情緒は，特有の表情，身振り，動作として表出され，自分の心の状態を他者に伝える役割をもっている．また情緒は，通常，一過性のものと考えられるが（たとえば，怒り），持続的な場合もある（たとえば，愛情）．

情緒の発達は，はじめは興奮とか快—不快というような未分化な状態であるが，人とのかかわりをとおして，怒り，恐れ，嫉妬，愛情，得意などと，しだいに分化していく．

e．自己意識の発達

生まれても，しばらくの間は自他未分化な状態にあると考えられる．子どもは，自分の身体に対する感覚・運動的な経験を重ねること，および母親が自分の要求をつねに満たしてくれるとは限らないという経験を通して，自分と他者とは互いに独立した存在である（自他の識別）とともに，自分は自分であるという意識（自己意識）を成立させていく．

自己意識がはっきりするのは1歳をすぎてからである．たとえば，自分の名前を呼ばれて明確に反応するようになるのは1歳半頃であり，鏡に写った自分の像をみて自分であると分かるのは1歳半から2歳にかけてであり，写真をみて自分が分かるのは2歳頃である．1歳から2歳の間に，子どもは他者とはちがう「自己」に気づいてくる．

2歳から3歳にかけてのいわゆる「反抗期」も自己意識の発達と深く関係している．自分に気づき，自分の能力を試そうとして「自分で！」ということが多くなる．おとなは，1歳すぎから食事，排泄などのしつけを開始するようになり，おとなの要求に従うように求める．しかし，自己に気づきはじめた子どもは，親の要求にそのまま従うことはできず，自己主張をする．これが反抗期といわれる現象である．おとなにとってはやっかいな時期ではあるが，自己主張の現れであり，発達が順調であることを示しているといえる．

❷ 心理的発達の評価

子どもの心理的発達を理解する基本は，子どもとのかかわりのなかで，そのことばや行動を手がかりに，その子への理解を深めることである．しかし，一定の基準から発達の遅れの有無や発達の特徴を知ることにも意義はある．そのような目的のために，子どもの発達状態を評価する手段・道具として発達検査がある．発達検査はゲゼルGesell, A. が1920年代後半に作成して以来，多くの種類が工夫され，わが国においても広く利用されている．

発達検査は，各月齢のおおよその子ども（通常60～70％）ができる項目を選び，それを月齢ごとにならべ，1種のものさしとしたものである．一人ひとりの子どもが，このものさしのどこに位置づけられるかを調べるのである．結果はその子どもの発達水準（発達年齢，DA）としてあらわされる．発達検査では，運動（粗大運動），探索操作（微細運動），社会性，言語など，いくつかの領域から子どもの発達状態をとらえようとするものが多い．それは，乳幼児では，幼児・児童に適用する知能検査のように「知能」という1側面だけでは発達状態を把握できないからである．また，乳

表 8-1. 代表的な発達検査とその特徴

	津守式乳幼児精神発達質問紙	遠城寺式乳幼児分析的発達検査	新版 K 式発達検査
対象年齢	1～12 カ月, 1～3 歳	1 カ月～4 歳半	3 カ月～12 歳頃
検査法	質問紙	観察・検査	観察・検査
領域	運動 探索-操作 社会 食事-排泄-生活習慣 理解-言語	移動運動 手の運動 基本的習慣 対人関係 発語 言語理解	姿勢-運動 認知-適応 言語-社会
結果の表し方	領域ごとの発達指数（DA）のプロフィール	領域ごとの DA のプロフィール	全体の DA と DQ 領域ごとの DA, DQ とプロフィール
特徴	日常生活で観察される行動から発達を評価する 親が回答する	比較的簡便な発達検査	詳しく発達を評価するための検査

幼児では「知能」そのものを評価することもむずかしい．代表的な発達検査を表 8-1 に示した．

発達検査結果は，領域ごとの DA からプロフィールを描いて特徴を把握したり，暦年齢（CA, 生活年齢ともいう）との比で発達指数（DQ）を求めたりする．

$$発達指数（DQ）= \frac{発達年齢（DA）}{暦年齢（CA）} \times 100$$

発達状態が暦年齢と一致していれば，DQ は 100 となる．発達が遅れていれば，暦年齢よりも発達年齢が小さくなり，DQ は 100 よりも小さくなる．逆に発達がすすんでいれば 100 よりも大きくなる．DQ の平均は 100 であるが，正常の範囲にはある程度の幅があることを知っておかなければならない．

なお，低出生体重児（未熟児）では，生まれた日からの暦年齢ではなく，出生予定日から数えた修正年齢を CA とするのが適当である．

3 発達検査の結果があらわすこと

検査の結果があらわすのは，その子の現在の発達状態である．とくに乳児期の DA, DQ が将来の発達状態を予測する力は大きくない．

しかし，発達検査により，その子の現在の発達状態をおおまかに知ることができる．また DA, DQ はある程度客観的な指標として記録しておくことができる．継続的に調べることにより子どもの発達的な変化を知ることができるし，保育環境の特徴を知ることもできる（たとえば，ホスピタリズムの影響は発達指数に反映される）．

ただ，発達検査は，子どもの発達状態を知るための 1 つの道具にすぎないことを強調しておきたい．発達検査は子どもの発達状態を理解するための出発点といえる．できたか，できないかだけではなく，検査時の行動もよく観察し，課題への興味や検査者への反応のしかたにも注意する必要がある．こうしたことに加えて，その子をよく理解するには，日常的な場面での子どもの行動観察と記録も欠かせない．

B. 発達に影響する要因

1 個体と環境の相互作用

子どもの発達は個体と環境との相互作用ですすむ．したがって，子どもの素質的条件や出生時の状態と，生後の環境条件を考えなければならない．

a. 出生時の状態

1) 周産期の異常

分娩に異常があり，仮死で出生したり，頭蓋内出血を起こした場合には，知能障害や運動障害などの後遺症を残すことがある．

2) 低出生体重児

出生体重 2,500 g 未満を低出生体重児という．いわゆる未熟児である．そのなかでも 1,500 g 未満を極低出生体重児，1,000 g 未満を超低出生体重児という．このような子どもでは，身体発育や精神発達が遅れることがあり，通常よりも詳しく発達の経過をみていく必要がある．

在胎週数（妊娠期間）の割に出生体重が少ない児を，LFD：Light for Date という（SFD：Small for Date ということもある）．在胎週数の割に軽い Light あるいは小さい Small ということである．LFD 児は子宮内ですでに発育が不良であったことを示しており，生後の発育に問題が生じることもある．

3) ハイリスク児

周産期異常があったり，低出生体重児であったりすることは発達障害を起こす可能性がある．したがって，これらの児はハイリスク（high risk）児といわれる．しかし，ハイリスクであることが障害児であるということではない．障害児になる割合がやや高いということであり，そのために発育や発達の経過を詳しくみていく必要があることを示しているのである．

b. 環境条件

子どもの発達にはさまざまな環境条件が影響を与える．たとえば物理的な条件として，地域や気候などが考えられるし，また最近では高層住宅の影響が検討されている．しかし，子どもにもっとも大きな影響を与えるのは人間環境であり，とくに夫婦関係など家庭の状況といえる．いうまでもなく乳幼児では親との関係がもっとも重要な要因である．

2 発達を支援する条件

次に子どもの発達を支援する条件についてみてみよう．

a. 安心感のある環境

安心であると感じられる，安全であると感じられることは心身の健康の基本である．

心の健康には，おとなでも子どもでも，人間関係が大きく影響する．身近な人と愛情と信頼の関係があれば，心理的に健康にすごせるだろう．乳幼児にとっては，親あるいは親に代わって世話をする人との関係が重要である．

b. 応答的な環境

応答的であるとは，子どもが何かをしたときに，応答があることをいう．たとえば，笑ったときには笑い返してくれる，泣いたときには抱き上げてなだめてくれるような状況である．自分が何かしたときに適切な応答があれば，子どもは自分に対する自信をもつとともに，周囲への信頼感ももつようになる．

このようなことはごく当たり前のことに思える．しかし，身近なものに応答的でないものがある．それはテレビである．テレビからはたくさんの刺激が発せられるので，乳幼児をテレビの前にすわらせておけば発達が順調にすすむかといえば，そうではない．それはテレビから発せられる刺激は一方通行であり，応答的でないからである．刺激は多ければよいというものではなく，応答的であ

ることに意味があるのである．

c．自己肯定感をもてること

子どもが健康に育つためには，あるがままの自分を受け入れてもらうという体験をとおして，自分は生きている価値がある，自分にはよいところがあると，自分を肯定的にとらえられるようになることが大事である．同じような能力をもっていても，「よくやったね」「それでいいんだよ」というメッセージを受けるか，「うまくできなかったね」「もっとがんばらないとね」というメッセージを受けるかで，子どもの気持ちはちがってくる．

（庄司順一）

C．運動発達

1 運動発達とは

運動発達は乳児期に大きな変化がみられ，子どもの発達が実感される．運動発達は，通常，粗大運動と微細運動に分けて考える．

粗大運動とは，全身を使った移動や平衡を保持するための運動である．神経系の成熟が発達の主要因と考えられるが，もちろん環境の影響も考えなければならない．粗大運動の発達には一定の順序性が認められ，首のすわり，寝返り，おすわり，はいはい，つかまり立ち，つたい歩き，ひとり歩きなどは，発達のよい指標となる．

乳児期の粗大運動の発達は自立歩行をめざしているといえる．自立歩行の成立は，重力に抗して立位を保持する能力と，四つばいでの移動能力とを必要とする．歩行の成立は，子どもの行動範囲を一挙に拡大する．それまでの屋内が中心の活動から，屋外の活動へと広がり，他児との出会いやかかわりも多くなる．

自立歩行が成立したあとの粗大運動の発達は，よく歩き，走ったりすることを通して，より複雑な運動を可能にする．ジャンプ，片足立ち，でんぐりがえしなどの運動技能が発達し，すべり台，ブランコ，三輪車などの遊具も使用するようになる．

微細運動は，手指の協調運動であり，ものの操作に関係している．たんに運動というよりも，認知の発達や好奇心とも深く関係している．

生まれたときには把握反射があり，手のひらにふれると，しっかりと握る．しかし，握った手を開くことはできない．把握反射は2，3カ月頃消失する．

微細運動の発達でのハイライトはリーチング（手のばし行動）である．自分で手をのばして身体のそばにあるものをつかむ行動であり，5カ月頃からできるようになる．それまではもたせてもらわないと玩具とかかわれなかったのに対して，自分の意志で周囲のものとかかわることができるようになったのである．

手のばし行動が成立したのち，両手でものをつかんだり，1つの手から反対の手にもちかえたり，指先でつまむことができるようになっていく．小さなものへも関心を示すようになる．1歳頃からは，スプーン，クレヨンなどの生活用具を使用したり，積み木を重ねるなど道具を使用するようになる．また，積み木を重ねて「家」を作るなど構成遊びや，お絵かきなど表現活動へと発展する基礎となる．

2 1カ月から3カ月児の運動発達

1カ月から3カ月児の運動面の発達の特徴は，頭を自由に動かし，首がすわることである．1カ月児は背臥位で顔を一方に向け，上肢の片方は屈曲し，他方は伸展する姿勢をとる．2カ月児はしっかりとものをみて，よく追うようになる．背臥位で正面を向くようになり，縦抱きにすると頭がぐらぐらせず，しばらくの間支えられている．首のすわりは3カ月でかなりしっかりして，4カ月で

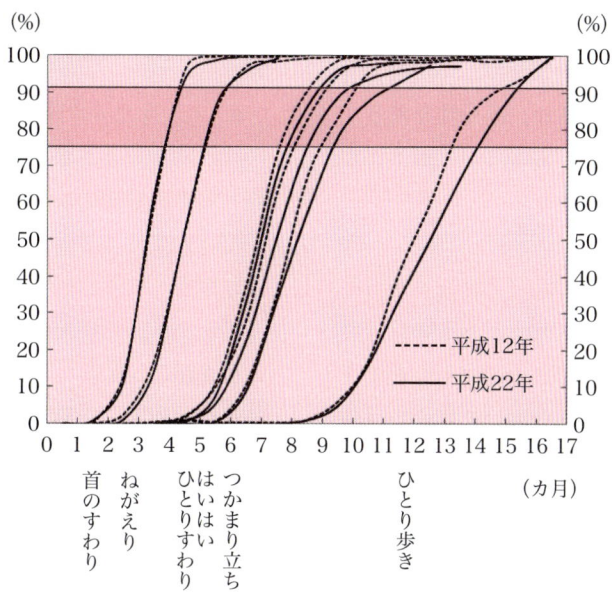

図 8-3. 運動機能発達曲線

(厚生労働省，2010)

完全にすわる．首のすわりの程度と手足の動きの強さをみるには，子どもの手をもって「引き起こし反応」をする．自分の親指を子どもに握らせて子どもの両手をもって，ゆっくりと引き起こす．3カ月から4カ月児では，ひじの関節で半屈曲し，約45°に引き起こしたときに首が体幹とほぼ平行になり，さらに引き起こしてすわらせたとき，頭部がしばらくすわっていればよい．反対に，引き起こしたときにからだが反って頭が後屈し，腰がずってしまったり，反対に上体が棒のように固く立ち上がってしまうのは問題である．満4カ月をすぎても首がすわらないときは，小児科医への相談が必要である．

生まれたばかりの新生児は手をぎゅっと握っているが，2カ月頃から手が開き，手を口のところにもってくる．3カ月になって，ガラガラをもたせてみると，少しの間そのまま手にもっていてから，ガラガラをみる．

3 4カ月から6カ月児の運動発達（図 8-3）

a. 4カ月児の発達

4カ月は発達を評価する重要な月齢である．4カ月で完全に首がすわり，ものをよくみて追い，声を出して笑い，モロー反射や緊張性頸反射などの新生児反射は消失する．このうちのどれか1つができなくても問題であり，経過観察が必要である．

腹臥位：頭と胸を床から上げて，両前腕で上半身を支えることができる．
背臥位：顔が正面を向き，左右対称の姿勢となる．両手を顔の前にもっていき，左右の手が合い，眺めて遊ぶ．

b. 5カ月児の発達

この頃，寝返りは約半数の子どもで可能になるが，寝返っても，まだ元に戻れない．「引き起こし」反応で，引き起こしたときに上・下肢が屈曲する．上肢が屈曲するちからが手に感じられるし，

運動発達

下肢は屈曲して腹部に近づく.

また，近くのものに手をのばして，つかむようになる．つかみ方は手のひらか，手全体を使ってつかむ．つかんだものを口へもっていくが，まだ一方の手から他方の手に移せない．

c. 6カ月児の発達

6カ月になると，大部分の乳児は寝返りが可能になる．あお向けからうつ伏せに，あるいはうつ伏せからあお向けに寝返ればよい．寝返りができるようになるには，まず，あお向けで床から手や足をもち上げ，手で自分のひざや足をつかめるようになることが必要である．次に下肢を横に倒し，からだ全体が横向きになり，さらに頭を挙上し，頭部と上半身がねじれてうつ伏せになれる．

d. 手の発達

4カ月になると手に触れたものをつかみ，5カ月になると手をのばして近くのものをつかみ，6カ月になると欲しいものを手をのばしてつかんだり，つかんだものを一方の手から他方の手に移すことができるようになる．

ハンカチーフテスト：子どもの顔に布をかけてみる．顔にかける布は厚手のタオル地で，ハンカチぐらいの大きさがよい．背臥位の5カ月から6カ月の乳児の顔に布をかけると，5カ月では両手で取り除き6カ月では両手を顔にもっていくが，取り除くのは片手で行う．6カ月になって顔に布をかけても反応しなかったり，布を取り除けないときは，小児科医への相談が必要である．

4 7カ月から9カ月児の運動発達

おすわりの発達をみると，5カ月で腰を支えると座れ，6カ月で両手を前について背中を丸くしてほんの少し座れるようになる．7カ月では支えなくても背をのばして手を離して座り，1人でおもちゃをもって遊べるようになる．8カ月では，おすわりしていてからだをねじって，横のものが取れるようになる．両手がからだを支える必要がなくなる7カ月頃から手の働きは急速に進歩していく．

a. 7カ月児の発達

腹臥位で，上半身の体重を両手のひらで支えて，胸と腹の上部が床から離れ，さらに体重を片方の手だけで支えることもできるようになる．寝返りは原則として左右両方できるが，もとに寝返らなくても，一方だけ寝返っていれば問題はない．

引き起こし反応：7カ月になると引き起こすときに首が前屈し，上肢がより屈曲するが下肢は屈曲から半分ぐらい膝関節が伸展するパターンが出現してくる．

パラシュート反射：生後7カ月から9カ月に現れ，成人にも出現する．この反射は，乳児を水平に腹臥位で抱きかかえ，急に床に落とそうとするとき，落下から身を守るかのように上肢をのばし，手を開いて床に手をつこうとする反射である．手が開く形がパラシュートの開く形に似ているので，パラシュート反射と名付けられた．パラシュート反射が出現することで倒れたときに手が出て身を守ったり，はいはいで移動するときに，規則的に手がつけるようになる．

7カ月では，欲しいものがあると，積極的に手を伸ばしてつかもうとする．食卓をかき回したり，離乳食をもたせると食べられるようになるが，手の中に握ったものは食べられない．積木やガラガラを一方の手から他方の手にもちかえることができ，また，一方の手に何か1つもっているときに，他方の手にもう1つ渡しても，両方落とさずにもっていることができる．

b. 8カ月児の発達

つかまらせると立ち，寝かせておくと嫌がってすぐ寝返り，四つばいになってはいはいしようとするが，うまくはえないのが，この時期の運動発達の特徴である．おすわりが完全にできて，おもちゃをもって遊び，横のものが自由にとれるが，自分でものにつかまって立ち上がるのは不可能で，

表 8-2. 乳幼児運動機能通過率（％）

年・月齢	首のすわり	ねがえり	ひとりすわり	はいはい	つかまり立ち	ひとり歩き
2～3月未満	11.7	1.1				
3～4	63.0	14.4				
4～5	93.8	52.7	0.5	0.9		
5～6	98.7	86.6	7.7	5.5	0.5	
6～7	99.5	95.8	33.6	22.6	9.0	
7～8		99.2	68.1	51.1	33.6	
8～9		98.0	86.3	75.4	57.4	1.0
9～10			96.1	90.3	80.5	4.9
10～11			97.5	93.5	89.6	11.2
11～12			98.1	95.8	91.6	35.8
1年0～1月未満			99.6	96.9	97.3	49.3
1～2				97.2	96.7	71.4
2～3				98.9	99.5	81.1
3～4				99.4		92.6
4～5				99.5		100.0

（厚生労働省，2010）

つかまらせれば少しの間立っていられる程度である．この時期，立位にさせようとしても下肢を屈曲して体重を支えようとしないうえ，座位では座ったままでいざって移動する「いざり歩き児」がいる．おすわりまでの発達は正常で，立位の発達が遅れ，いざり歩きを続ける子どもは，そのままはわずに1歳6カ月前後でつたい歩きをはじめ，すぐひとりで歩けるようになる．この場合，家族のなかに同じような発達を示した人がいることが多い．

c. 9カ月児の発達

9カ月になると，自分でつかまって立とうとして，ひざ立ちやつかまり立ちができるが，つたい歩きはできない．腹臥位にすると，はおうとして後ろに向けてはいずってしまったり，腹を床につけてその場でのはいずり回りがはじまる．また，この時期，歩行器を使用すると立位の発達を覚え，はわないで歩行してしまうこともある．歩行器を使用しなくても，はうことには個人差が多く，はわずにつかまり立ちする例もある．

5 10カ月から12カ月児の運動発達（表8-2）

a. 10カ月児の発達

運動面では，自分からものにつかまって立つつかまり立ちが可能となり，はいはいも，腹部を床面から離しての四つばいがはじまる．発達の早い乳児では，片手でおもちゃをもってつかまり立ちをしたり，つかまり立ちから，机をまわって欲しいものを取りに行ったりもする．また，机の上のものを拾い上げてもらうために，くりかえし落としたり，積み木やボールを箱から出したりするようになる．つかみ方はこの時期，親指と人指し指の先端を使うやり方から，指の腹側でつまむ，はさみもちができるようになる．

b. 11カ月児の発達

11カ月になるとつたい歩きが上手になり，両手を引くと歩行できる．発達の早い乳児では，すでにひとり歩きをはじめている．

手の発達では，箱，瓶のふたを開けたり閉めたりできるようになる．もっているものを「ちょう

だい」と要求すると，多くは渡すまねをするだけで再び自分で取ってしまう．また，哺乳瓶を自分でもって飲めるようになる．

c．12カ月児の発達

立位では，つたい歩きができれば両手を引くと歩け，ひとり立ちができれば片手を引くと歩ける．12カ月ではつたい歩きとはいはいができればよく，12カ月になってもはいはいができない場合は，小児科医への相談が必要である．手の発達では，鉛筆でめちゃめちゃ書きをしたり，くしや歯ブラシを頭や口にもっていき，上手ではないがまねがはじまる．おもちゃをもっているときに，保育者や親の指示があると，確実に渡せるようにもなる．

6 1歳から1歳6カ月児の運動発達

この時期の粗大運動の発達は，「ひとりで立って両手を高くあげる」（1歳），「2，3歩ひとりで歩く」「階段をはって上がる」（1歳3カ月），「上手に歩く」「後ずさりをする」「手を引くと階段を一段上がる」（1歳6カ月）である．この時期では，歩けるかどうかが重要であって，1歳3カ月では90％の子どもが歩いている．1歳6カ月になっても歩けない場合には，精密検査や相談指導が必要である．微細運動の発達は，「小粒（レーズン，卵ボーロ）を人指し指と親指の先でつまむ」（1歳），「小粒をつまみ，瓶の口から入れる」「3cm角の積み木を2つ積み上げる」（1歳3カ月），「コップからコップに水を移す」（1歳6カ月），「おもちゃなどを袋に入れる」（1歳代後半）である．微細運動の発達には経験が深く関与しているので，できない場合でも，経験させると短期間でできるケースがある．

7 1歳半から3歳未満児の運動発達

1歳児で"ひとりで歩く"ことが目標とすれば，2歳児は"かけだし，その場で跳べる"ことが目標となる．1歳代後半で「手をつなぐと階段を上がり降りする」．

2歳になると，「かけ足で走れる（両足が一瞬地面から離れる）」「両足をそろえてその場でぴょんぴょん跳べる」「鉄棒にぶらさがる」ようになる．2歳代後半で，「すべり台にのぼり，すべる」「三輪車にまたがって地面をけって進む」「ひとりで階段を一段ごとに両足をそろえて，上がり降りする」などが可能となる．

微細運動の発達では，1歳代後半で「ぐるぐる丸を書く」「おもちゃを袋に入れる」「まりを受け取ったり投げたりを繰り返す」ようになる．2歳代で「3cm角の積み木を4個積み重ねたり，横に3個並べる」「スプーンを使って自分で食べる」，2歳代後半で，「ハサミを使って紙を切ったり，のりをつけて張りつける」などが可能になる．微細運動の発達には経験が関与するが，この時期，積み木やクレヨン，紙をみせたとき，子どもが何の興味も示さない場合には言語面や社会性の詳しい検討が必要となる（図8-4）．

〈横井茂夫〉

D．乳児の行動と保育

1 見つめる，目をそらす ——コミュニケーションの基礎——

すでに述べたように，新生児ではすべての感覚が機能するようになっている．しかも，その機能は「人一指向的」ともいえるように，人からくる刺激に最もよく反応するようになっているのである．つまり，生まれたときから人とのかかわりをもち，やりとり（相互作用）を行う準備ができているのである．

人とのかかわりの基礎は，見つめる，目をそらす，あるいは泣く，笑うなどの行動である．

見つめることは，乳児と母親（および周囲の人）

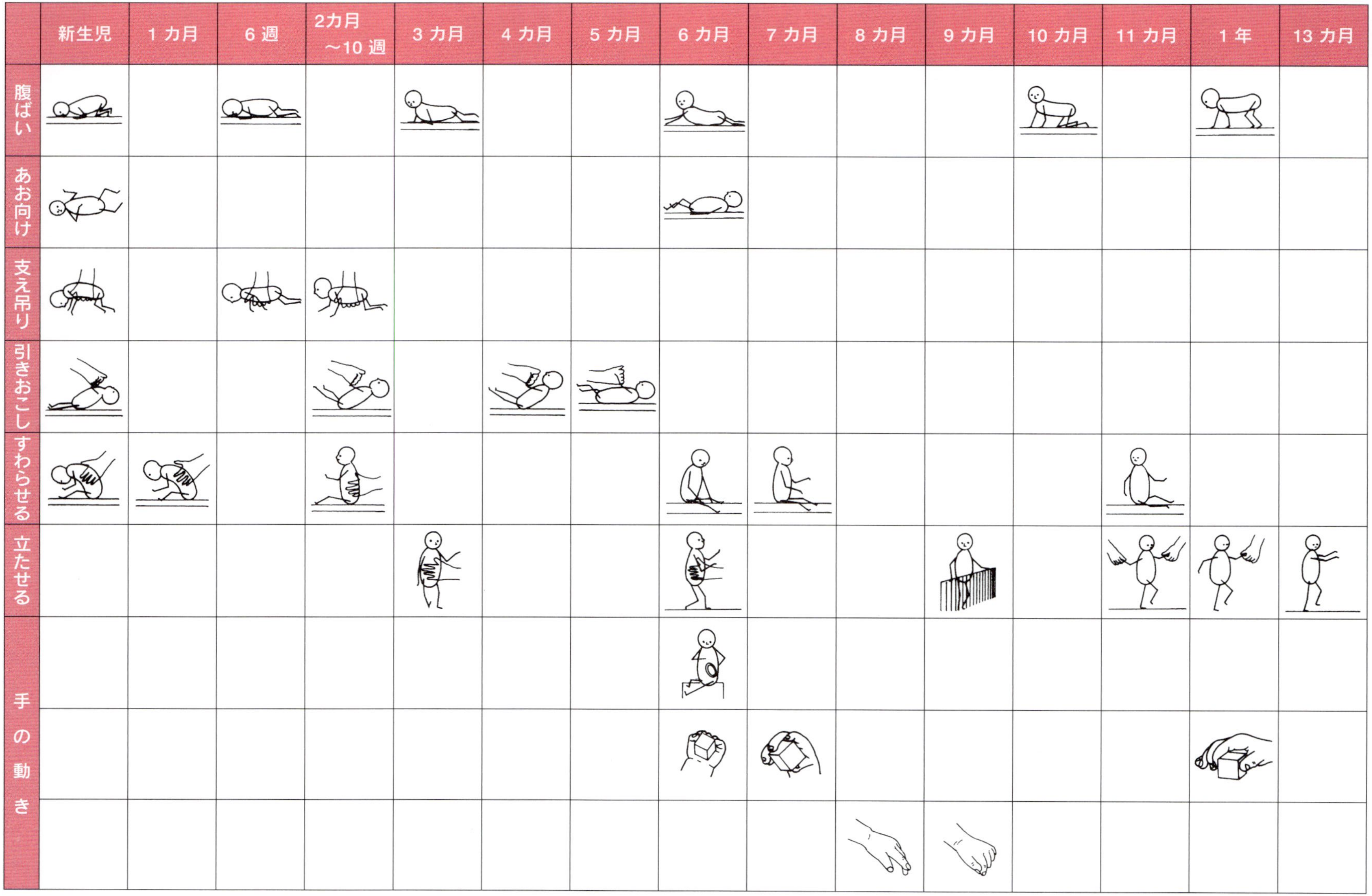

図 8-4. 乳児発達段階のまとめ

(Illingworth―熊谷)

にとって，最初の重要なやりとり（相互作用）の方法である．乳児にとって「見つめること」が大切なのは，これが自由にあやつれる，ほとんど唯一のコミュニケーションの手段だからである．見つめたり，見つめつづけたり，目をそらしたりすることによって，相手とのやりとりを開始し，持続し，終結するのである．

見つめることで大切なのは，リズムを合わせることである．見つめることには，見つめる―目をそらす―見つめる，というリズムがある．これは，乳児と母親だけのことではなく，私たちおとな同士でも同じことである．こうしたリズムに合わせて相手をすることが大切なのである．

リズムを合わせることの大切さは，見つめ合いのほかにもみられる．たとえば，授乳や食事もそうである．授乳では，吸う―休む―吸うという吸啜（サッキング）のリズムがあり，食べるときには，咀しゃくする―嚥下する―咀しゃくする，というリズムがある．このようなリズムに合わせてミルクや食べものを与えるのが大切なのはいうまでもないだろう．むしろ，リズムを合わせることはかかわりの基本であるともいえる．喃語のやりとりや，いないいないばあや，玩具を手わたす遊びなども，リズムを合わせなければ成立しない．

健常な子どもにも，目をそらすことはみられることがある．また乳児期には目をそらすことが比較的目立つ時期があるようにも思われる．しかし，あまりに頻繁に目そらしが目立つ子どもや，視線が合わない子どもは，発達の遅れや自閉症の場合もある．運動や言語などいろいろな面の発達状態を詳しく調べたい．目をそらす，あるいは視線が合わない子どもには，無理に目を見つめさせようとするのではなく，いっしょにいて安心したり，楽しくすごせるようにするのがよい．

2　泣き，笑い

泣きや笑いは子どもからの信号（シグナル）である．つまり，乳児が自分の心の状態を伝えているのだと考えることができる．

泣くことは，何か不快なこと，あるいは不安な状態にあって，母親（あるいは周囲の人）にどうにかしてほしいと伝えているのであろう．たとえば，空腹であったり，のどがかわいていたり，母親がそばをはなれていくことへの抗議であったりする．ことばで自分の気持ちを表現できれば泣かなくてもすむが，乳児はほかの表現手段をもっていないので，泣くしかないのである．

泣くことが信号であるということは，私たちの保育行動をふりかえればすぐ分かる．たとえば，私たちが乳児のそばに行くのはどんなときだろう．乳児を抱くのはどんなときだろう．私たちが乳児のそばへ行き，抱き上げるのは，乳児が泣いたからということが多い．このように母親（あるいは周囲の人）の保育行動は，乳児からの信号によるところが多いのである．

同じように，乳児の笑いも心の状態を反映しているとともに，信号のはたらきもある．乳児が笑うと，私たちは思わず笑い返す．笑いは心が快の状態にあることを表しているとともに，その状態をもっとつづけてほしいということを伝えていると考えられる．乳児が笑うと，母親は乳児のそばにいる時間が長くなる．泣きが親を引き寄せるのに対して，笑いは親を自分のそばに引きつけておくはたらきがあるといえる．乳児の発声にも笑いと同じようなはたらきがある．

ボウルビィは，アタッチメントの形成に，子どもからのはたらきかけを重視した理論を提案した．すなわち，子どもに本能的行動として備わっている泣きや笑い（信号行動），そして後を追ったり，しがみつくなど，自分から親に近づいていく行動（接近行動）に，母親がタイミングよく応じることがアタッチメントの形成に重要であると述べている．従来の考え方が，母子関係の形成において母親からの一方向的なはたらきかけを重視している

のに対して，ボウルビィのアタッチメント理論では母親と乳児との相互的なはたらきかけが重視されているのである．

泣きや笑いの頻度や強さには個人差がみられる．大きな声で笑い，全身でよろこびを表現し，泣くときも大声で泣く子どももいれば，おだやかな表し方の子どももいる．また，よく泣く，ぐずりやすい子どももいれば，機嫌よくしていることが多い子どももいる．母親にしてみれば，泣いてもなだめやすい子どもは世話もしやすいだろうが，よく泣き，なだめにくい子どもは手がかかり，困ったりして，親としての自信を失うこともあるだろう．泣くなど要求を表すことが少ない子どもには，親のはたらきかけが少なくなってしまうこともある．集団保育では目立たない子どもにもよく目を向けることが大切である．

3 ハンドリガード，リーチング

手をのばしてものをつかむというのは，私たちがたえず行っているありふれた行動である．しかしこんなありふれた行動も乳児は時間をかけて獲得するのである．その過程をみてみよう．

生後3カ月頃に特徴的にみられるのがハンドリガード（手の注視）である．手を目の前にかざし，じっと見つめ，そのとき指をいろいろに動かして，あたかも自分の手を研究しているかのようにみえる．

このハンドリガードも発達する．生後1カ月頃では，手は視野を横切っても，ちらっとみるだけで，じっと見つめていることはない．3カ月頃になると，じっと見つめることができるようになる．その後，指を動かしたり，両手を絡み合わせて，それを見つめるようになる．

ハンドリガードは，手しゃぶり（ハンドサッキング）とともに，手を思いどおりに動かす練習をしているとみることができる．とくにハンドリガードは手の動きを視覚的にコントロールする意味が

あるといえる．また，自分に気づく（つまり自己意識の発達の）第一歩でもある．

5カ月頃になると，手をのばして身体のそばにあるものをつかむことができるようになる．これをリーチング（手のばし行動）という．リーチングができるようになると，周囲のあらゆるものに手をのばしてつかむようになり，つかんだものを目でみたり，口へ入れたりするようになる．この頃からハンドリガードはあらわれなくなる．それは，乳児の関心と手の動きが，自分の身体に限定されていた状態から，外界へとひろがっていったからである．

ホスピタリズムがみられた，かつての乳児院ではハンドリガードが長くつづくことがあった．それは，環境刺激が乏しく，周囲に魅力ある玩具が少ないために，関心が自分の身体にとどまっていたからであろう．また，発達の遅れている子どもでもハンドリガードがつづくことがある．それは，発達の遅れのために，周囲の事物を意味あるものとしてとらえられないことによるのであろう．

リーチングは，微細運動の発達における重要な一歩である．それまでは，もたせてもらわないと手にすることができなかったのに，自分の力で周囲のものとのかかわりが可能になったことを意味している．この頃は，粗大運動の領域においても，寝返りが可能になり，自分の力で移動ができるようになる．

リーチングが成立したのち，微細運動という面からみると，両手でものをつかんだり，1つの手から反対の手にもちかえたり，指先でつかんだりすることができるようになる．手の動きはより巧緻性の高いものとなる．1歳をすぎると，スプーン，クレヨンなどの生活用具の使用や，積み木を重ねるなど，道具を操作することができるようになる．

このように，リーチングができるようになると，ものへの関心も高まる．また，この頃は何でも口

で確かめるので，誤飲に十分注意しなければならない．しかし，さまざまなものにかかわり，操作する経験は認知の発達にも大切なので，安全に留意しつつ，好奇心や自発性が損なわれることのないようにしたい．

4 吸啜（サッキング）

吸啜（サッキング）は栄養摂取のためだけに行われるのではない．新生児でも手や指を吸うことはある．しかし，はじめのうちはすぐ手がはずれてしまう．上手に手や指を吸うことができるようになるのは2カ月頃である．この頃から5，6カ月頃まではほとんどの乳児が指しゃぶりをする．その後，指しゃぶりの頻度は減少していく．それは，ハンドリガードと同じように，自分の身体から周囲の事物へと関心がひろがっていくからである．

さて，吸啜にはいくつかの発達的な意味がある．

第1に，乳児には吸啜欲求とでもいうような，吸啜により口唇・口腔を満足させたいとする欲求があるようである．母親の乳房からの，あるいはほ乳瓶からの授乳により，これはある程度満足させられるわけであるが，非栄養的な吸啜行動もみられる．

第2に，指しゃぶりが上手になることは手を意図的に動かすことができるようになったことを反映している．つまり，微細運動の発達状況を反映している．

第3に，指しゃぶりは摂食行動の発達を促進する．新生児では母乳やミルクなど液体しか摂り入れることはできない．そのために，固形物が口の中に入ると，舌で押し出すようになっている．しかし，母乳だけでは栄養が足りなくなるので，食べる準備として，5カ月頃から離乳食がはじまる．そのとき，固形物を舌で押し出してしまうと，摂り入れることができない．舌で押し出す反応はしだいに弱まっていくが，それを助けるのが，指しゃぶりや，手にもったものを口へ入れたりする行動である．こうした行動によって，以前は必要であったが，もはや必要ではない口腔の過敏さを弱めるのである．だから，汚いからと，指しゃぶりやものを口に入れるのをやめさせてはいけない．

第4に，指しゃぶりには鎮静作用がある．泣いているときに，おしゃぶりをくわえさせたりすると泣き止むことが多いが，指しゃぶりは自分で気持ちを安定させることができるのである．眠りが浅くなったときにも，指しゃぶりが上手な子は指を口に入れてまたすっと眠りにはいるが，指しゃぶりが下手な子はぐずって泣き出してしまうことが多い．

このように，指しゃぶりには重要な意味があるのである．指しゃぶりの弊害として歯列不整が指摘されるが，4歳くらいまでにやめれば影響することはないといわれている．したがって，乳幼児の指しゃぶりは気にしないのがよい．

ここで，指しゃぶりへの対応について述べておくと，叱ったり，注意してやめさせるなど直接的な対応は効果がないことが多い．たとえやめたようにみえても，別の習癖が現れることもある．指しゃぶりなど習癖の多くは発達の過程で一時的に出現し，何もしなくとも自然に消失するものである．自然の卒業を待つのが一番よい．

指しゃぶりで何らかの対応を考えなければならないのは，いわば一日中指を口に入れているようにみえるほど頻度が高く，指をくわえていて遊べない状態であったり，表情が乏しかったり，いくつかの習癖を合わせもっていたりする場合である．このようなときも，直接的なはたらきかけは適当ではなく，なぜその子はそんなに指しゃぶりをするのか，背景を考え，それに応じた対応を考えるのがよい．

5 遊び

子どもの生活はほとんど遊びで成り立っている

といえるほど，子どもにとって遊びの意義は大きい．

遊びの特徴としては，自発的な活動であること，自由な活動であること，快の感情を伴う活動であることなどを指摘することができる．つまり，遊びは子どもが自分の心のままにする活動である．遊びのなかで，子どもは生き生きとした，楽しい，充実したときをすごし，さまざまな経験をする．十分に遊ぶことは情緒の安定にもつながる．

遊びの意義としては，表8-3 に示したようなことが考えられる．

ここで注意しなければならないことは，これらのことは遊びの結果として得られるということである．子どもはなによりも遊びたいから遊ぶのであり，発達に役立てようと思っているわけではない．知能を高めたり，運動能力を高めたりする目的のために行う活動は遊びとはいわない．それは，子どもの自発的な活動でも，自由な活動でもないからである．もちろん，お手伝いや片付け，歌や体操など，ある目的のために行う活動が不必要だというのではない．遊びとはいわないだけである．

遊びに関係するのは，子ども自身と，遊具（玩具）と，人（おとなや他の子ども）である．

まず子ども自身については，子どもの年齢によって，よくする遊びは異なる（表8-4）．たとえば，乳児期には感覚や運動を楽しむ遊びや，親との遊びが主である．幼児期になると，仲間といっしょにおとなの生活や行動を模倣したり，ふりをするごっこ遊びが目立つようになり，幼児期の後半には規則（ルール）のある遊びを楽しむようになる．

遊具は，いわゆる玩具だけでなく，身近にあって，子どもが興味をもち，手にすることができるものすべてが遊具になる．遊具は，子どもの遊びを引きだし，発展させるものである．

人は子どもが一番関心をもつものである．乳児期には主として親や保育者などおとなのかかわ

表8-3. 遊びの意義

①運動能力を高める
②好奇心や興味を高め，知的な発達を促進する
③イメージを広げ，表現力を豊かにする
④同年齢の，あるいは異年齢の仲間との関係を経験する
⑤さまざまな情緒を体験する
⑥ルールを守ることの必要性を知り，自制心を養う
⑦自発性，自主性を養う

表8-4. 遊びの分類

感覚遊び	感覚をはたらかせることを楽しむ遊び 手にもったものを見る，オルゴールメリーを見るなど
運動遊び	手足や身体の運動を楽しむ遊び ピョンピョンとはねる，三輪車にのるなど
模倣遊び	見聞きしたことを真似する遊び ごっこ遊び，見立てる遊び，ふりをする遊び．ママゴトや，箱を自動車に見立てたり，食べたり，飲んだりするふりをするなど
受容遊び	受け身になって受けとる遊び 絵本や紙芝居を見たり，歌を聞いたりして楽しむ
構成遊び	ものを組み立てたり，作り出したりする遊び 積み木，お絵かき，粘土，折り紙など
規則のある遊び	規則と偶然を利用した遊び ドッジボール，カゴメカゴメ，トランプなど

乳児の行動と保育

りを求め，楽しむ．歩行ができるようになり，戸外での活動が多くなると，他の子どもに関心を示し，かかわりが生ずる．子ども同士のかかわりは，遠慮のない，真剣なものであり，そのためにケンカになることもある．しかし，こうしたかかわりのなかで，よろこび，くやしさ，協力すること，助け合うこと，がまんすること，ルールを守ることなどの情緒的経験をもつことができるのである．

仲間との遊びは，同じ場所で，同じような遊具で遊んでいても互いにかかわりがない「平行遊び」，子ども同士のやりとりやかかわりがある「連合遊び」，役割が分化し，一定の目的のためにいっしょに遊ぶ「協同遊び」へと発展する．

子どもと遊ぶとき大切なことは，遊んであげるというような態度ではなく，いっしょに楽しむことである．そうでなければ，子どもも楽しくないだろう．

参考文献
庄司順一：保育の周辺．2008，明石書店

（庄司順一）

column　ジャン・ピアジェ

　ピアジェ（1896-1980）は，スイスに生まれた，天才的な心理学者です．はじめ生物学に関心を持ち，10歳のときに白いスズメについて小さな報告をし，15歳のとき，湖にいる貝について最初の論文を書いたということです．20代半ばに心理学研究へ移り，その後は，「知る」という心のはたらき（認知）がどのように発達するかを生涯の研究テーマとしました．50冊を超える著書，500編を超える論文を著し，認知発達研究で世界の心理学界に非常に大きな影響を与えました．

SECTION 9 乳幼児の栄養

A. 乳幼児の栄養法

1. 小児栄養の特徴

　小児の特徴は発育することである．発育のエネルギーとして栄養が必要である．適切な栄養が取れないと，健全な発育も困難である．小児栄養の特徴を次に示す．

　1）子どもの身体が乳児期，幼児期，学童期，思春期と成長していくように，栄養方法も哺乳・乳汁，離乳食，幼児食，普通食へと，一般的には種類は豊富に，形態はかたく大きくなる．

　2）小児の栄養は体力の維持だけではなく，発育と健康づくりの基本である．小児期の偏った食生活による肥満は成人になっての高血圧，糖尿病などの生活習慣病に関連する．乳幼児期からのバランスのとれた適切な食生活が小児生活習慣病を予防し，改善させる．

　3）小児の発育と活発な活動のために，成人に比べ，体重当たりの水分，栄養（とくに，エネルギー，蛋白，鉄）の摂取量が多い．

　4）栄養は単に糖質，ビタミンなどの栄養素を摂取するのではなく，小児では食事そのものが1日の生活の基本をつくる．成人では重要ではない間食も，小児では間食，おやつは身体のために補食として食べるべきものである．生活習慣の基本の食事が，この時期に生活の楽しみになることも大切である．

　5）小児では栄養の過不足や不適切な食事が病気の原因となることが，成人よりも多い．たとえば，卵や牛乳などによるアトピー性皮膚炎などの食物アレルギー，鉄不足による鉄欠乏性貧血，ビタミンD不足によるくる病などが乳幼児期に好発する．

2. 口腔機能の発達

　生まれたばかりの新生児が，母親の胸に抱かれて誰に教えられることもなく母乳を上手に飲みながら，安心しきった寝顔で眠ってしまうのをながめたとき，幸せな感情がわいてくる．この新生児の哺乳行動と成人の嚥下行動とを比較してみると数多くの疑問がわいてくる．

a. 成人の摂食嚥下機能

　新生児の哺乳行動の前に，成人がコップで牛乳を飲むという行動を考えてみると，まずコップを口唇に接触させ，口を開けて，ゆっくりとコップを傾けて牛乳を口腔内に流し入れて，一定量が入ったところで，コップをもどして口を閉じ，呼吸を止めてから，口腔内の牛乳を嚥下して，再び呼吸を再開する．

　図9-1は成人が液体を嚥下する様子を側面方向からX線撮影を行い，それをもとにAからFの順に図解したものである．

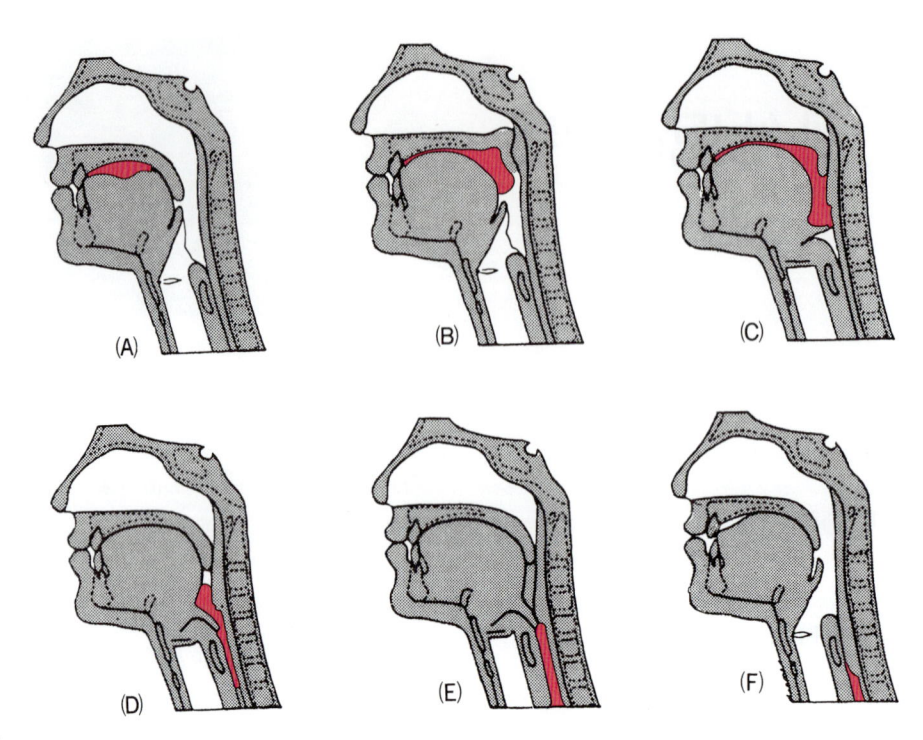

図 9-1. 成人の液体嚥下—X 線撮影による側面図

　A：口腔内に液体が貯留している状態，口唇は閉じ，軟口蓋と奥舌が接触し，この状態では鼻からの呼吸をしている．

　B：液体は舌によって口峡を通過して口腔咽頭へ運ばれる．軟口蓋は上後方へ偏位し，突出してくる咽頭後壁と接触する．突出する咽頭後壁は咽頭蠕動の開始である．この状態以降では呼吸は不可能となる．

　C：液体は喉頭咽頭へ進む．喉頭蓋は誤飲を防ぐため下へ倒れ，舌骨と喉頭は上前方へ移動してくる．蠕動波は咽頭収縮筋の壁を下へ下へと移って行く．いわゆる「ゴックン」の瞬間である．

　D：液体は咽頭食道接合部に入り，蠕動波はさらに下降する．上方の口蓋咽頭は再び開き始める．

　E：液体はほとんど咽頭を通過する．蠕動波は下咽頭に達し，下方の口腔咽頭も開き始める．

　F：口の中は空になり，口腔，咽頭は元の位置に戻り，呼吸することが可能となる．B から E の間を生理学的には，嚥下性の無呼吸状態と呼ばれる．連続する嚥下の場合，B から E の運動をくりかえすことになり，この間は呼吸は不可能となる．成人の食事では，口の中に取り込む捕食，口腔内での咀しゃく運動，食事が飲み込める一定の形態になったら呼吸を止めて嚥下する．

b．新生児，乳児の哺乳行動

　内視鏡や胎児のエコー検査による胎児行動学の研究より，胎児は妊娠後期に入ると，自分の周囲にある羊水を嚥下する運動や指しゃぶり行動が明らかになり，出生後の哺乳行動の準備をしている．

　出生直後より新生児は哺乳し，哺乳量は日ごとに増加し，生後 2 週目の新生児での 1 回哺乳量は 70〜100 mL となり，体重 6 kg の乳児での 1 回哺乳量は約 200 mL である．6 kg の乳児の 1 回哺乳量は体重 1 kg につき約 30 mL で，哺乳時間は 10 分前後である．成人の体重を 60 kg として換算すると，成人の体重は乳児の約 10 倍であるから哺乳

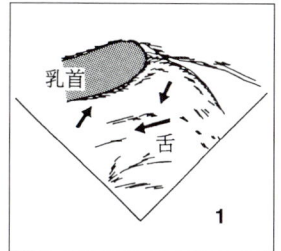

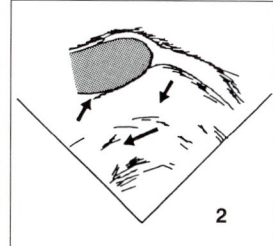

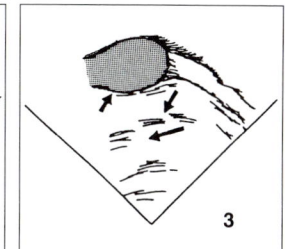

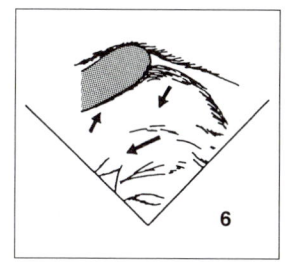

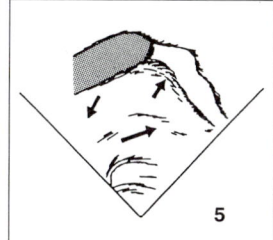

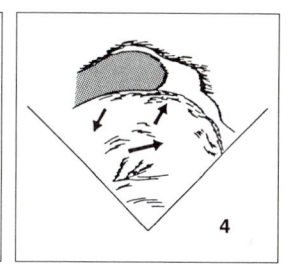

図 9-2. 母乳吸啜時の超音波像

量も10倍と仮定したら，乳児の哺乳行動は成人にたとえると，わずか10分間で2L，コップ10杯ものミルクを哺乳していることになる．乳児はさらに哺乳しながら眠ってしまうこともある．乳児の姿勢を母親の乳房との関係でみると，仰臥位はもちろん，側臥位，腹臥位でもむせることなく，短時間に飲んでしまうのは何故だろう．

超音波断層装置を使用する哺乳行動の観察：生後1カ月の哺乳力良好な乳児で，母乳を哺乳中に乳児の下顎下より超音波断層装置のプローブをあてて，矢状断面・前額断面での舌を中心とした口腔内の動きを超音波断層像で録画して，吸啜の動きを検討する．

結果（図 9-2）：母親の乳首は子どもの舌により硬口蓋に押しつけられ，乳首の先端は硬口蓋と軟口蓋の境界部まで引き込まれている．舌は前方部から後方部にかけて順に口蓋にむけて圧した動きがみられる．舌の動きを細かくみると，舌の前方部が上がると後方部が下がり，次に前方部が下がると続いて後方部が上がる，また舌根部から舌全体が前方に向けて前後方向に動く様子も観察される．哺乳は，従来いわれていた舌を中心とした陰圧による乳首を吸う運動でもなく，また咬筋を主とした嚙む運動でもない．乳児の哺乳行動とは舌尖から始まる喉頭蓋に向けて舌根部から舌全体が前後に波うつ運動で乳首を固定し，乳首を絞り，出てきた乳汁を運ぶ蠕動様運動である．

人工乳首を用いた哺乳も同様に観察したところ，基本的な舌を中心とする口腔内の動きは母乳を哺乳している時と同様の動きである．

c. 口腔の解剖生理からの比較

新生児と成人の口腔内を比較してみると，新生児では口を開けてのぞこうとしても，舌が大きく口腔の容積は狭く見渡すことはできないが，いったん舌圧子で舌根部を圧迫すると容易に肺への入り口の喉頭蓋を確認できる．

顔面の正中矢状断で，新生児の口腔の解剖学的特徴について，成人と比較する（図 9-3）と，新生児には次のような特徴がある．口腔容積は少なく，反対に舌が大きい．軟口蓋が大きく，喉頭蓋が高く，軟口蓋と喉頭蓋が触れ合う位置にある．咽頭腔は狭く，短い．人の頭部は，他の哺乳類と

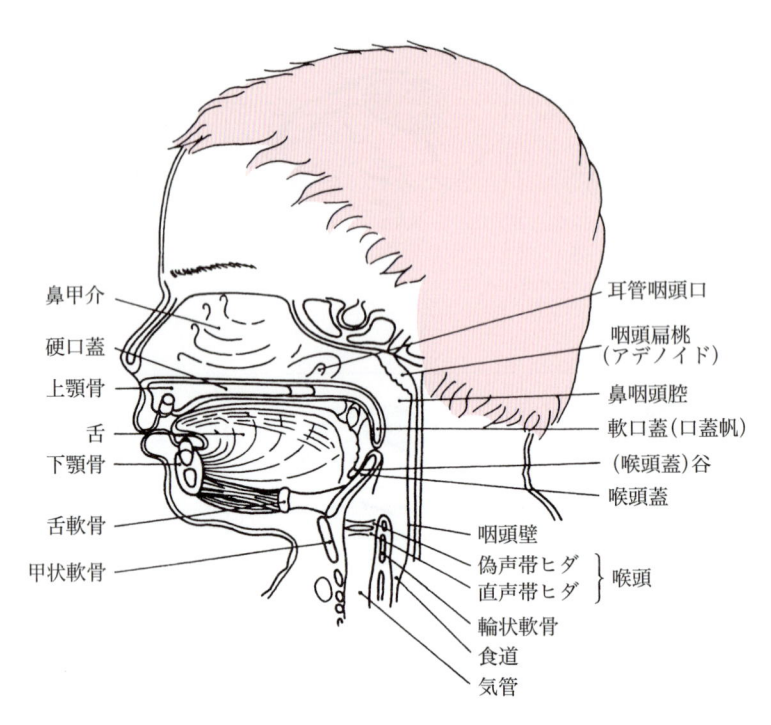

図 9-3. 新生児の顔面の矢状断面

比べて、脳神経の成長に伴い上方の脳頭蓋が大きくなり、顔が偏平となり下方の顔面頭蓋は退化し、重い頭部を支えるために頸部は、ほぼ垂直になる。乳児では頭頸部の発育と神経学的発達に伴い喉頭が徐々に下降する。新生児の喉頭の位置は高く、ゴリラなどと同じ高さにあるが、3カ月頃から定頸ができるようになると、下降してくる。

乳児の生理学的な特徴は、呼吸が早くて、浅いことである。呼吸と哺乳行動を同時に行うので、呼吸が深いと誤飲しやすく、むせることが多くなる。さらに、咽頭の嘔吐反射がないので、哺乳時に乳首が咽頭に触れても嘔吐せずに哺乳行動を続けられる。

成人の上気道は、他の哺乳類と異なり嚥下する食物と呼吸する空気が咽頭で交差している。一般の哺乳類では、喉頭の位置は高く軟口蓋に接する位置にある。鼻から入った空気の通路と、口から入った食物の通路とは、成人の場合には咽頭で『平面交差』するが、新生児や他の哺乳類では、『立体交差』する。後者の方が安全で効率的なのである。平面交差のときは、一方が通るときには他方が通れない。私たちは、呼吸をしながらお茶を飲めない。一般の哺乳動物では、呼吸と嚥下を同時に行い、新生児も呼吸と哺乳を同時に行っている。私たちは、鼻からも口からも、自由に呼吸できるが、馬や豚では呼吸は鼻からである。したがって、馬や豚が「鳴く」ことは、「鼻を鳴らす」ことである。私たちは四足歩行から直立二足歩行への確立により、頭頸部は直立し、喉頭は下降し咽頭腔は拡大する。このことにより、声帯で発せられた音は咽頭という共鳴箱の働きで大きく複雑な音、つまり言語の獲得につながったのである。

3. 栄養所要量から食事摂取基準へ

世界各国で、栄養・食生活の面から国民の健康を守り、さらに増進するために、エネルギーおよび栄養素の適量、あるいは望ましい量を発表している。わが国では『栄養所要量』の名称でエネ

表 9-1. 乳児栄養を理解するための食事摂取基準 (乳児・幼児・学童・成人の比較)

年齢 (歳)	エネルギー (kcal/日)	蛋白質 (g/日)	脂肪エネルギー比 (%)	カルシウム (mg/日)	鉄 (mg/日)
0〜5月の乳児	110〜120/kg	2.6/kg	45	200	6
6〜12月の乳児	100/kg	2.7/kg	30〜40	500	6
3〜5歳児	95/kg	2.7/kg	25〜30	500	8
9〜11歳の男児	65/kg	2.2/kg	25〜30	700	10
18〜29歳の男性	40/kg	1.1/kg	20〜25	700	10

注) エネルギー・タンパク質は体重当たり,カルシウムと鉄は1日当たりの量である.

表 9-2. 水分必要量

	mL/kg/日
新生児	100
乳児	150
幼児	120
学童	70
成人	50

ギーおよび栄養素の摂取目標値が示され国民の健康・栄養状況・生活状況などの変化に伴い栄養所要量の改定が行われた.栄養学の進歩に伴い,エネルギーおよび各栄養素の算定根拠が明確になり,「推定エネルギー必要量」「推定平均必要量」「推奨量」「目安量」「上限量」が示され,これらを総称していた『栄養所要量』は,名称が『食事摂取基準』にかえられた.「食事摂取基準」とは健康な個人または集団を対象として,国民の健康の維持・増進,エネルギー・栄養素の欠乏の予防,生活習慣病の予防,過剰摂取による健康障害の予防を目的とし,エネルギーおよび各栄養素の摂取量の基準を示すものである.食事摂取基準は約30種の栄養素ごとに,年齢区分は13区分にも分けられていて,重要ではあるが詳しすぎるので,乳児栄養を理解するためには表 9-1 の乳児栄養を理解するための食事摂取基準と表 9-2 の水分必要量を覚える.各栄養素の単位は1日当たりと,キログラム当たりがあるので注意する.

乳児の食事摂取基準と成人の食事摂取基準を比較する.乳児は成人に比べて,キログラム当たりではエネルギーは約3倍,蛋白質は3倍,脂肪分の多い食事で,カルシウムも鉄もたっぷり摂取しているのが理解される.なぜこんなにカロリーが摂取できるのか? これはミルク・母乳を150 mL/kg/日も飲んでいるからである.体重50 kgの成人に換算すれば150×50＝7500 mL,1日に7〜8Lのミルク・母乳を飲んでいることになる.脂肪エネルギー比:全エネルギー摂取量に対する脂肪摂取量の占める割合は成人では20〜30％で,乳児では45％と高いのもミルク・母乳を飲んでいるからである.

4 母乳栄養

分娩後の数日間に分泌される母乳を初乳,10日以後に分泌される母乳を成熟乳,初乳から成熟乳に移行する間の母乳を移行乳という.

a. 初乳の特徴

初乳は帯黄色,粘稠,濃厚,弱アルカリ性で凝固しやすい.成熟乳より蛋白質が多く,糖質,脂質は少なく,エネルギーはやや低い.免疫物質の分泌型 IgA,リゾチーム,ラクトフェリン,リンパ球を含み,無菌状態の胎児から腸内細菌が急激に増加する新生児の腸管の免疫機能の確立のために働く.

b. 成熟乳・人乳

白色または帯黄白色,甘味がある.

表 9-3. 母乳栄養児と人工栄養児の糞便の差異

	母乳栄養児の糞便	人工栄養児の糞便
外　観	卵黄色・軟膏様．便を放置するとしばしば緑色になるのは便中のビリルビンが酸化してビリベルジンになるためである．	淡黄色の色調・かたく有形
臭　気	酸臭（甘酸っぱいにおい）	不快な便臭
反　応	弱酸性	多くは弱アルカリ性
回　数	生後数週間 2〜5 回，後 1〜3 回	1 日 1〜2 回
糞便菌叢	ビフィズス菌　優位	大腸菌・腸球菌　優位

c. 母乳栄養の長所

母乳栄養児は人工栄養児に比べ乳児死亡率，罹病率がやや低い．これは分泌型 IgA，リゾチーム，ラクトフェリン，ビフィズス因子などの抗菌性物質による．母乳は清潔，簡単，経済的である．アレルギーの心配が少ない．母子間の情緒が安定しやすい．乳児の消化に最適である．母親の分娩後の性器の回復が促進される．

d. 母乳栄養の確立，自律授乳，母乳不足

母親の乳首を含ませ始めるのは，生後すぐである．新生児が泣き出せば，まず哺乳させてみる．新生児の吸啜刺激を受けた乳腺は，生後 4〜5 日に乳汁の分泌量が急激に増加する，これを乳汁潮来という．乳汁潮来までの数日間は授乳後に糖水を与える．乳汁潮来すると母乳分泌量は急激に増加し，生後 2 週頃には次第に規則正しくなり，ほぼ 1 回 15 分以内・3 時間ごと・1 日 7〜8 回の母乳栄養が確立することが多い．

自律授乳（自己調節授乳）：母乳栄養では児が欲しがるときに満足するまで与える方がよいので，これを自律授乳という．乳児期には成人のような肥満の心配はない．

母乳分泌不足の場合：体重増加不良，便秘，授乳後すぐに欲しがる，授乳時間が 15 分以上かかるときに母乳不足を疑い，哺乳量を測定し，体重増加の経過をみて，育児用粉乳を追加するかを判断する．

e. 冷凍母乳

冷凍母乳とは，母親から搾った母乳を冷凍して保存し，あとで溶かして母乳の代わりに飲ませるものをいう．搾母乳を加熱滅菌すると免疫物質が壊れるので，冷凍するときの滅菌のための加熱と解凍するときの加熱を行わない．保育所でもアレルギーの問題や母乳栄養を続けるために，冷凍母乳の使用が可能な所も増加している．

f. 母乳栄養と人工栄養の便の違い（表 9-3）

母乳栄養児と人工栄養児では乳汁の内容が異なるので出てくる便も異なる．しかし最近の育児用粉乳は母乳に近づけようと努力しているので差は少なくなっている．

母乳栄養児では便の回数が多く，緑便になることもあるので，慣れない母親では下痢と勘違いしやすい．機嫌が良く，便の臭いがプレーンヨーグルトのような酸っぱい臭いをしていれば健康なときの便である．

5 人工栄養

a. 人乳と牛乳，ミルク（育児用粉乳）との比較

1）育児用粉乳（通称粉ミルク）

原料の牛乳の蛋白質，脂質，糖質など栄養素の成分組成を質的にも量的にも人乳に近づけ，母乳栄養では不足がちな鉄やビタミン K を添加し，粉

98　乳幼児の栄養

乳化したものを育児用粉乳・調製粉乳という．

2）人乳と牛乳と育児用粉乳との比較（表9-4）

人乳と牛乳の比較をして，同時に育児用粉乳が人乳にいかに近づいたものか，考えてみよう．育児用粉乳は人乳に比べて，鉄とビタミンKを多く含んでいる．

b．人工栄養

母乳不足，母親の病気，母親の仕事などで人乳の代わりに牛乳などを与えることを人工栄養と昔はいったが，現在は育児用粉乳・調製粉乳による栄養を人工栄養という．

c．治療乳・特殊用途粉乳

乳児はミルク以外から栄養を摂取できないので，アミノ酸代謝異常などの先天性代謝異常症，慢性の下痢，牛乳アレルギーなどに対する治療用のミルクが開発されている．牛乳アレルギー用のミルクには，カゼイン加水分解乳とアミノ酸混合乳がある．カゼイン加水分解乳は牛乳アレルギーの原因となる牛乳中のβ-ラクトグロブリンとα-ラクトアルブミンを除去し，酸素分解したカゼインを添加したもので，軽度～中度の牛乳アレルギー児に使用する．アミノ酸混合乳は母乳のアミノ酸組成を参考に，純粋な20種のアミノ酸をバランスよく混合した物で，重度の牛乳アレルギー児に使用する．

d．調乳法

①石鹸で手をきれいに洗う．
②哺乳瓶と乳首を，10分間ぐらい煮沸消毒する．次亜塩素酸ソーダ（ミルトン）消毒でもよい．
③哺乳瓶にできあがり量の2/3ぐらいの湯（70℃ぐらい）を入れ，次に粉乳を添付のさじで，すりきりに測って入れる．
④泡が多くならないように静かに振って溶かす．
⑤できあがり量まで湯を加える．
⑥人肌より少し高めの温度に冷まし，飲ませる．

終末殺菌法（1日分をまとめてつくる）：1日に必要なだけの哺乳瓶・乳首をそろえ，調乳に必要

表9-4.　人乳・牛乳・育児用粉乳の組成の比較（100 mL 当たり）

	人乳（成乳）	牛乳	育児用粉乳
エネルギー（kcal）	65	59	67
蛋白質（g）	1.1	2.9	1.6
脂質（g）	3.5	3.3	3.6
乳糖（g）	7.2	4.5	7.2
灰分（g）	0.2	0.7	0.3
Ca（mg）	27	100	45
Mg（mg）	2.3	—	5.0
K（mg）	48	150	65
Na（mg）	15	50	20
P（mg）	14	90	28
Fe（μg）	100	100	900
Cu（μg）	610	—	48
Zn（mg）	2.95	—	0.4

な粉乳量を計量する．これを計量した70℃程度の湯の約半量をとり，泡立て器で混ぜ合わせ残りの湯を追加する．次いでこれを哺乳瓶に分注して哺乳瓶の口にキャップをする．最後にこれを約10分煮沸殺菌で消毒する．これで病原性細菌は完全に殺菌されるが，半面，ビタミンCは約2/3に減少する．

e．粉乳の取り扱い

開缶後はきちんと蓋をして，室内の涼しい場所に保管する．粉乳は水分が少ないため，冷蔵庫に保管すると冷蔵庫内の温度と室温の差により，吸湿性が高くなり，水分を吸って変質しやすい．調乳の際には，粉乳の上層部から静かにすくい，中をかきまわさない．計量用のスプーンは使用後，缶の中に入れず，きれいに洗浄しておく．

6 離乳

離乳とは，母乳または育児用粉乳の乳汁栄養から幼児食に移行する過程をいう．この間に口腔機能は，乳汁を飲むことから，食物をかみつぶして飲み込むことへと発達し，摂取する食品の量や種類が多くなる．

離乳の開始とは，初めてドロドロした食物を与える時期でおよそ生後5から6カ月頃である．離乳の完了とは，形のある食物をかみつぶすことができるようになり，栄養素の大部分が固形の食物からとれるようになった状態をいい，その時期は通常12カ月から18カ月頃である．

a. 離乳の進め方（表9-5）

離乳食の進め方は月齢を目安にして，口腔機能の発達に合わせて変化させていくことが重要である．離乳食と口腔機能の関係からは，食事の種類が月齢とともに増加することではなく，離乳食の形態が変化して行くことがポイントで，初期は「口唇食べ」でドロドロ状で1日1回，中期は「舌食べ」でツブツブ食で2回，後期は「歯ぐき食べ」で歯ぐきでつぶして3回，完了期は「歯食べ」でかめるかたさへと発達し，離乳食のかたさ・大きさが変化する（表9-6）．

1）離乳初期（5カ月から6カ月頃）

スプーンで口の中にドロドロ状の離乳食を舌の上にのせると，口唇を閉じて舌の蠕動運動により食物を口蓋に押しつけながら嚥下反射を誘発して，食物を食道へ送っていく．この初期のポイントは，スプーンで与えるときに，離乳食を口の奥に入れるのではなく，少量ずつ舌先にのせるようにして，子どもの口唇を閉じての「ゴックン」を誘発させることである．初期の後半から呼吸と嚥下の連携が徐々に上手になる．

---

column　調製人工液乳　Ready to feed formula

人工栄養のためのミルクは昭和20年代からめざましい進歩・改良をとげて現在の育児粉乳となっている．近年はスティックタイプの粉乳と使い捨てほ乳器の普及で赤ちゃん連れの外出や旅行が簡便になり，コンビニエンスストアでは調乳用の湯ざましのサービスを行っているところもあるという．また「おでかけミルク」と称して，湯沸かし機能付きの粉乳，水，哺乳器のセットも非常用として開発されている．

わが国では，人工栄養品として主に粉乳が用いられているのに対し，アメリカでは，昭和40年代末には，瓶詰既製調製乳 Ready to feed formula が売り出されていて，これは瓶のキャップを外し，乳首をつけて授乳し，空き瓶は捨ててしまうという合理的なものとなっている．また，哺乳瓶にあけて授乳する箱詰の既製調製乳も売られている．

大きな災害時には，粉乳を溶くための水が得られず，消毒などもままならない．阪神淡路大震災の後にはアメリカに滞在経験のある人たちから，この瓶詰既製調製乳の発売を求める声があげられたが，わが国ではいまだに発売されていない．

省力化，災害時にそなえ，導入を期待したい．

表 9-5. 離乳食の進め方の目安

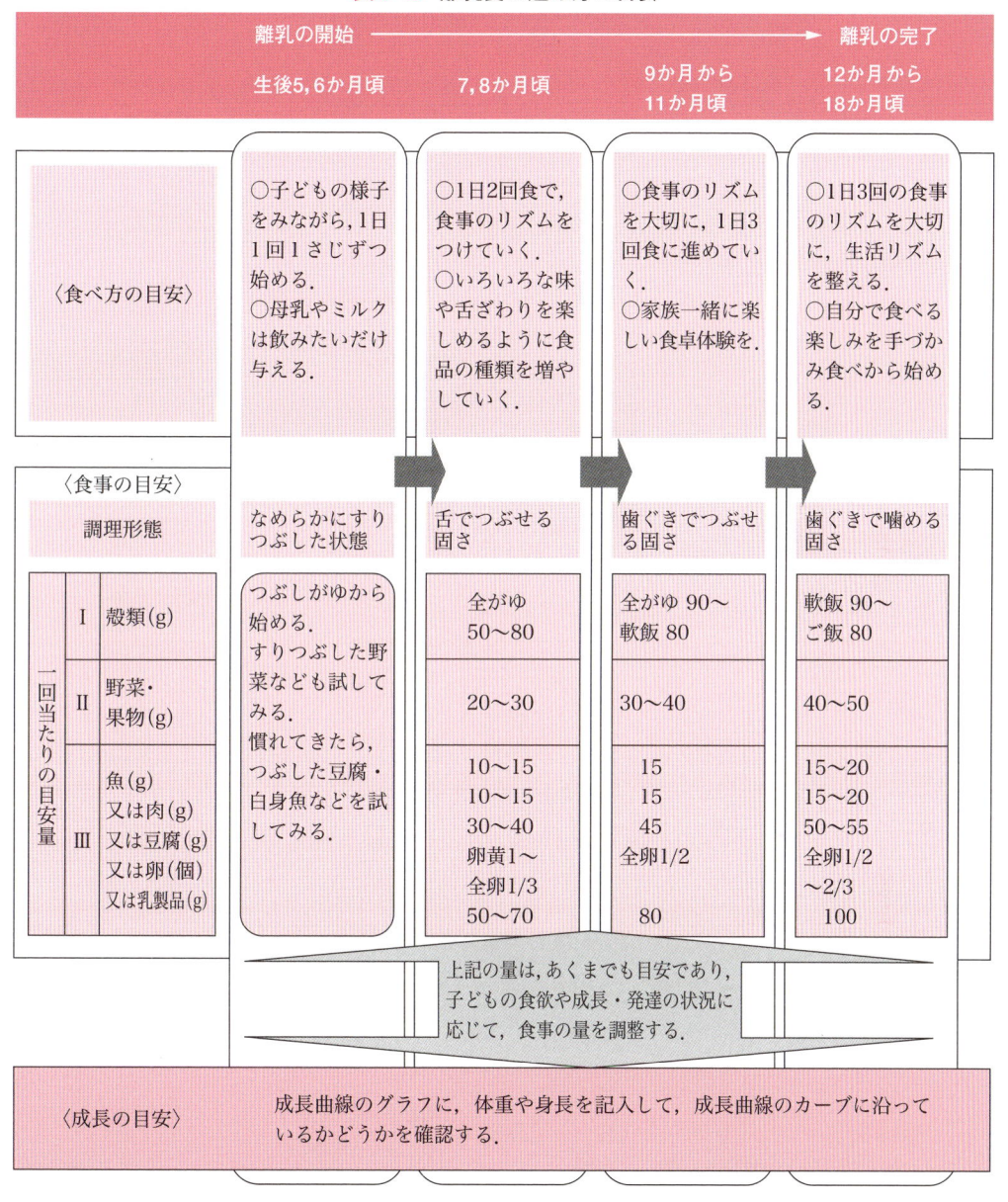

		離乳の開始 ──────────────→ 離乳の完了			
		生後5,6か月頃	7,8か月頃	9か月から11か月頃	12か月から18か月頃
〈食べ方の目安〉		○子どもの様子をみながら,1日1回1さじずつ始める. ○母乳やミルクは飲みたいだけ与える.	○1日2回食で,食事のリズムをつけていく. ○いろいろな味や舌ざわりを楽しめるように食品の種類を増やしていく.	○食事のリズムを大切に,1日3回食に進めていく. ○家族一緒に楽しい食卓体験を.	○1日3回の食事のリズムを大切に,生活リズムを整える. ○自分で食べる楽しみを手づかみ食べから始める.
〈食事の目安〉 調理形態		なめらかにすりつぶした状態	舌でつぶせる固さ	歯ぐきでつぶせる固さ	歯ぐきで噛める固さ
一回当たりの目安量	I 穀類(g)	つぶしがゆから始める.すりつぶした野菜なども試してみる.慣れてきたら,つぶした豆腐・白身魚などを試してみる.	全がゆ50〜80	全がゆ90〜軟飯80	軟飯90〜ご飯80
	II 野菜・果物(g)		20〜30	30〜40	40〜50
	III 魚(g) 又は肉(g) 又は豆腐(g) 又は卵(個) 又は乳製品(g)		10〜15 10〜15 30〜40 卵黄1〜全卵1/3 50〜70	15 15 45 全卵1/2 80	15〜20 15〜20 50〜55 全卵1/2〜2/3 100

上記の量は,あくまでも目安であり,子どもの食欲や成長・発達の状況に応じて,食事の量を調整する.

〈成長の目安〉 成長曲線のグラフに,体重や身長を記入して,成長曲線のカーブに沿っているかどうかを確認する.

出典:厚生労働省「授乳・離乳の支援ガイド」

2) 離乳中期 (7カ月から8カ月頃)

　中期は離乳食をのせたスプーンに対して,大きく開口し口唇が翻転し,次に上唇でスプーンを固定し門歯と舌で離乳食を取り込む.口の中に入れて,ドロドロ状態の食物はそのまま嚥下し,ツブツブ状態の食物は舌と顎の連携により,舌を硬口蓋にギュッと押しつけて食物をつぶし,呼吸を止めて嚥下することができるようになる.舌で押しつぶすことができるかの判断は,舌で押しつぶすときに,オチョボ口から口唇が横一文字になれば,中期食は可能である.食物のかたさは豆腐や半つぶしバナナ程度のかたさである.

表 9-6. 咀しゃく発達過程

月齢	特徴	運動機能（主な動き）	咀しゃく能力	くちびると舌の動きの特徴
哺乳期（0〜5カ月）	チュッチュ「舌飲み」期	・哺乳反射 ・舌の蠕動様運動	液体を飲める	半開き，舌突出／舌の蠕動運動
離乳初期（5〜6カ月）	ゴックン「口唇食べ」期	・口唇を閉じて飲み込む ・舌の前後運動に顎の連動運動	ドロドロのものを飲み込める	口唇を閉じて飲む／舌の前後運動
離乳中期（7〜8カ月）	モグモグ「舌食べ」期	・口唇をしっかり閉じたまま顎の上下運動 ・舌の上下運動 ・顎の上下運動	数回モグモグして舌で押しつぶし咀しゃくする	左右同時に伸縮／舌の上下運動
離乳後期（9〜11カ月）	カミカミ「歯ぐき食べ」期	・口唇をしっかり閉じ咀しゃく運動 ・舌の左右運動 ・顎の左右運動	歯ぐきで咀しゃくする	片側に交互に伸縮／舌の左右運動
離乳完了〜（満1〜3歳）	カチカチ「歯食べ」期	・咀しゃく運動の完成	歯が生えるに従い咀しゃく運動が完成する	

3）離乳後期（9カ月から11カ月頃）

これまでに獲得した舌で食物の形態を感知する能力を使って，大きくてかたくて飲み込めない食物が口に入ってきたときには，舌を横方向に動かしてそれを歯ぐきの方に押しつけて，歯ぐきでつぶすようになる．舌が左右に巧みに動き，舌と歯ぐきを使って食物をつぶし，ふたたび舌を左右に使って，つぶした食物を1つにまとめてから嚥下する．歯は奥の臼歯が萌出していないので，かめるのは前の門歯だけである．食物がかたすぎたり

細かすぎたり，大きすぎたりすると歯ぐきでつぶせない．食物のかたさは，いも，かぼちゃ，にんじんをじっくり煮たものやバナナ程度のかたさである．

4）離乳完了期（12カ月から18カ月頃）

この時期になると上下の切歯が生え揃い，これらの歯でかみ切った食物を口の奥に送り，左右の歯ぐきや乳臼歯でリズミカルにかみ，嚥下するようになる．食事をかむ能力には個人差があり，乳歯が生えそろう2歳後半から3歳まで少しずつ食物の形態を変えていく事例もある．

7 肥 満

肥満とは，からだの脂肪（皮下脂肪や内臓脂肪）が過剰に増加蓄積した状態をいう．一般に体重の過多を肥満と考えがちであるが，乳幼児の過体重の多くは身長も大きい大柄な体型で，肥満ではないことが多い．小児期の肥満が続くと成人の生活習慣病の糖尿病，高血圧，動脈硬化などを引き起こすと言われるが，この肥満は小・中学生の肥満である．乳児期と幼児期前半の肥満は良性の健康肥満である．乳児期の肥満は，情緒的にも安定し，肥満の増悪傾向がなく，高脂血症などの異常所見もない．幼児になって歩くようになると肥満度も減少する．人工栄養児が母乳栄養児よりも肥満の割合が多いということはない．

＊肥満の対策

小児は発育するので現在の体重を維持すれば，身長が伸びることにより肥満が軽減する．肥満度が30％以上のものや，4歳すぎから急速に肥満になり体重曲線が上向きのパターンを示す場合は将来も肥満になる可能性が高いので，専門医への受診と食生活の相談指導が必要である．摂取総カロリーを下げるため，炭水化物と脂肪を控えるのが基本である．肥満の子どもは一般に食べるのが早く，食事中に水分をたくさん飲んだり，味付けご飯・汁かけご飯が大好きである．生活指導として食事中の水分を制限し，主食副食を分けて白いご

Q 幼児の生活習慣病化がよくいわれますが，保育所での具体的な予防法について教えてください．

A 生活習慣病とは年齢が40歳以上になると，かかりやすい糖尿病，高血圧，心臓病，ガン，胆石などの病気をいいます．この中で糖尿病，高血圧，心臓病は思春期からのバランスの悪い偏った食生活と生活習慣による肥満，高血圧，脂質異常症などと深い関係があります．

最近は生活習慣病を予防するためには，健康を増進し一人ひとりが健康な生活習慣を自分で確立することが基本となるので，生活習慣病といいます．とくに学童期からの著しい肥満はすべての生活習慣病の危険因子なので学校保健の重点課題になり，さらに幼児期からの対策が必要です．

肥満を増悪させる生活習慣としては，①好きなものを好きなだけ好きな時に食べることができるような環境②身体を動かす必要がないし，動かすこともできない環境③朝寝坊夜ふかし型の生活④ストレスの多い社会などがあります．著しい肥満は専門医への受診を勧めます．一般的な肥満では，体重を横ばいにするだけでも，肥満は改善することを教えます．そのためには，①毎週体重を測定し②栄養面では脂肪と糖分を制限し③料理では食べやすい物（卵や納豆のかけご飯，ハンバーガー，チャーハンなど），飲み込む食事（食事途中の牛乳，水，茶はかまずに飲み込むので，水分は最後に飲む），カタカナ文字の食べ物（油を使った食べ物が多い）などを減らします．太っていると長生きできないなどと，子どもをおどしてはいけません．

肥満を心配して，乳児期のまるまると太った体型をみて，ミルクを薄くしたり，離乳食を少なくする例があります．乳児期の肥満体型は健康肥満で将来の生活習慣病の肥満になることはありません．赤ちゃんには太り過ぎはなく，全くやせる必要性のない健康的な肥満なのです．

飯にするだけで体重増加が止まる例がある．生活指導は個々の食生活の分析をして，取り組める小さな目標を設定し，少しずつ解決していく方法が望ましい．

b. おわりに

　口腔機能と離乳食の関係をみたとき，食事をかまない丸のみ込みでも，口腔機能が未熟な時期に，かむ力を無理に育てようとしてかたい食物を与えての丸のみ込みとなるケースと，やわらかい食物が大好きで，よく食べるので，スープかけご飯や卵かけご飯などばかり食べさせて丸のみ込みとなるケースとがある．このような場合，口腔機能の発達，実際の食事の内容を評価して適切な離乳食の形態とする．

　「離乳の基本」の改定以後，完了期を考慮した離乳食製品が多数販売され，その多くがご飯にかけるタイプである．忙しい現代の母親は早く食べさせたいので，ご飯にかける完了期のかむ離乳食をご飯とよく混ぜ合わせて，中期から後期食の状態にしているのをよくみる．保育所や家庭では，毎回ご飯と副食を混ぜてしまう『かけご飯』タイプの食べ方，一度に口の中に食物を入れ，よくかまないで水分で飲み込んでしまう食べ方などへの注意も必要となる．

〈横井茂夫〉

SECTION 10 乳児の生活と保育

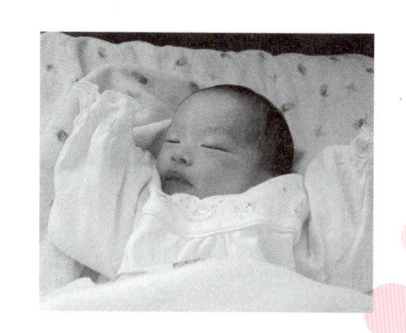

A. 生活の世話

1 乳児の生活とリズム

　ヒトの新生児が他の高等哺乳動物と違って，はなはだ無力な状態で生まれてくることを，ポルトマン Portmann, A. が二次的留巣性や生理的早産と呼んだことは有名である．乳児の生活は保育者の世話にたいへん多く依存している．

　しかし，乳児期の発育発達はめざましく，新しい運動機能を次々に獲得し，情緒が分化し，言語や社会性などが発達して，乳児期が終わる頃には意志をもった一人前の人間らしさをそなえるようになる．

　古くから「三つ子の魂百までも」と諺にいわれてきたように，この時期は心身ともにヒトとしての基礎が築かれる時期なのである．日本で生まれたからといって，保育にあたるおとなが日本語で話しかけ育てていかなければ，子どもは日本語が母国語とならないように，この時期のおとなの世話のあり方は，きわめて重要な意味をもつのである．大げさにいえば，保育にあたるおとなは，次の社会の基礎作りをしているといえるのである．人と人との信頼や愛情の芽生えも，乳児と保育者との人間関係に負うところが大きいのである．

　生体の機能には，サーカディアンリズム circadian rhythm とよぶ概日周期性のリズムがあって，その代表的なものが睡眠・覚醒リズムである．新生児では睡眠・覚醒リズムは小きざみで，夜に主として眠り，昼間目覚めているというようにはなっていない．夜に泣いたり，目を覚ましていておとなを困らせる乳児も少なくない．しかし次第に睡眠・覚醒リズムだけでなく，生活リズムがつくられていく．このとき保育者は，おとなや他の子どもたちとの生活リズムを考慮して，食事（授乳）や排泄（おむつ交換）などの生活リズムを確立していくようにするのである．

　乳児は発育発達の個人差が大きい．ほとんど月齢の変わらない乳児であっても，ある乳児は乳汁をよく飲み，手がかからないが，別の乳児は飲み方が遅く乳汁を好まないようにみえるといった具合である．

　集団保育の場では，個人差も十分に考慮に入れる必要があるが，保育者や他の子どもの生活の都合も尊重して，デイリープログラムをたてて，生活リズムをつくっていく．

　これには家庭の協力も必要になってくる場合が多い．共働きの父母はしばしば夜ふかしをすることが多く，なかには遅く帰宅した父親が寝ている子どもを起こして，団欒を楽しむこともある．そのため翌朝の子どもの登所がおくれたり，登所したときは寝ぼけまなこであって，すぐに空腹でぐったりするといったことが生じる．こういう場合，

その子どもにだけすぐに授乳すると，それから1日中の生活リズムが他の子どもとちぐはぐになってしまうわけである．家庭と保育の場の生活リズムの連携をうまくいくようにするためには，父母の気持ちを十分にくみとって，保育者は保護者に協力してもらうようにする必要がある．

また特別な1日だけ，子どもの生活リズムが狂っていることもある．体調とか家庭内の種々な出来事で，子どもはいつもの生活リズムが狂っていても，ことばでそれを訴えることができない．おとなの場合は，昨晩このようなことがあって寝られなかった，今日は1日中ねむくて——といって，まわりの人々の了解を得ることができる．しかし乳児保育にあたる者としては，連絡帳や朝登所した時にことばでそれを報告しておいてもらうように，保育児の受け入れにあたって，父母に了解を得ておく必要がある．そしてこのような特別な日には，保育者はその子どもの状態になるべく合わせて，デイリープログラムにあまりこだわりすぎない方がよい．

2 睡 眠

a．睡眠の意義・リズム

睡眠は，覚醒時の正常な精神機能の作用のために不可欠であって，意識がなく，外界への働きかけが失われている状態である．哺乳類に共通してみられ，魚類その他にも似たような現象があるという．

睡眠と覚醒は一定のリズムをもって出現し，このリズムには年齢的変化がみられる．新生児では「多相性睡眠覚醒交代リズム」が特徴的であるが，1歳頃では夜に集中して睡眠をとり，午前の早い時期に目を覚まし，お昼の前に一度と，午後にも一度睡眠をとる形に落ちつくのがふつうである．4歳頃では朝に目を覚ましたら，昼寝は午後一度だけになり，睡眠はますます夜間に集中する．そして10歳頃にはほとんどおとなと変わりないパターン，すなわち夜間にのみ睡眠をとり，日中は

---

column　左利き

　乳児期は利き手ははっきりしないが，幼児期になってスプーンをもったり，ボールを投げたりするようになると利き手が次第にはっきりしてくる．2歳頃にわずかながら確立し，6歳ですっかり決まるという報告もみられる．利き側は手のほかに，足，耳，目にもみとめられる．

　英国の小児科医イリングワースは，英国の学童のおよそ6％（特殊な学校では12％）が左利きで，成人では女性の4％，男性の6％にみられ，単一児より一卵性双生児に，男性，天才，犯罪者，能力の低い人，あるいは難産で生まれた人により多いと述べている．

　わが国では以前は，左利きは矯正するようにしつけられたことが多く，その結果，ことばのつかえや夜尿が起きたりしたが，最近はあまり問題にされなくなり，無理な矯正は行われなくなってきている．しかし，多くの人が右利きであるため，社会生活の中で不便なことがないわけではない．

　そこで，急須や包丁，万年筆，扇子，子ども用にはハサミなどに左利き用の道具が売り出されている．これらは左利きの人のみでなく，病気やけがなどで右手が使えなくなった人にとっても重宝するものと思われる．

右利き用のハサミ

左利き用のハサミ

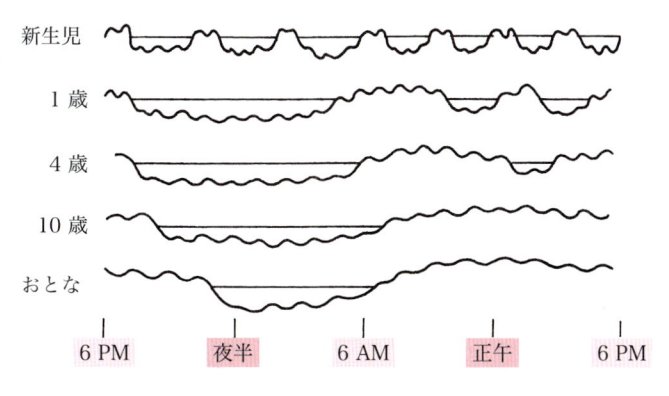

図 10-1. 年齢による睡眠・覚醒リズムの変遷
（Kleitman, 1963）

覚醒のみを示す「単相性リズム」を示すようになる．

このような睡眠・覚醒リズムは体内時計によって制御されているほか，環境からの種々の物理的・文化的な要因によっても影響を受けるものである．とくに発達初期においては外界の文化的要因（同調因子）として，母親の活動リズムが重要であるという研究がみられている（図 10-1）．

b. 睡眠の生理

総睡眠時間はだいたい年齢とともに減少する．新生児では 1 日のほぼ 3/4 が睡眠時間であるが，2 歳から 3 歳頃には 12 時間くらいまで減少し，13 歳頃には成人なみの 8 時間程度になる．

総睡眠時間は個人差が大きく，乳児でもよく眠る子どもと，目覚めやすい子どもがみられる．

物理的環境としては明るさ，音響，気温などがあげられる．

寝具としては，ベッドのかたさや枕，掛ぶとん，寝まきなども影響する．

飲食や運動，入浴なども睡眠に影響し，乳児では入浴させたあと十分に授乳すると一般に長い睡眠に入るようになる．コーヒーや緑茶など，興奮性のある飲食物が睡眠を妨げることがある．夜泣きする乳児は，昼間散歩や外気浴をさせると，夜間熟睡するようになることが多い．一般に適度の運動は，健康な睡眠・覚醒リズムをもたらすのによい．

情緒の安定は睡眠の重要な影響要因であって，保育者は子どもに不安や恐怖を与えないようにすることが大切である．テレビを見すぎたり，こわい物語や絵本が睡眠を妨げることもある．

睡眠の深さは，脳波検査によって深い睡眠（正睡眠 non-REM sleep）と，浅い睡眠（逆説睡眠 REM sleep）とがあることが知られている．この 2 つの組み合わせが 1 つの単位となって，一晩に数回繰り返される．年齢が幼いほどレム睡眠の割合が多く，新生児では 50％，2 歳児では 30％くらいで，成人では全睡眠時間の 20〜25％くらいであるといわれる．

レム睡眠は Rapid-Eye Movement の頭文字をとったことばで，睡眠中に急速に眼を動かし，夢をみたり，からだを動かし，夜尿をしたりする．年少児はレム睡眠の割合が多いので，睡眠中の寝相が悪く，掛ぶとんからはみ出し寝冷えなどすることが多い．

c. 睡眠のさせ方

1）睡眠環境をととのえる

睡眠・覚醒リズムは生活リズムの基本であるから，時間を決めて，子どもにもそれを身につけさせる．

部屋は静かな，明るすぎないようカーテンなどで遮光し，暑いときにはクーラーや扇風機を用いてもよいが，直接冷風がからだにあたらないようにすることがきわめて大切である．

寝具はうつ伏せになったとき顔が陥没し窒息しないように，紐などがひっかかってからだの動きが妨げられないように，事故に十分に気をつける．寝返りによって上掛けのバスタオルをからだに巻きつけ，窒息したケースさえある．

寝つきにくい時には手足をあたためてあげたり，お気に入りのぬいぐるみをもたせたり，布きれをいじくらせたり，睡眠儀式とよばれるような行為はいたずらに禁止しない方がよい．

家庭では添寝は子どもの心を安定させるが，習慣になりやすく，おとなが苦労することがある．

2）睡眠姿勢

出生後しばらくは手を握り，ひじを強く曲げて頭の両脇につけ，下肢も屈曲して体に引きつけ，胎児期の姿勢を引きついでいる．しかし6カ月をすぎる頃から四肢をのばして眠るようになる．

仰臥位か腹位かは，寝返りのできない乳児は仰臥位に寝かせる．寝返りができるようになると，仰臥位に寝かせても腹位になってしまうこともある．腹位の方がもどしたものでむせることがないとか，後頭部が偏平にならない，頭を持ち上げる機能が促進されるといった利点をあげる人もいる．しかし窒息や事故が多いともいわれる．乳児が睡眠姿勢に好みを示したときには，それを受け入れて，事故には十分気をつける．

3）保育施設における睡眠の世話

日課として睡眠時刻をきめるときには，子どもの発達段階で区分する必要がある．6カ月未満の乳児では，ベビーベッド（枠付き寝台）の中に常時入れっぱなしにしておくことがあるが，このような乳児でも活動時間にはベッドから出して，カーペットの上で這わせたり，トッターに腰掛けさせたりして，活動時間には他の子どもたちとのふれあいを多くする．

子どもの人数と設備によるが，1年未満の乳児でもベビーベッドでなく2人以上をふとんの上に並べて寝かせておくことができる．

3歳くらいからは，ポータブルベッドなどに1人ずつ寝かせるよりも，個人のふとんを並べて敷きつめて寝かせる方が保育者の世話が楽である．

夏季，暑い日には昼寝の時間を長くとるとよい．また，前日運動会とか遠足などをしたようなときにも，子どもの様子をみて休息時間を加減する．

昼寝の時にはパジャマに着がえさせ，起床時，汗をかいていれば拭いてあげる．入眠前か起床時に乾布摩擦を行うのもよい．

就寝させる時には静かな音楽を流したり，カーテンを引いて遮光したり，入眠のムードを演出する．

起床時刻になって目を覚ました子どもから，まだ寝ている子どもの邪魔にならないように離れた所で，更衣や排尿などをさせるようにする．

3 清　潔

a. からだの清潔

乳幼児は新陳代謝が盛んで発汗も多く，また排尿便によって汚れることもあり，自分でからだの清潔を保持する意識も乏しいので，おとなが乳幼児の身体の清潔保持を心がけなければならない．

また乳幼児の皮膚は刺激に対して敏感で，湿疹やただれ，感染などを起こしやすい．

皮膚の清潔保持は，皮膚を刺激することにより新陳代謝を促進し，心の交流にもつながるものである．

1）入浴（沐浴，全身浴）（図 10-2）

乳児，とくに首のしっかりしないうちはベビーバスで全身を洗ってあげる．1人で乳児を支えながら洗うのが不安な場合には，支えている人と洗う人と2人で沐浴を行ってもよい．クレードルバスを使うと乳児を支えている必要はないが，湯が

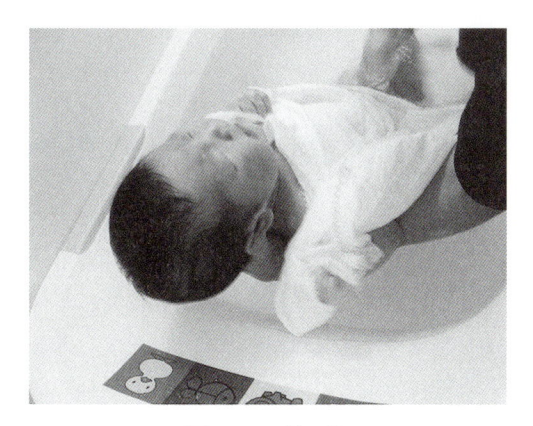

図 10-2. 沐　浴

浅いので，室温が低いときからだを温めるということはできない．

乳児院では沐浴は不可欠な養護内容（日課）であるが，保育所では酷暑の季節とか，特別にからだを汚したようなときでなければ全身浴をさせることは少ない．

沐浴をさせる時の室温や湯温は，文化的習慣によりかなり違いがみられる．わが国では室温は 22～23℃くらいにして，湯温は 38～40℃くらいが好まれる．

沐浴は授乳（食事）時間の中間か前に行い，沐浴後には十分に水分を補給する．

沐浴を行うときに身体計測を行うとよい．また保育者は乳児の身体各部をよく観察して異常の有無を確かめる．

施設では子どもが自分で立っていられるようになった頃から，一般浴槽で入浴させるようにする．子どもたちには危険のないように，そして入浴のエチケットを守るよう教育することが大切である．

2) 清拭（スポンジバス）

全身浴をさせられない日や，保育所のように入浴を日課に組み込んでいない場合にも，からだの一部または全体を拭いてあげることは必要である．排便で股間が汚れたようなときは，おむつの当たる部分だけ清拭を行うようにする．

ウオッシュクロス（洗い布）を熱めの湯で固くしぼり，汚れをふきとり，石けんを泡立てて汚れをうかせて，再び熱い湯でしぼったタオルで 2 回くらい拭きとるようにする．

石けんを用いず，熱い湯に沐浴剤をやや濃いめに溶かして，これで汚れを拭きとるようにすると，皮膚に残った沐浴剤が皮膚の保護作用をして拭きとりの必要がない．

もっと手軽にオイル綿や市販のオイル紙などで，からだの汚れを拭きとってあげることもできる．

いずれの場合も，清拭を行う場所は汚れの少ない所から拭きはじめ，汚れのひどい所へと進める．汚れたタオルやオイル綿は，清潔に洗ったり，清潔なものに替えて拭き進める．

3) 爪切り，耳垢とり，鼻汁とり

乳幼児の爪は伸びが速く，爪で皮膚をかいて傷をつくることもある．乳幼児の睡眠中に切ってあげるとよい．少し大きくなったときには爪を切ってもらうのをよろこぶこともある．

耳垢や鼻汁は，綿棒で入口の部分だけ汚れを取り出しておくようにする．鼻汁が固くなっているときは，綿棒で湿らせて取り出すようにする．鼻をつまらせた時のために，鼻汁取り器（スポイト）が市販されている．

これらはふつう入浴後に行う場合が多いが，入浴と切り離して週のスケジュールに組み込んでおいてもよい．

4) 口腔の清潔

歯の生えていない乳児の口中は，出生直後助産にあたった者が口中を清潔にするほかは，自浄作用にまかせて，口中を拭って傷をつけたりしない方がよいといわれている．

歯が生えてきたときには，おとなが綿棒にオキシフルなどをしみ込ませて汚れを拭ってあげるとよい．

2 歳頃から口中をすすがせる習慣をつけるとよい．歯みがきは 3 歳頃になると約 1/3 程度ができ

生活の世話

るようになるといわれる．

いずれにせよ，食後に口のまわりの汚れなどをタオルで拭いてあげるようにする．

5）頭髪

1週間に1～2度は石けんをつけて洗い，毎日は湯で流すか熱いタオルで拭いておく．毛髪は伸びたら，ハサミなどで短く切ってあげる．子ども用のレザー razor も市販されている．

6）手洗い

乳児は自分で手を洗うことは無理である．食事の前，用便のあと，朝の洗面時，遊びのあとなどに，保育者はタオルを熱い湯でしぼって乳児の手や顔，口のまわりなどを拭いてあげる．

歩行ができるようになったら，子どもが自ら手洗いをするように，水道の位置を加減して設備を整える．また，洗った手を拭くタオルも個人用を掛けておけるようにする．子どもの使いやすい位置と高さに設備を整えることはしつけのうえで大切である．また自分で手洗いさせ始めるときには，保育者が手を貸してあげることが必要である．そして時間がかかったり，下手であることを寛大に見守ることが大切である．

b．環境の清潔

乳幼児は清潔なものと不潔なものを区別する学習ができていないうえに，一般に何でも口にもっていくので，保育にあたる者は環境の清潔にも気をつける．

1）保育従事者の健康管理と身体の清潔保持

保育従事者の健康診断は任用時と定期に必ず行って，乳幼児を伝染性疾患に感染させることがないように十分に注意する．

また保育や調理にかかる前，用便のあと，保育児の排尿便の世話をしたときなど，逆性石けんなどで入念に手洗いを行う習慣をつけておく．

風邪などをひいても休めないときには，マスクをかけ，なるべく乳幼児に直接かかわらない仕事につくようにするなど，施設内での感染性疾患の流行を極力防ぐようにする．

2）施設設備の清掃・消毒

施設設備の清掃は日課として，また週間プログラムに組み込んで定期的に行う．

その他ドブさらい，プールの清掃，保育室の燻蒸，草むしり，砂場の消毒などは，年間の計画として，それぞれの施設に合った方法で行って保育環境を整備する．父母が休日に奉仕している施設や，市町村で業者に外注している所などいろいろである．

ベビーベッド，玩具などは，週に1～2回決めておいて逆性石けんを溶いた水にタオルをひたして拭いたり，洗えるものは洗ったり，日光消毒を行う．ただし，あまり神経質になりすぎるのも好ましいとはいえない．

寝具はカバーは週1回以上洗濯し，ふとん毛布類は太陽に干す．地域によっては乾燥業者が回ってくる所もある．これらは父母の協力をたのむ所と，施設ですべて行う所とがある．

4 排　泄

a．排泄の世話

1）おむつ

排泄の自立していない乳幼児の排尿便を，生活文化にそって処理するために，おむつが用いられる．おむつには布製と使い捨て（紙おむつ disposable diaper）とがある．

布製のおむつは貸しおむつと自家処理とに分けられる．以前は乳児院では院内でおむつを洗濯し，保育所では貸しおむつを使っている所が多かったが，近年は乳児院，保育所ともに紙おむつを使っている所が増えてきている．

布おむつは洋式（正方形または矩形の一枚布）と和式（輪式）とに分けられる．洋式おむつはたたみ方によって，ピンを使ってパンツのように腰のまわりに固定して用いることができる．和式おむつは2枚一組として用いることが多いが，おむ

つカバーを用いて固定するのがふつうである．紙おむつ（使い捨ておむつ）は，以前はパットタイプとパンツタイプとがあったが，今はパンツタイプが主流になっている．

2）おむつカバー

おむつカバーはオープンタイプとパンツタイプとに分けられ，わが国ではオープン型が多く，おむつをおむつカバーで固定している．おむつカバーはサイズの合ったものを用いる．

防湿性が重要な機能であるが，おむつかぶれの予防のために通気性も大切である．最近は質の悪いものは少なくなってきている．また家庭では紙おむつが普及して，パンツタイプの紙おむつにはおむつカバーは必要ないので，おむつカバーは次第にその位置が低下しつつある．短時間ならばビニールクロスを防湿のために巻いておくこともできるのである．そのくらい融通ある考えで，子育てにあたるのがよい．

3）おむつの交換

おむつの交換は，おむつが濡れていることに気づいたら交換する．しかし集団保育の場では，授乳時とか目が覚めた時など，ある程度時刻を決めておむつ交換を行うようにする．

保育所で貸しおむつを使っているときには，登園時に家庭から付けてきたおむつを園のものに替えてもらい，帰宅するときに家庭のものに替えて帰ってもらうようにする．貸しおむつをそのまま使って帰宅させ，翌日もって来てもらう園もある．

個人の持物のおむつを使用する場合には，おむつ交換のとき個人おむつを取り出して用い，汚れたおむつは個人の名前を書いたビニール袋に入れておいて，保護者にもち帰らせ自宅で洗濯してきてもらう．個人おむつを保育所で使用するのは余計な手間がかかるので，できるならば避けたいものである．

おむつを交換するためにおむつ交換台をつくっておき，交換台の上に乳児を寝かせておむつを交換すると必要な物がいつも手許にあって便利である．交換台には新しいおむつ，おしりふき，汚れたおむつ入れなどを用意しておく．

おむつを交換するときには，尿で濡れていればその部分を，おむつの汚れていない所を使って拭きとり，新しいおむつをあてる．排便していた場合には，濡れタオルやオイルナップなどで汚れをよくぬぐう．

紙おむつ・貸しおむつともに排便はトイレに流して，それぞれ始末する．

排便に異常があって医師の診断を受けたいときには，他に触れないようにして保存する．また伝染の危険のある場合は，消毒液（次亜塩素酸ソーダ液）に十分にひたしてから洗うか焼却をする．

おむつを外したとき，しばらく何もあてないで腰に日光を当てたりして，乾燥させる時間をとるようにするとよい．

股間をぬぐうときには，前から後へ拭きとり肛門周辺を拭いた紙や布を再び前から拭きとるときに用いないこと．

b．排泄のしつけ

排尿便の自立には，膀胱や肛門などの括約筋，知覚神経，大脳およびそれらを統合する機能の発達などが必要である．それらが発達しないうちにおむつを外す条件づけをつけることもできるが，下の子どもが生まれたといったきっかけで元に戻ってしまうことがあり，完全に自立したとはいえない．

現在では1歳半すぎから排泄のしつけを始めることが多い．1歳半くらいになったら，時間を決めて便器に座らせ，一定の声かけをして排泄を励ます．2〜3分励ましても排泄がみられず遊び出すようだったら，便器からおろす．排泄を行ったときには，保育者は十分にほめて，便器での排尿便を励ますようにする．

便器からおろしたらすぐに排尿便をしたり，教えたときにすでに排尿便をしていたといった場合

にも，強く叱るようなことをしてはいけない．排泄のしつけには緊張や不安を与えないことが成功の鍵となる．

排尿のしつけを始めたならば，便器にすぐに腰掛けさせやすいように，おむつを外してトレーニングパンツをはかせておくとよい．トイレットトレーニングには，すぐに完成して失敗の少ない子どもから時間のかかる子どもまで個人差が大きい．知能やその他の一般発達とは必ずしも関係ない．

2歳頃には排泄の前におとなにそれを知らせるようになり，3歳頃には自分で排尿に行けるようになる．しかし夜間のおむつがとれるのは3歳以後となるのがふつうである．

排泄のしつけは保育者の手間を省くためにも，水洗トイレに子ども用の便器やトイレットシートをつけて，おまるを用いない方が処理の手間が簡単である．

5 衣　服

衣服は体温調節を助け，外界の刺激から身体を保護し，吸湿など汚れを受けとめ，また個人の識別や装飾など社会的役割も果たすものである．

着衣枚数は，乳児は2カ月から3カ月頃まではおとなと同じか1枚くらい余計に着せて保温する．半年を過ぎる頃からおとなより1枚くらい薄着でよい．着衣枚数は習慣的な要因が大きい．

a. 衣服の交換

乳児は起床時に衣服交換をするよりも，入浴時，外出時，汗をかいてびっしょり濡れたときなどに衣服を交換することが多い．

目を覚ましている時間が長くなってきたら，起床時にパジャマから日常着に衣服交換を行うようにする．

保育所でも，ベビーベッドの中に置いておく時間が長い乳児では，お昼寝だからパジャマに着替えさせるということをしない場合が多い．衣服を交換するとき皮膚をマッサージするとよい．

b. 乳幼児の衣服

乳幼児は新陳代謝が活発で，汗をよくかき，乳汁をもどしたり，衣服が湿りやすいので，衣服素材は，とくに肌着は汗や汚れをよく吸着するものであること．また乳児は刺激に対し敏感で，おむつかぶれ，湿疹などができやすいので素材や形状に注意する．

そして汚れたり湿ったとき手まめに交換してあげられるように，着脱の楽な形であること．とくに1歳を過ぎて自分で着脱をしようとした時，着脱がしやすい形のものがよい．

乳幼児は成長が速いので，長い期間着られるように少し大きめの物を購入するのがふつうであるが，衣服素材など伸びちぢみのできる物が市販されるようになっており，このような素材は使用可能な期間が長くなる．

洗濯が頻繁であるから，洗濯に耐える素材や形状であること，洗濯後にはとれかかったボタン，テープなどに注意して，必ず補修しておく．ボタンなどは乳児がいじるのを好むもので，とれると口に入れて飲み込む危険がある．

乳児衣類は気候にあったものを，洗濯乾燥を考え少なくとも3枚以上用意する．おむつ外しが始まった頃のパンツなどは，1人で1ダース以上必要となることもある．

保育所では園で必要となりそうな種類や枚数を，あらかじめ家庭から持参させて，個人の物入れに収納しておいて，これを交換時に用いる．しかし不時の場合のため，園としても各年齢の男女児の衣類を適宜揃えておく．

乳児院では，個人別に衣類を分けて保管しておき，衣類に名前をつけておく施設もあるが，サイズ男女別に分類して，その日によって着る子どもが変わるような共同使用をしている所もある．それぞれにメリットが考えられるが，年長児では好みや所有を主張するようになり，この気持ちも育てたい．

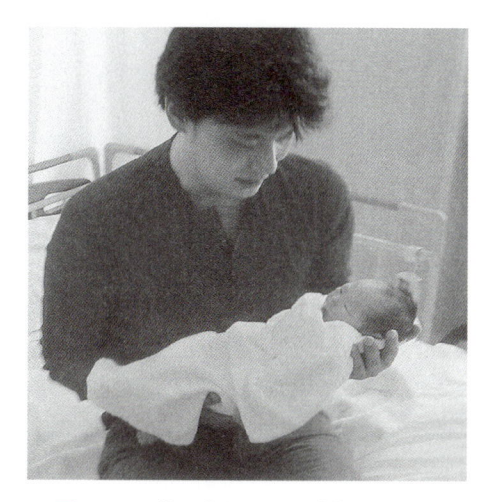

図 10-3. 首がすわらない時期の抱き方

図 10-4. 首がすわってからの抱き方

6 抱き方・運び方

a. 抱き方

首がすわらない時期には，乳児の頭頸部をやや高くして，おとなの腕にのせ，別の片方の手で腰をかかえるように，寝かせた姿勢で抱く．おくるみなどでくるんで抱くと安定がよい（図 10-3）．

首がすわったら，目が覚めている時には上半身を起こして，腰をよくささえ，乳児が周囲を見回せるように抱く（図 10-4）．

だっこベルトは乳児をこれでささえて，ある程度おとなの手を開放することができるので，外出時の長いだっこがやや楽になる．最近は種々なだっこ用具が市販されているが，オールシーズンにわたり，子どもがある程度大きくなるまでは使用できるものがのぞましい．

だっこは外出時だけでなく，授乳やあやすなどの際になされるが，いずれの場合にも保育者が愛情をもって安定した気分で抱いてあげることが大切である．保育者のおどおどした義務的な態度は，乳児の気持ちに伝わって，だっこの効用を減じることになる．

b. 背負い方

おんぶは首のすわらない，からだのしっかりしない幼若乳児では，原則として行わない方がよい．

授乳直後のおんぶもさけ，長時間続けてのおんぶは，1 時間くらいおんぶしたら一度おろして，母子ともに少し休んで，再びおんぶするのがよい．

おんぶの功罪はいろいろいわれてきているが，身体面からは好ましくない点もあると思われる．しかし精神面では母子関係を緊密にし，乳児の精神の安定が保たれ，母親の活動とともに，多くの学習経験を乳児がもつことができるなど，近年，とくに海外でも見直されてきている．

慣れないと母子ともにぎこちなくなるので，集団保育の場などでは，特に災害時に備えて，時々おんぶを試みておくのがよい．

おんぶは並幅布（さらし布または兵児帯など）1 丈（3.8 m）くらいを用いて，または市販のおんぶベルトを使用して行う．

おとなの背に乳児をあてがう時は，乳児の腰を安定させ，股関節に無理のないよう，両足が自然に開くように，補助者に手を貸してもらうとよい．

おんぶする時，乳児の帽子ははずしておく方がよい．

おとなの頭髪は乳児にもて遊ばれないように，布でくるんでおくのがよい．とくにヘアピンなどを乳児が抜きとって，遊ぶ危険がないようにして

生活の世話

おく．寒い時には，おんぶした上から，ねんねこ，ケープ，ママコートなどを適宜に用いて防寒する．

暑い時には，おんぶはなるべくさけた方がよいが，おんぶする時には大人の背中と乳児との間にタオルなどをはさんで，汗とりにするとよい．

c. 乳母車（ベビーカー）

SGマークの認定基準（平成21年改正）によれば，乳母車は乳幼児を寝かせた状態で使用できるA型と，乳幼児を背もたれに寄りかけて座らせて使用するB型に形式分類されている．A型は生後1カ月もしくは首がすわった4カ月から最長48カ月まで，B型は生後7カ月から最長48カ月までと，形式ごとに使用してよい乳幼児の年齢が示されている．

乳母車は雨天や交通のはげしい場所などでは使用不向きであるし，使用期間も長いものではないが，今日ではおんぶが急速に減ってきて，乳母車の使用が急増した．

乳母車は動くものであるから，止め方が悪く事故を起こしたり，子どもが手指などをはさんだり，また他の通行者の迷惑になることも多いなど，その使い方には気をつけなければいけない．

集団保育の場所では，数人の乳幼児を一緒に戸外に連れ出すのに便利なものであるから，保育児の人数その他と，周辺の環境条件とを考慮して，使いやすいものを準備するのがよい．

B. 乳児の月齢別の姿と援助

1 おおむね6カ月未満

a. 子どもの姿

生後4週間を新生児期という．この時期は胎内から外界へ生まれ出て，呼吸，循環，体温調節，消化など，生理的機能の大きな変化に適応していく時期である．新生児は授乳時以外はほとんど眠っている（図10-5）．

新生児に関する研究は1960年代から行われ，視覚，聴覚，味覚，嗅覚などの能力が備わっていることが明らかになった．視覚では明るい光やはっきりした色に注目し，目の前に呈示されたものをじっと見つめる注視や，ゆっくり動かされたものを目で追う追視がみられる．いろいろな図柄を識別することがわかっていて，なかでも人の顔によく反応するという．もっともよく見える距離は20～30 cmで，これは親に抱かれたときのお互いの顔の距離である．聴覚では大きな音にびっくりしたり，音がする方に顔を向けたり，音を聞き分けたりする．味覚では味のない水よりも砂糖水を好むことが知られ，嗅覚では母親のお乳の匂いがする方に顔を向ける．このように人の顔，人の声，人の匂いなど，人からの刺激によく反応すること

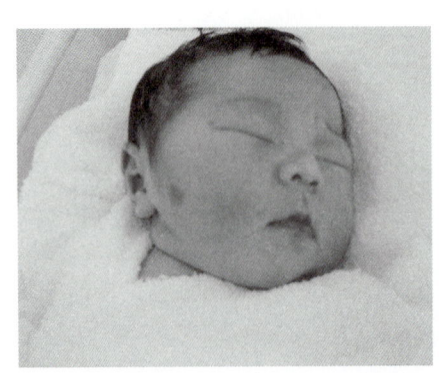

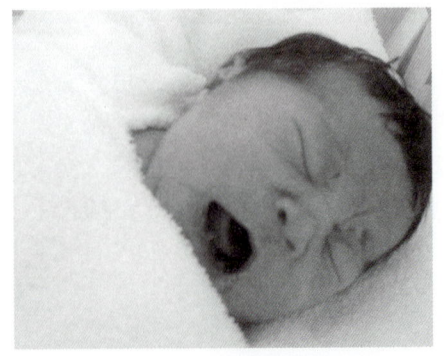

図10-5. 生後2日

を「人—指向的」であるという．

　新生児は不快が取り除かれてまどろんでいるときに，ほほえみの表情をうかべる．これを自発的微笑といい，レム睡眠時に起こり，3カ月頃までの乳児によくみられるといわれている．新生児期は眠りと目覚めを繰り返しながら，生後3カ月頃までに少しずつ目を覚ましている時間が長くなる．3カ月をすぎると昼間目覚めている時間が長くなり，昼夜の区別がついてくる．日中の睡眠は2〜3回となり，この頃には授乳時間も定まってきて生活リズムがつくられてくる．

　全身運動では，1カ月頃は目覚めているときに足をぴんぴん動かしたり，手を動かしたりする．手足の動きはしだいに盛んになり，眠っている間に毛布やタオルケットを蹴ってしまうことがある．

2, 3カ月ではうつ伏せにすると頭を少し持ち上げ（図10-6），4カ月頃には頭と肩を上げるようになる（図10-7）．生後4カ月までに首がすわり，立てて抱いても首がふらふらしなくなる．5カ月頃から寝返りがはじまる．

　手の動きにも特徴がみられる．新生児期は握っていることが多いが，2カ月頃になると手を口にもっていくようになり，手しゃぶりや指しゃぶりがはじまる（図10-8）．3カ月頃には自分の手をじっとみつめるハンドリガード（手の注視）がみられる（図10-9）．手を握ったり，開いたり，指をひらひらさせたりする．5カ月頃になると手を伸ばしてつかむリーチング（手伸ばし行動）ができるようになる．

　1カ月頃から「クク」「アー」「ウー」などの声

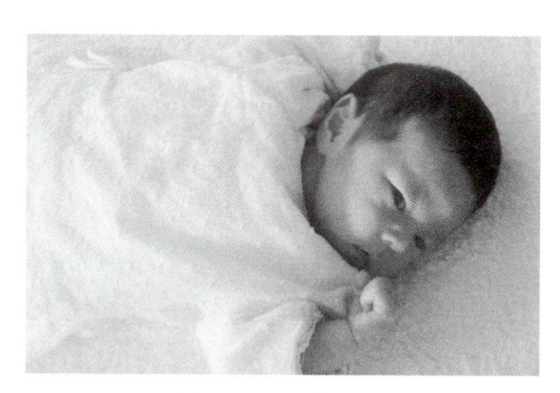

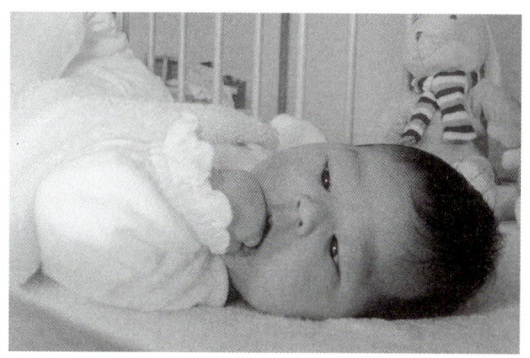

a. 生後2週間頃（手を握る）　　　　　b. 生後2カ月頃（手しゃぶり）

図10-8. 手の動き

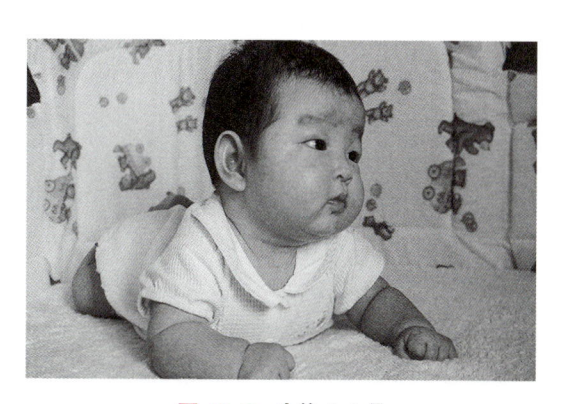

図10-6. 生後2カ月　　　　　　　　図10-7. 生後4カ月

乳児の月齢別の姿と援助

図 10-9. 生後 3 カ月（ハンドリガード）

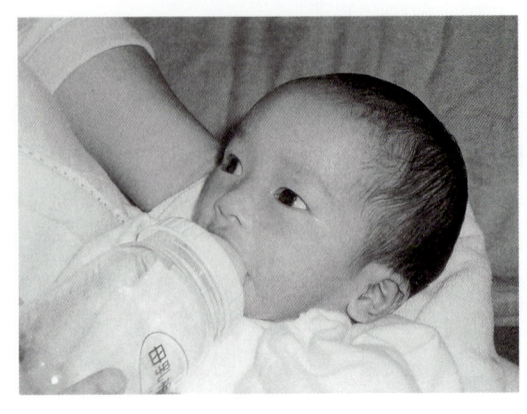

図 10-10. 授　乳

を発する．喃語はしだいに「アーアー」「ブーブー」「キャッキャッ」など，強弱や抑揚もついてきて，おしゃべりをしているようになる．3 カ月頃からは目を合わせて話しかけるとこたえるように声を出す．

1 カ月頃は抱いている人の顔をじっとみつめているが，3 カ月頃になると目が合うようになり，あやすとよく笑うようになる．「社会的微笑（3 カ月微笑）」といわれ，反応が豊かで，かわいく感じられる．

b．生活の援助

この時期の子どもが環境に適応していくためには，おとなの行き届いた養護が必要となる．清潔で安全な環境のなかで，一人ひとりの子どもの健康状態を把握し，ゆったりとした気持ちで世話をする．乳児は「眠い」「お腹がすいた」「おむつがぬれた」などの不快を泣いてうったえるので，すぐに応じて快さを感じられるようにすることが大切である．世話をするときやその場を離れるときは必ず声をかけるようにする．他の子どもの世話で手が離せないときも，「待っててね」「○○ちゃんが終わったら行くからね」と声をかけることを忘れないようにする．

産休明け保育が開始される頃は，授乳時以外はほとんど眠っているので，睡眠の環境を整える．眠っている子どものようすをよく観察し，安全には十分に留意する．乳幼児突然死症候群（SIDS）の発症を防ぐために，寝返りのできない子どもは仰向けに寝かす．

授乳は一人ひとりの時間と飲む量だけでなく，ミルクの温度，乳首の材質と形や穴の大きさ，抱き方なども好みがあるので把握しておく．授乳は抱いて行い（図 10-10），哺乳後は必ず排気（げっぷ）をさせて吐乳を防ぐ．排気をさせるときは，立て抱きにして背中を下から上へさするか軽くたたくようにするとよい．ミルクを飲みながら眠ってしまうことも多いので，排気をしないまま眠ってしまったときは，睡眠中の吐乳に注意をする．

おむつが濡れたら直ぐに取り替える．「おむつを替えましょうね」「きれいにしましょう」「気持ちよくなったね」など，やさしく声をかけながら替える．また，おむつを外したときに，からだをマッサージしたり，足を曲げ伸ばししたりして，ふれあいを楽しむ．おむつを替えたときは一人ごとに手を洗って清潔に心がける．保育園によっては手袋をして行うところもある．便の状態はよく観察しておく．

3 カ月頃になると睡眠に昼夜の区別がついて，授乳の時間も定まってくる．この 2 つが上手くいくと生活リズムをつくりやすくなるので，よく眠

り，たっぷりと飲むように援助していく．4カ月頃になると，おとなや他の子どもが食事をするのをじっとみつめて口をもぐもぐ動かしたり，身を乗り出したり，よだれをたらしたりする．食べることの準備が始まった証拠である．離乳食は，5，6カ月頃になったら，一人ひとりの子どもの発育・発達に応じて，1日1回1さじずつから開始する．その際には家庭との連絡を密にして，子どものようすにあわせ，便や皮膚の状態をよく観察しながら無理をせずにすすめる．食べさせるときは保育者もリラックスした表情で，子どもの緊張をほぐすようにする．初期の食べる量が少ないときであっても，子どもにエプロン（最初はよだれかけでよい）をつけ，手と口を拭いて，「いただきます」「おいしそうね」「ごちそうさまでした」など，声をかけて与えるようにする．

c. 遊びの援助

この時期は，周りのものを見たり，聞いたり，さわったりしながら，ものとのかかわりを楽しんでいく．

月齢の低い子どもでも目が覚めているときはベッドからおろし，手で頭を支えるように抱いて（横抱き），やさしく語りかけたり歌ったりする．オルゴールメリーやつり玩具，ガラガラなど，聞いたり，見たり，触ったりできる玩具を選ぶ．生後3カ月をすぎると昼間目覚めている時間が長くなる．目が覚めているときは，腹ばいにさせたり，膝にのせたり，支えて座らせるなどして姿勢を変えてやり，周囲に対する興味が育つようにする．腹ばいにするときには，目の前に起き上がりこぼしを置いたり，保育者の目の高さを合わせて一緒に遊んだりする．子どもの両脇を支えて保育者の膝の上に立たせると足をつっぱってよろこぶ．

3カ月頃からガラガラをもたせると握っていられるようになる（図10-11）．握ったガラガラを初めは顔にぶつけたりするので，形や重さに気をつける．目と手の協応動作の発達に伴って，しだいに

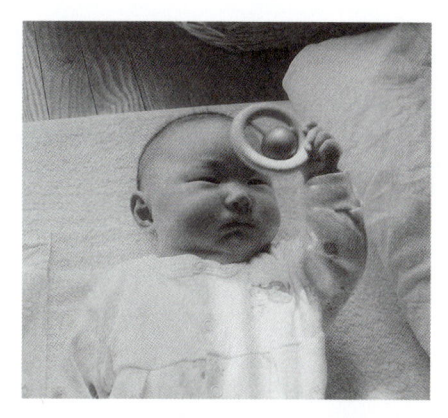

図10-11．生後3カ月の手の動き

上手に振ることができるようになる．ガラガラなど手にしたものは何でも口にもっていくので，玩具を清潔に保つように注意し，ST規格（Safety Toy）や壊れていないかなどを確認して事故のないようにする．玩具を手作りするときも，材質や強度，大きさなどに十分に注意をする．

子どもの泣き声や喃語にはそのつど応えて，人とのかかわりを楽しいものにするように配慮する．喃語もしだいに抑揚がつき，手足をバタバタさせて声を出したり，人にむかって盛んに発するようになったりするので，会話をするように相手をして受け答えを楽しむ．

2 おおむね6カ月から1歳3カ月未満

a. 子どもの姿

この時期になると，目覚めている時間が長くなり，昼と夜の区別がはっきりしてくる．1歳になると昼寝は午後1回だけとなる．

離乳食はだんだん食べることが上手になる．子どもの成長・発達の状況に応じて，7，8カ月頃には1日2回食，9カ月から10カ月頃には1日3回食になるのを目安としてすすめていく．離乳の完了は，12カ月から18カ月頃が目安であり，画一的なすすめ方にならないようにする．

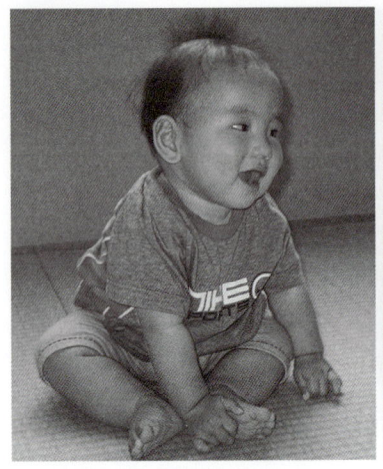

図 10-12. 生後 7 カ月頃　　図 10-13. 生後 9 カ月頃　　図 10-14. 1 歳 2 カ月頃

　全身運動は，6 カ月になると，ほとんどの子どもが寝返りができるようになり，7 から 8 カ月頃にはおすわり（図 10-12），9 カ月頃をすぎると，はいはい（図 10-13），つかまり立ち，1 歳頃からひとり歩きへと，動きが活発になる時期である（図 10-14，10-15）．

　手の発達は，ほしいものに手を伸ばしてつかむことから，手にもった玩具を振る，床に打ちつけるなど，力がついてくる．7 カ月頃には一方の手から他方の手にもちかえることや，両手にひとつずつ玩具をもっていることができるようになる．10 カ月頃には小さなものをつまむことができ，やがて絵本をめくる，シールをはがすなど，細かなことができるようになる．

　親やいつも世話をしてくれる保育者に愛着を示して，抱かれたり，あやされたりすると，とくによろこぶ．一方で，知らない人や場所に泣いたりこわがったりして不安をあらわす．人見知りとともに，はいはいができる頃には後追いをして泣く．

　喃語はさらに抑揚がついて会話らしくなり，「マンマ」「ウマウマ」など意味のあることばを話すようになる．10 カ月頃には「いけません」「だめ」がわかり始め，1 歳頃には「おいで」「ちょうだい」などの言われたことばを理解する．

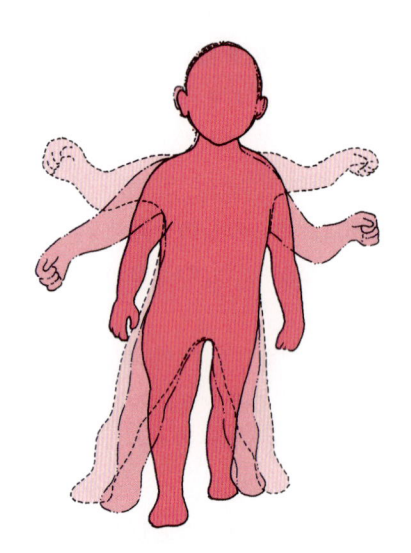

図 10-15. 歩き方の変化
上手に歩けるようになる過程で，手は上から下へ下がっていき，足の幅が狭くなっていく．
(Burnett, C. N. and Johnson, E. W.: Development of gait in childhood. Developmental Medicine and Child Neurology 13 : 207-215, 1971)

　また，この時期には母体から得た免疫が弱まり，感染症にかかりやすくなる．

b．生活の援助

　この時期は運動が活発になるので，部屋のなかを安全で活動しやすいように整えることが重要である．手にしたものを口に入れるので，玩具の消

図 10-16. 手でもって食べる

毒や破損に注意する．また，小さなものは飲み込んでしまうので，部屋にボタンやアクセサリーなどが落ちていないように点検する．出入り口の柵や引き出しなどの身の回りの点検を怠らないようにする．

睡眠は一人ひとりの子どもの健康や活動状況に配慮し，十分な睡眠がとれるようにする．全身運動が活発になるとともに睡眠中も動くようになり，タオルケットがまきついたり，ベッドの隙間にはさまれたり，起床時に転落したりなど，事故が発生しやすくなるので十分に注意する．よだれかけを使うことが多くなるが，ひもがからんだり，ビニールサンドのものが口を覆ったりして窒息することがあるので，睡眠時には外したほうがよい．

離乳食は急がずにゆっくりとすすめていく．ある程度硬さのあるものが食べられるようになったら，自分の手でもって食べることができるようになるので，手でもちやすい大きさや形にする（図10-16）．また，握りやすいスプーンや安定性の良い食器，食べこぼしを受けるビニールエプロンを使うなど工夫をして，食べようとする意欲を大切にする．

おむつを替えるとき，寝かされるのを嫌がったり，寝返りして這い出したりすることがあるので，手早く替えられるように必要なものを用意しておく．おむつ交換台を使用するときは転落に注意する．一人ひとりの排尿間隔を把握しながら，「おしっこでたね」「さっぱりしたね」など声をかけながら取り替える．

子どもの健康状態の観察，とくに発熱や発疹に注意し，感染症の疑いがあるときは早めに対処して，他の子どもへの感染を防ぐ．

c. 遊びの援助

この時期は，さわったり，ためしたりするとともに，全身を使って遊ぶ．また，好奇心が盛んになり，探索活動を楽しむ．

腹ばいの姿勢で遊べるようになる．手足を浮かせた飛行機の姿勢や腕の力を使ってのずり這いがよくみられる．ずり這いは前に進もうとするが，初めは後ろにさがってしまったり，お腹を中心に回ったりすることが多い．動くための広さを確保し，声をかけたりお気に入りの玩具等で誘ったりして動きをうながすようにする．寝返りの連続や，ずり這いで思わぬところまで移動することがあるので，安全の確保に気をつける．おすわりができるようになると両手で遊べるようになるが，初めのうちは勢いよく倒れることがあるので，すわらせる位置に注意し，その場を離れるときには姿勢をかえる．つかまり立ちができるようになると，リズミカルな音楽に合わせて全身を大きくゆすってよろこぶ．子どもの両手をとって立たせ身体を左右に傾けると，反対側の足を一歩出して交差させ倒れるのを防ぐ．このホッピング反応がみられるようになると，つたい歩き，さらに歩くのも間近である．歩行が開始したら，子どもが活発に動き回れるように，室内にダンボールのトンネルやマットの山，室内用滑り台などを組み合わせて，全身運動をうながす遊びの場をととのえる（図10-17）．

手の発達とともに，引っ張ったり，たたいたり，投げたり，打ち合わせたりすることができるようになるので，太鼓，ラッパ，ボール，ぬいぐるみ，

図 10-17. 全身運動をうながす遊び

図 10-19. 保育者との関わり

図 10-18. おもちゃの選択

人形，重ねコップ，積み木などの玩具を用意する（図10-18）．両手に同じものをもって得意そうにしたり，友だちと同じものをもってよろこんだりするので，小さな玩具は同じものが2つ以上あるとよい．その他にも，物を出したり入れたりする缶や箱，かぶせたり包んだりする布やハンカチ，クシャクシャにしたりやぶったりする新聞紙など，日用品を安全に注意しながら工夫して取り入れる．

6カ月頃には，「いないいないばあ」「おつむてんてん」「かいぐりかいぐり」などで，あやしてもらうことをよろこぶ．9カ月を過ぎると，おとなのまねやバイバイなどをするようになる．「げんこつ山」などの手遊びを繰り返して楽しむ．1歳頃には「ちょうだい」「どうぞ」と，おとなとのやりとりができるようになる．保育者は子どもとの関わり合いを大切にし，積極的に相手になるように

する（図10-19）．また，子どもが1人で遊びに集中していることがあるので，そのようなときには見守ることも大切である．

絵本にもしだいに興味を示し，1歳頃には「ワンワン」「ニャーニャー」などと言いながら指をさす（図10-20）．色彩が美しく輪郭が明瞭に描かれた絵本を用意し，指さしやことばを育てるようにする．

（田川悦子）

3 おおむね1歳3カ月から2歳未満

a. 子どもの姿

ほとんどの子どもが歩き始め，しだいに歩行が上手になる．戸外に出ることをよろこぶようになり，長い距離を歩く，走る，ボールをける，階段

図 10-20. 指さし

図 10-21. 1 歳 11 カ月

図 10-22. 1 歳 5 カ月

をのぼるなど行動が活発になる（図 10-21）．手指の機能が発達し，積み木を重ねたり，容器にものを出し入れしたり，キャップをまわし開けたりなどおもちゃや生活用品を使うことが上手になる（図 10-22）．信頼するおとなに自分の思いを伝えたいという意欲が高まり，ことばは指さしから片言（1 語文）そして 2 語文へと表現が豊かになる．他者への関心が高くなり子ども同士のかかわりも増え，同じことをして遊ぶことが多くなるが，おもちゃのやりとりから取り合いがおきることもある．絵本にも興味をもち，知っている動物・食べ物・乗り物などを指さして名前をいうようになる．ままごとで食べる真似をする，電話で話す真似をするなど，イメージを広げて遊ぶようになる．歌を歌ったり，踊ったり，絵を描いたりするなど表現意欲が高くなる．

b. 生活の援助

食事の前に手を洗うこと，一緒に席につき挨拶をすることを習慣としていく．こぼすことはあるが，1 人でスプーンやフォークを使って食べるようにし，食べやすいように食器の大きさ・深さに配慮する．コップの使い始めは，こぼさないように一口で飲みきれる量を入れ，少しずつ増やしていく．排泄は一人ひとりの排尿のタイミングに合わせて促し，便器での排泄になれていくようにする．出ないときは無理に長引かせず，できたらたくさんほめて自信がもてるようことばをかける．

お昼寝は午後 1 回になるが，午前中に眠くなる子どももいるので連絡帳を参考にしながら柔軟に対応する．

なんでも自分でしてみたいという気持ちが強くなるので，衣服は着脱しやすいデザインのものを用意してもらい，1 人では難しいところを手伝うようにする．靴は足先の幅が広く，かかとを包み支えるスニーカー型を選ぶ．戸外に出るときは，紫外線を避けるためにつば広の帽子が好ましい．おてふき用のタオルは 15×15 cm くらいの大きさのものが使いやすい．

c. 遊びの援助

全身運動が活発になるため園庭でさまざまな遊具を使うことや，園外へ散歩に出かける機会を多くする（図 10-23）．戸外活動を通して草花や小動

乳児の月齢別の姿と援助

図 10-23. 1 歳 11 カ月

図 10-24. 2 歳 2 カ月

物に触れることや発見することを楽しめるようにする．高いところが好きで，よじのぼったり，飛び降りたりするので行動を見守り，必要に応じて支えたり，受け止めたりする．

　他の子どもの行動に興味をもち同じような遊びをしたがるので，おもちゃは種類ごとに数をそろえておくようにする．ものの取り合いから，かみつきやひっかきが起きることがあるので危険な場合は速やかに引き離す．積み木は子どもが持ちやすい大きさで角を滑らかにした木製品が好ましい．絵本にも興味を持つようになるので，輪郭の明瞭な絵とくりかえしの言葉のリズムのあるものを用意する．紙やクレヨン，フェルトペンを用意し，描画活動を活発にできる環境をつくる．

4 おおむね 2 歳

a. 子どもの姿

　活動意欲が盛んでさまざまな遊具に挑戦して体を調和的に動かすようになる．戸外活動を好み，散歩や園庭での遊びのなかで活発な全身運動をしている（図 10-24）．指先を使うことが上手になりおもちゃや道具を機能にあわせて操作するようになる．身のまわりのことを自分でしようとする意欲が高く，食事，排泄，着替え，歯みがき，手洗いなどに積極的に取り組む．

　友達への関心が高くなり同じことをして遊ぶことを楽しむ．周囲のおとなの行動への関心も高くなり，よく観察して真似る行動が増える．ごっこ遊びも盛んになり，ぬいぐるみや人形に話しかけたり，世話をしたりする姿もみられる．自己主張が強くなるため，かんしゃくをおこしたり，子どもの中でけんかがおきやすくなる．

　ことばの発音が明瞭になり，語彙も増え 2 語文，3 語文を話すようになる．ものに名前があることを理解するため，ものの名称についての質問が活発になる．描画活動を楽しみながらぐるぐるうずまきの軌跡に命名し，次第に丸を描けるようになる．

b. 生活の援助

　友達とテーブルにつき一緒に食べようとする気持ちが強くなるので，楽しい雰囲気のなか食事できるように部屋を整え，食器や盛り付けに配慮する．スプーン・フォークを上手に使い，はしを使うことにも興味を示すようになるので，調理師と相談しながら食べやすい献立・調理形態を工夫する（図 10-25）．

　排泄は予告して自分でトイレに行けるようになるが，拭きとりや手洗いがきちんとできたか確認する．遊びに夢中になり，時には失敗することもあるため，やさしく後始末をして子どもの気持ち

乳児の生活と保育

図 10-25. 2 歳 4 カ月

図 10-26. 2 歳 3 カ月

を受けとめる．

　活動が活発になるため疲労回復をはかる睡眠は重要で，寝具・室温・遮光・騒音に気を配り，落ち着いて眠れる環境をつくる．スナップやボタンを1人ではずして服を脱げるようになり，着るときには保育士が少し援助しながら子どもの達成感を育てるようにする．歯磨き，手洗いなども一人ひとりの状態に合わせて，1人でできる範囲を広げていけるようにする．自分でやってみたいという意欲を尊重しながらも自立をいそがせるのではなく，依存欲求を受け入れていくことも必要である．

c. 遊びの援助

　運動機能の伸張はめざましく，固定遊具に挑戦するので遊具の安全な使い方をみせるとともに点検を怠らない．積み木を積む，ブロックをつなげる，紐通しをするなど左右の手を巧みに使うおもちゃを用意する（図 10-26）．

　友達への関心が高く一緒に遊ぶことをよろこぶが，自己主張が強く欲求がぶつかりあうことも多いため，保育士が仲立ちとなってことばで思いを伝えるモデルを示していく．時にはけんかに発展することもあるため，ケガしそうなときには仲裁に入り，それぞれの思いを受け止める．

　ごっこ遊びに使えるままごと・乗り物のほか，変身の衣装になるエプロン・マント・ベールなどを用意して，イメージの世界が広がるような環境をつくる．絵本は想像の世界を楽しめるもの，単純なストーリーのあるものを用意する．好きな絵本をくりかえし読んでもらうと，そのことばを覚え一緒に語っていくようになるので，子どものリクエストに応え何度でも読み聞かせをする．子どものことばに耳を傾け，話したい・伝えたい気持ちを大切にする．

　描画や制作の材料を身近に用意し，色彩や形を楽しめるようにする．また子どものよろこぶメロディやリズムの曲を歌ったり，踊ったりする機会を日常的につくる．

〔石原栄子〕

SECTION 11 病気とその予防

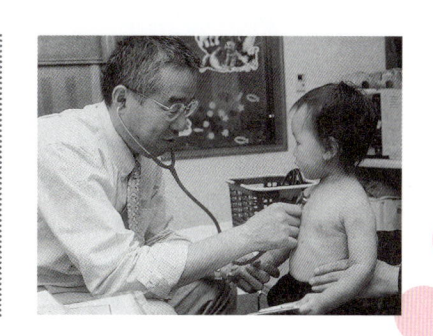

A. 乳幼児の病気の特徴

　乳児や幼児は，免疫や抵抗力がないので病気にかかりやすい．また，成人と比べて病気の経過がはやく，いままで元気だった小児が急に高い熱を出してひきつけてしまうこともあれば，下痢や嘔吐でぐったりしていた小児が，口から水分が摂取できるようになると急速に回復する．さらに，乳幼児の病気には私たち成人と比べて次のような特徴がある．

1 発育の時期と病気（年齢依存性）

　小児には，発育のある時期やある年齢に一致して先天性の異常やある種の病気が出現する傾向がある．このことを年齢依存性があるという．

　新生児期には，心臓の病気，代謝異常症，ダウン症候群などの先天性の異常と，分娩時の障害や低出生体重児（未熟児）などが問題となる．乳児期前半では，母親から移行した免疫が存在するので感染症の出現は少ないが，生後9カ月をすぎる頃より感染症が増加してくる．また，発熱時の体温の上昇期にひきつける熱性けいれん（熱ひきつけ）は6カ月から3歳までの間に初めてひきつけて，一度ひきつけた小児は小学校に入学する6歳までひきつけをくりかえす可能性がある．腸重積症はほとんどが2歳以下で，6カ月から1歳が70％と多い．突発性発疹は6カ月から2歳に出現する．麻疹（はしか）は1歳から4歳に好発し，水痘（みずぼうそう）は2歳から6歳に好発する．このように，乳幼児の病気の多くはある年齢の幅に出現しやすく，その病気にかかってその病気に対する免疫を獲得する．また，小児のからだの生理的特徴から，成人にない腸重積症などの病気もある年齢に出現することがある．

2 感染性の病気が多い

　乳幼児の病気の特徴は感染することである．成人の代表的な病気である生活習慣病は体質と食生活などの環境要因から発症し，感染することはない．一方，乳幼児の病気は先天性の病気や障害を除けば，その多くは小児から小児へ感染する病気である．乳幼児期になぜ感染する病気にかかりやすいのか，3つの理由が考えられる．

　1つは，病原体の侵入を防ぐ免疫グロブリンが成人に比べて少ない．体の中にウイルス，細菌などの病原体・抗原が侵入すると抗原に結合する抗体が産生される．抗体の中で一番重要な免疫グロブリンの IgG は妊娠の後期に胎盤を通じて母親から小児へ移行する．このグロブリンは乳児初期の感染予防に大きな役割を果たし，生後3カ月から6カ月まで持続し，しだいに減少してくる．乳児期後半からの抗体は小児自身が産生することになるが，1歳をすぎるまでは成人に比べて少ない状

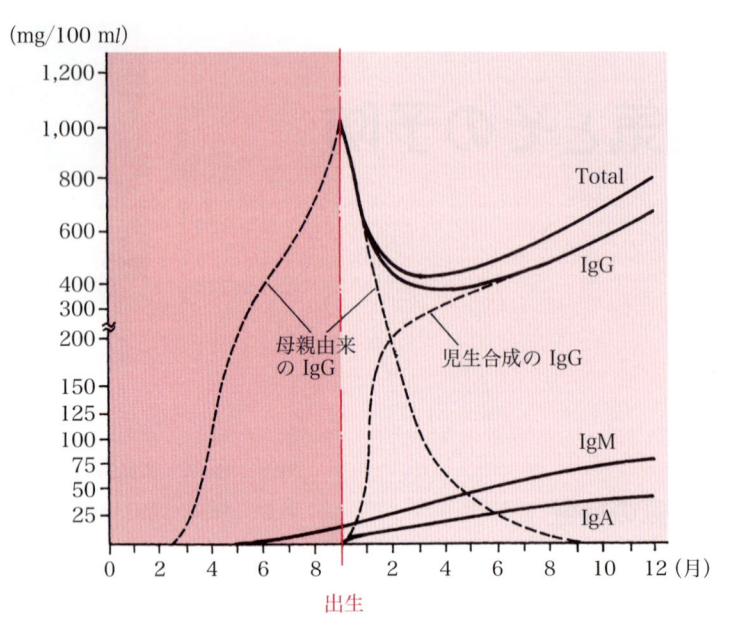

図 11-1. 胎児ならびに乳幼児期における血中免疫グロブリン値の変化
(Stiehm, E. R. 1973 による)
(青木康子ほか編：母子保健ノート 4「母子保健」．第 2 版，日本看護協会出版会，1980)

態が続くので，病気にかかりやすい（図 11-1）．

2 つめは，それぞれの病気に対する抗体を乳幼児はもっていないからである．乳幼児はウイルスや細菌に対するそれぞれの特異抗体をもっていないので，乳児後半から各種の感染症にかかってしまう．体の中に抗原が侵入すると，それに対する抗体が産生され，次に，同じ抗原が侵入してくるとその抗原に対する特異抗体が急速に大量に産生されることにより，同じ病気にかかることはなくなる．感染症にかかることにより，免疫を獲得して二度と同じ病気にならないからだが出来上がってゆく．

3 つめは，乳幼児は成人に比べて生理的な構造上から，中耳炎，扁桃腺炎，気管支炎などにかかりやすいことである．中耳炎は外耳から細菌が進入するのではなく，咽頭で増殖した細菌が中耳から咽頭に開口する耳管を上って中耳炎を発症させる．乳幼児の耳管は成人の耳管に比べて短くて狭いので，細菌が進入しやすく中耳炎になりやすい．同様に，乳幼児の扁桃腺は成人に比べてより大きく，気管支はより狭いので，扁桃腺炎や気管支炎になりやすい．

❸ 子どもの病気には季節性がある

古来，天高く馬こゆる秋には体力充実して，病気になる人も少なくなるので，諺にも「柿が色づくと医者が青くなる」といい，収穫の秋になると病気になる人も少なくなり医者が困るという，病気にも季節性があるという話がある．乳幼児の病気は成人以上に季節性がある．春になると，麻疹，水痘，ムンプスが流行し，暖かくなると溶連菌感染症が増加し，梅雨から夏になると咽頭結膜熱（プール熱），手足口病が流行する．秋になると流行は下火になる．寒くなると，冬季嘔吐下痢症，ロタウイルスによる白色便性下痢症，インフルエンザ，かぜ症候群などが流行する．

表 11-1. バイタルサインの正常値

年齢	脈拍数/分	呼吸数/分	収縮期血圧/mmHg
新生児	140（80〜180）	40（30〜50）	70（60〜80）
〜6カ月	110（70〜170）	35（25〜45）	90（80〜100）
6カ月〜1歳	100（70〜160）	30（20〜40）	90（85〜100）
2歳	95（70〜130）	27（20〜35）	95（90〜110）
4歳	90（70〜120）	25（18〜33）	100（95〜120）
6〜9歳	85（70〜120）	23（15〜30）	100（95〜125）
10〜15歳	80（65〜110）	20（13〜25）	110（100〜125）
15歳以上	75（60〜110）	18（12〜25）	110（100〜130）

以上，乳幼児の病気の特徴は，病気の好発する年齢依存性があること，小児から小児へうつる伝染する病気が多いこと，年間で病気の流行する季節性があることである．

B. 生命徴候・バイタルサインについて

バイタルサインとは，脈拍，呼吸，体温，血圧の4つをいう．vital（生きている）sign（徴候）ということで，生命徴候と訳されているが，看護や医療の現場では生きていくうえで極めて重要な循環呼吸の生理機能をまとめて，バイタルサインそのものを用いることが多い．4歳以上の幼児では病気になったときに，自分の症状や体調の不調をことばで説明できるが，ことばで表現できない小児では不可能である．そこでバイタルサインを測定することにより危機的な状況にあるかが判断できる．とくに保育中の事故や乳幼児突然死症候群などで，呼吸停止状態やそれに近い状況で発見された場合，バイタルサインの測定，評価そして救急処置の判断・内容が，乳児の生命を左右することさえある．そこまではいかなくても，ことばで表現できない乳児でけいれん，高熱，嘔吐などのときに，バイタルサインを測定することで重症度の判断はある程度可能であり，治療する医療機関でも重要な情報となる．

小児では年齢とともにバイタルサインは変動するので，年齢とともにどのように変化していくのかと，主な年齢層での正常値なども理解しておくことも必要である（表 11-1）．保育現場に必要なバイタルサインは血圧を除く体温，脈拍，呼吸で，成人と比べて乳児では体温は高く，脈拍は多く，呼吸も多くなる．健康なときに乳児にさわって，覚醒時には脈拍と呼吸は速く，午睡時には脈拍と呼吸は遅く不規則になることも確かめておく必要がある．

1. 体温測定

体温測定は，健康状態を確認するためにどの保育所でも行なわれる．子どもの体温測定はいつも同じ体温計を使い，同じ方法で行う．

電子体温計を使用する機会が多くなっているが，電子体温計には実測式と予測式があり，予測式の場合，体温の値は予測値であって実測の体温でないことを知って用いる必要がある．

乳児の体温，脈拍，呼吸のバイタルサインを同時に測定する場合には，子どもを泣かせないために，呼吸，脈拍，体温の順に行う．

直腸（肛門）検温：乳児の体温測定のもっとも確実な方法である．水銀の部分が球形になった直腸（肛門）用体温計を使用する（図 11-2）．

①体温計の挿入部位にワセリンなどの潤滑油を塗布する．

図 11-2. 直腸検温時の乳児の固定

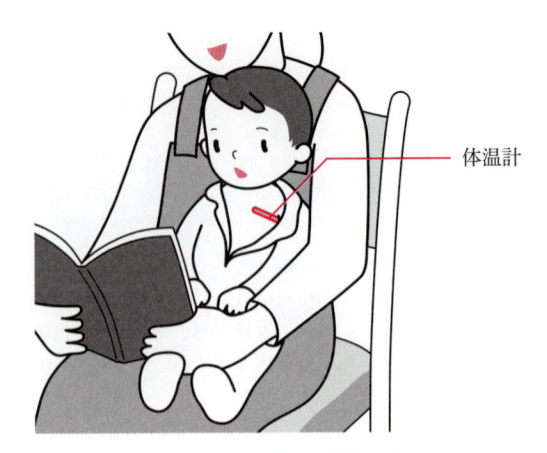

図 11-3. 幼児の体温測定

②乳児を仰臥位にして，おむつをはずす．
③両足を持ち上げて，体温計を肛門から 2.5～3 cm 静かに挿入する．
④1～1 分 30 秒してから，静かに体温計を抜いて数値を読む．
⑤体温計を消毒する．

下痢で排便回数が多いときには，直腸検温をせずに腋窩検温にする．

直腸温は次の腋窩温より 0.5～1℃高い．

腋窩検温（電子体温計使用の場合）：体温測定でもっとも一般的な測定方法である．電子体温計の使用は，家庭だけではなく保育所での使用も増加している（図 11-3）．

①測定部位の腋窩に発汗がみられる場合は，乾いたタオルで押さえて拭く．
②デジタル表示部に作動表示サインが表れているか確認する．
③体温計の感知部位（プローブ）を，腋窩中央に 45°の角度に挿入して腋で押さえる．
④ピピッの合図が聞こえたら，静かに体温計をはずす．
⑤体温計を消毒綿で拭いてから，収納ケースにしまう．

口腔検温：口腔内に体温計を保持することは学童でも難しいので，保育所では用いない．

口腔温は腋窩温より 0.4～0.5℃高い．体温が 1℃上昇すると，1 分間に脈拍数が 10～20 増加する．

2 脈拍測定

健康な子どもの脈拍を測定することはまれであり，体温が高い時や顔色が不良の時に測定する．

測定部位：図 11-4 参照
方法：

①安静時や睡眠時に脈拍数はもっとも少なくなる．発熱，食事，入浴，泣いた直後などは，脈拍数が増加する．健康なときの睡眠時の脈拍数を測定しておく．
②測定部位は乳児では上腕動脈，幼児では橈骨動脈である．
③測定する動脈に沿って，人差指，中指，薬指の 3 指を軽く触れる．
④1 分間の脈拍数を測定する．なお習熟すると脈の性状（強さ・リズム）も理解されてくる．

3 呼吸測定

乳児の呼吸は動揺が激しく，不規則なので昼寝のときに，健康な状態の呼吸を観察してみる．

方法：

①安静，昼寝の時の呼吸の観察をして，乳児の呼吸の不規則さをまず理解する．この時顔色，

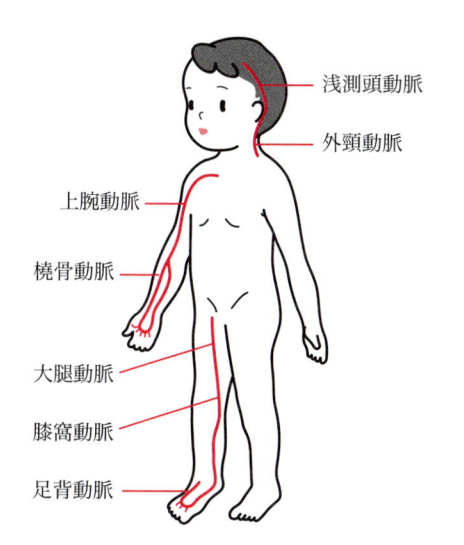

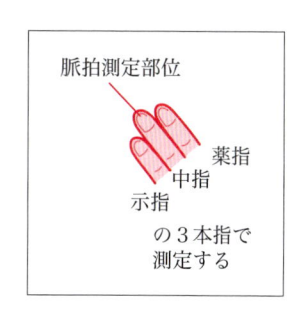

図 11-4. 脈拍の主な測定部位

口唇色も観察する．
②状態の悪いときには，乳児の腹部の動きをみて，1分間の呼吸数を測定する．

C. 主要症状と養護のポイント

1. 病気の早期発見

健康な小児は，あふれ出る活動力に満ちて，休むことなく成長・発育を続けている．しかし，いったん病気になると，その充実感はみるみる間に失せて，何らかの症状が思わぬ速さで現れてくる．それを見逃さないことが早期発見の基本である．それにはそれぞれの小児の健康な状態をよく知っておくことが大切である．異常を早く見つけるためには，乳児に多い病気に対する基礎的な知識をもって，子どもの機嫌と生命徴候・バイタルサイン（体温，呼吸数，心拍数など）の観察を怠らないことである．

a. 機嫌

乳児では自分の体調をことばで表現できないので，全身状態をとおして判断するしか方法はない．すなわち，母親や保育者からみると，「機嫌が悪い」「何となく元気がない」「いつもと違う」ということが，早期発見の糸口になる．

b. 啼泣，泣き声

乳児の啼泣は，ことばで意志をあらわすことができない子どもにとって重要な意思表示の手段である．乳児は啼泣という手段で，空腹・眠気などの生理的欲求や不快・痛みなどを訴えているので，いつも注意深く聞く必要がある．甘えているときは抱き上げれば泣きやむ．空腹の時は指などで子どもの口唇に触れると吸啜反射が出現してクチュクチュと口を動かして，ミルクを飲ませると泣きやむ．しかし，痛みや苦しいときは，抱き上げても，ミルクを飲ませようとしても，泣きやまない．とくに，弱々しい泣き声，呻吟を伴う泣き声，何をしても泣き続けているときは，病院などへ受診する必要がある．

2. 発熱と養護のポイント

小児では短時間に体温が変化しやすい．小児は成人に比べて，新陳代謝が盛んで運動も活発なので平熱も高く，平熱が37℃を超すこともある．体温も不安定で，外界の影響を受けて環境温度，入

浴，食事（哺乳），衣服により，幼弱であるほど変動しやすい．また，乳幼児の発熱は感染症に基づくものが多い．生後6カ月から3歳の乳幼児では急激な体温上昇時にけいれん（熱性けいれん）を伴いやすいので注意が必要である．

心配な発熱には，
①顔色が青白く，手足が冷たい
②食欲がなく，呼吸が苦しそうで唇の色が紫色
③熱以外に，下痢や嘔吐が長く続く
④ひきつけがおさまらない
⑤ぐったりして呼びかけに応えない
⑥生後3カ月以内で38℃以上，6カ月以内で40℃以上の発熱

などがある．

○養護のポイント
(1) 状態の観察：子どもの機嫌，食欲，哺乳力などを観察し，記録する．発熱以外に，下痢，嘔吐，発疹などを伴うかを観察する．
(2) 発熱時は30分以内に再測定する．
(3) 発熱時，手足を触ってみて冷たい場合は毛布・タオルケットで包み温める．手足が温かく，頬も赤くなったら，温めずに薄着にする．
(4) 38℃以上では習慣で氷枕を使用するが，下熱効果についてはあまり期待できない．氷枕は発熱した子どもの気分を少しでもよくするために行うもので，嫌がる子どもには無理にしなくてよい．氷が多いと頭部のみが冷えすぎて頭痛を生じて，機嫌が悪くなる．
(5) 発熱時には，呼吸の増加，発汗多量，食欲の低下などにより，脱水状態に陥りやすいので，こまめな水分補給をこころがけることが大切である．

3 脱水症状と養護のポイント

脱水とは，身体の中の水分と電解質が欠乏しバランスが崩れた状態をいう．子どもでは水・電解質の代謝回転が速く，発熱，嘔吐，下痢などで水・電解質を失ったり，食欲不振や意識障害で水分摂取量が少なくなって容易に脱水になりやすい．

脱水症状の早期発見：
①口唇・口腔粘膜の乾燥：口唇は薄くなり，口腔内は赤くざらざらした感じになる．
②皮膚の乾燥：皮膚はかさかさとなり，緊張も低下し張りがなくなる．
③眼はおちくぼみ，前頭部の大泉門も陥没する．機嫌は悪くなり，手足が冷たくなる．
④体重の減少：健康なときの体重と比較する．乳児では数日で体重の5％程度少なくなることもある．これは成人であれば，数日間で5kgも体重が減少したことに値する．
⑤尿の変化：脱水により，尿回数は少なくなり，尿量も少なくなる．尿は濃く，臭いは強くなる．

○養護のポイント
水分の補給に努める．
(1) 経口的水分補給（経口点滴）：小児の水分必要量を基本にして，下痢，嘔吐のあるときは経口的に水分の補給を行う．水分の内容としては，白湯やミルクを使わずに，市販の小児用のイオン飲料や手作りの経口補液を少量ずつ飲ませる．少量ずつ飲ませて脱水が補正されると，尿の色は徐々に薄くなり，量も増えてきて，3回排尿するとほぼ脱水は消失する．

手作りの経口補液のレシピ：お茶（番茶，ウーロン茶，紅茶など）200ccに小サジ1杯の砂糖と耳かき1杯の塩を混ぜて，少し冷やしてスプーンなどで一口ずつ飲ませる．
(2) 輸液，点滴：経口からの水分補給が不十分なときは病院に受診して輸液，点滴が必要となる．

4 嘔吐と養護のポイント

　嘔吐とは，胃・食道および腹筋の協調運動により胃の内容物を口から吐き出す一連の過程をいう．脳からの刺激，消化器系からの刺激，心理的要因，胃腸の感染症などにより嘔吐する．とくに乳児では胃が球形で，哺乳のときに空気を嚥下しやすく，排気が難しいので，容易に嘔吐しやすい．

　嘔吐の状況と吐物の観察：
　嘔吐が突然に起こったか，発熱，腹痛（乳児では腹痛時に啼泣する），食欲不振，吐き気，頭痛，不機嫌などを伴っていたか．乳幼児では咳込んだときに，嘔吐しやすいので注意する必要がある．吐物を観察する．吐物に血液の混入（鮮血かコーヒー様）や胆汁の混入（黄色）の有無．離乳食やミルクが不適切ではなかったか．3カ月までの乳児では，溢乳と嘔吐を区別する必要がある．

　溢乳：子どもの機嫌と哺乳力は良好で体重増加良，哺乳直後にダラダラと少量のミルクを吐くもので，哺乳後に立て抱きにすると吐くことが少なくなるのが特徴である．

　○**養護のポイント**
　(1) 嘔吐の誘発を避ける：嘔吐をくりかえすときは，30分から1時間ほど経口摂取を止め，そして，水分を与え始めるときは20〜40 mLを少しずつ間をおいて飲ませる．そして嘔吐がないことを確認してから増量する．啼泣や咳き込みが嘔吐の誘因になっている場合は，なるべく泣かせない，咳き込ませないことへの努力が大切である．
　(2) 嘔吐による誤嚥と窒息の予防：乳児ではいきおいよく吐くと，鼻からも吐き出す．このような場合に，吐物の誤嚥による肺炎や窒息の危険がある．吐き気のある乳児は必ず横向きに寝かせ，嘔吐直後に安全を確認する必要がある．

5 下痢，便秘と養護のポイント

　a. **下痢**
　下痢とは水分の多い粥状もしくは水様の便を排出するものをいい，排便回数も多い．小児の下痢の原因は多彩であるが，乳児の急性の下痢では細菌やウイルスの感染による下痢症と，慢性の下痢では食物アレルギーや先天性の消化酵素欠損によるものが重要である．母乳栄養児では便がやわらかく，回数も多いが体重増加も良好で機嫌もよければ，下痢ではない．

　便の性状の観察：不消化物の有無，粘液・血液の混入の有無，におい，色などに注意する．とくに血液の混入，灰白色の便では，病院への受診が必要である．乳児の水様便では便と尿の区別が困難で，下痢の排泄を排尿と見誤ると，脱水の判定が遅れるので注意が必要である．

　脱水症状の有無について：乳児の下痢症では脱水になりやすいので，常に脱水症状の有無と尿回数・尿量の評価が重要である．

　○**養護のポイント**
　(1) 他の児への予防：急な発症で，発熱，嘔吐を伴うときは感染性の下痢の可能性が高いので，手洗いを励行し，必要に応じて隔離し，おむつの消毒を行う．
　(2) 下痢の時の食事について：嘔吐を伴わないかぎり水分の制限はしないが，飲ませる水分は経口補液の内容に限定する．経口補液だけを飲ませ，便の回数が減り，性状が改善し，尿回数も増加してきたら食事を開始する．下痢の食事として，薄めたミルクや牛乳を推奨する育児書があるが，ミルクと牛乳は高脂肪・高蛋白な食品なので下痢に対する治療食とはならない．経口補液の次に与える食事は，お粥や乳児用のおせんべいなどの消化のよい炭水化物を与える．小麦製品のパンやうどんは小麦のグルテンにより便性が

主要症状と養護のポイント

悪化する例もあるので，注意が必要である．様子をみながらだいこんやにんじんのぐたぐた煮やすりおろしリンゴを煮たものやお粥を与える．さらに下痢が改善されれば白身魚やミルクを少しずつ増やしていく．母乳栄養児でも下痢の初期に母乳を一時止めて，経口補液で便の改善を確認してから母乳を開始する方が回復は早い．

(3) 臀部の清潔について：乳児の下痢症では排便回数が多く，不消化便なので臀部が発赤・びらんしやすい．排便後ペーパーでおしりを拭くのではなく，シャワーや臀部浴を行い，低温のドライヤーで乾燥させる．びらんが強い場合は，病院への受診を勧める．

b. 便秘

便秘とは，糞便が腸管内に長く停滞し，水分が吸収されてかたくなり，排便の困難な状態をいう．多くは排便回数は減少するが，なかには便がかたくなりすぎて小石のような排便を1日に数回しながら，十分な排便をみない頑固な便秘もある．逆に，排便回数は少なくても糞便のかたさが普通で，便がたまっていなければ便秘ではない．

排便回数には個人差があるが，3カ月以降の母乳栄養児では平均2～5回/日，人工栄養児では1～3回/日，幼児以降では1回/日となる．

○養護のポイント

(1) 3カ月までの便秘：母乳栄養児で機嫌よく，哺乳力もよく体重増加良好で3～4日排便がないことがくりかえされることがしばしばある．排便時に顔を赤くして力むようなら，排便がない3日目には綿棒かこよりで肛門を刺激して排便を起こさせる．このような母乳栄養児の便秘は寝返りができるようになると自然に消失する．

また，この時期に便秘をくりかえす乳児で，腹部が膨満して排ガスが腐敗臭で，体重増加が不良の時は，腸管の病気が疑われるので病院への受診を勧める．

(2) 乳児期後半から幼児の便秘：この時期になると，離乳食が増加し，運動量も多くなり，1回の糞便量も多くなるので，排便の困難さは通常乳児前半に比べて少なくなる．

この時期の便秘の原因は，

① 糞便量の低下，食物繊維の不足：便秘を訴える小児では左下腹部に糞便の塊を容易に触れる．便はかたく太いので母親は糞便量の低下には気づきにくいが，食事内容を調べると次のような特徴がある．

　繊維の多い野菜が嫌いで，牛乳やヨーグルトが好き，主食もうどんやパンが好きで，野菜を食べないので母親が100％果汁を飲ませている例などである．このような場合には，食事を和食にするように指導する．主食は麦飯入りの米飯で，副食は野菜を多くする．他に，食物繊維を取り入れやすい物としては，枝豆，納豆，トウモロコシ，海苔などがあり，おやつには，小豆，焼き芋，リンゴ，バナナなどを勧める．牛乳は少なくしてプレーンヨーグルトにする．果物を多くして，ジュース，アイスは極力与えないようにする．

　食事を改善して2カ月ぐらいすると便秘は改善してくる．ただし，子どもによっては食物繊維の多い食事にして2週間は繊維が急に増加して，お腹が張って便秘が一時的に悪化することもある．

② 腸蠕動の低下：食物繊維の低下は糞便量の減少による腸蠕動の低下をきたすが，とくに牛乳の過剰摂取は，牛乳のカルシウムにより便中に，ある種の石鹸が生成されて便がかたくなり便秘となる．ジュースや水分の多飲は成人では便意を起こさせるが，水分吸収のよい乳幼児では便秘になりやすい．

③ 排便の意識的抑制：便がかたくなり，排便時に肛門が亀裂し出血すると，排便時に疼痛が

あるので意識的に排便を抑制するようになる．便がかたいために排便をがまんし，さらに便がかたくなり，かたくなったので，またがまんするという悪循環で，巨大な糞塊となる．また，排泄の自立の頃に排便の失敗を強く叱りすぎたりしたことがきっかけとなり，がまんしすぎの便秘もある．便秘がさらにすすむと，遺糞や隠れて立ったままの排便につながることもある．排便という行動が気持ちのよい快便になるように保育者や親は心がけることが大切である．

6 咳，呼吸困難と養護のポイント

呼吸器の病気は子どもにもっともよくみられ，乳児では鼻腔や気道が狭いので分泌物や炎症で容易に咳が多くなり，呼吸困難（呼吸数の増加，呼吸があらくなり，顔色が青白くなり，食欲が低下し，眠れなくなる）となりやすい．乳児では呼吸困難としての息苦しさや息切れを訴えられず，また急に症状が悪くなりやすいので，注意深い観察が必要である．

心配な咳には，
- ①咳き込んで食事をもどしてしまう場合
- ②呼吸があらくなって呼吸数も増加している場合
- ③咳き込んで眠れない場合
- ④ヒューヒューといった喘鳴を伴った咳の場合
- ⑤鼻汁や咳で夜中に目が覚める場合

などがある．

今まで何の症状もなかった子どもに突然の咳き込みや呼吸困難が出現した場合，ピーナッツやおもちゃなどの異物の誤嚥を，必ず原因の1つに考えておく必要がある．

○養護のポイント

(1) 空気を加湿する：咳き込む場合，部屋の温度を適温にし，加湿器で加湿する．また，風呂をわかしてふたをとっておき，湿気が一杯の風呂場に衣服を着たままの乳児を抱いて，5分ほどいると咳き込みが少なくなる．

(2) 咳き込むときは体を立てにする：咳き込んで苦しいときは，乳児では立て抱きにして背中をさするか，手掌で軽くたたく．幼児では安楽椅子に座る形に，背中側に布団を入れて座位にする．

(3) 食事，ミルクは少なめに：咳き込みの多いときは，食事やミルクで胃が膨らむと，咳き込んで嘔吐したり，お腹が張って呼吸が苦しくなるので，食事やミルクは少なめにする．炭酸の入った飲料やオレンジ系のジュースは嘔吐しやすいので与えない．

7 けいれんと養護のポイント

けいれんとは，急激な不随意的な筋肉のリズミカルな収縮をいう．乳幼児期は一生のうちでもっともけいれんを起こしやすい時期で，3歳までに3％，5歳までに7％，15歳までに10％の者がけいれんを経験するといわれている．とくに，生後6カ月から3歳までの間はけいれんの起こりやすい時期である．

けいれんの主なものには，熱性けいれん，てんかん，代謝障害，泣き入りひきつけなどがあり，この中では発熱に伴う熱性けいれんが一番多い．

けいれん時の観察

けいれんは自宅や保育所などで出現しやすい．けいれんしたとき母親や保育者の状況報告は，けいれんの診断と治療の重要な情報なので，けいれん時の処置をしながら次のような点を観察する．

(1) いつ，どこで，どのようなときに起こったか：睡眠中，寝入りばな，起きがけ，空腹時，食事中，啼泣時，遊んでいるときなどのけいれん時の状況について覚えておく．

(2) どんな種類のけいれんか：全身が急にかたくなる，全身ががくんがくんとふるえる，眼の輝きがなくなってぼんやりしたままでい

主要症状と養護のポイント

る，急にばたっと倒れてしまう，けいれんが局所的に始まったかなどを観察する．

(3) けいれんの持続時間とその後の様子について：けいれんはどのくらい続いたか．時間を正確に覚えていないときは，救急車に乗った時にはまだけいれんが続いていたか．けいれん後すぐに意識を回復したか．回復して，もとの状態になるまでにどのくらい時間を必要としたか．発作後眠ってしまったか．目ざめた後の機嫌はどうか．

(4) 抗けいれん剤が持続的に投与されている場合：薬剤の減量や治療の変更時や薬を飲み忘れた時に発作が起こることがある．発作のコントロールのために主治医，両親と保育者との連絡を密にして，保育所での抗けいれん剤の内服を行う．

〇養護のポイント

(1) 子どもの安全をはかる：けいれん時には静かに寝かせ，吐物や口の中にあった食物で窒息状態になる恐れがあるので，顔は必ず横に向けて寝かせる．衣服をゆるめ，呼吸しやすいようにする．けいれん時に舌をかむことを防ぐ目的で，スプーンやハンカチなどを子どもの口の中に入れることがあるが，窒息の原因となり，危険なことなので絶対にしない．

(2) けいれんが3分間以上続くときは，救急車などで病院に受診する必要がある．受診した際にはけいれん時の様子を報告する．

(3) けいれん後は意識レベルが低下し，ベッドから転落したり，転倒する危険があるので，けいれん後も充分な注意が必要である．

D. 乳幼児に多い病気

人から人にうつる伝染性疾患の学校保健安全法による出席停止期間や予防接種については144頁で説明する．

1 消化器系の病気

a. 口内炎

▶口が痛くて，ヨダレが増えて，食べられない

原因はヘルペスウイルスの感染，カンジダの感染，アレルギー，機械的刺激などである．

(1) ヘルペス性口内炎は1歳から3歳児に好発し，高熱，不機嫌，食欲不振，口内痛が症状である．歯ぐきも赤く腫れ，出血して，痛みのためによだれが多くなり，食事は食べられないので，冷たい・口当たりのよい水分だけにする．重症例では入院することもある．

(2) アフタ性口内炎は口腔粘膜に痛みのある口内炎をくりかえすもので1歳から4歳児に多い．口腔内を清潔にして刺激のある食事を避ける．

(3) 鵞口瘡は真菌の一種のカンジダによるもので，3カ月までの乳児に好発する．頬粘膜にミルクの凝固したような白い斑点として発見され，哺乳力が低下する．哺乳瓶・乳首の消毒と手洗いの励行で予防し，鵞口瘡には真菌に対する薬を哺乳の後に飲ませる．

b. 乳児下痢症，急性胃腸炎

▶下痢の時は何を食べさせるか，脱水に注意

下痢，嘔吐，腹痛，発熱を主な症状として，脱水症状になりやすい病気で，ロタウイルスとノロウイルスのウイルス性胃腸炎と細菌性胃腸炎がある．

(1) ウイルス性胃腸炎の原因はロタウイルスが多いが，他にも数種類のウイルスが知られている．いずれも嘔吐物・糞便→手指→口の経路で感染する．冬から春にかけて流行する乳幼児の急性胃腸炎の多くはロタウイルスかノロウイルスによるもので，嘔吐から始

まり，下痢が頻発し1日に10回以上の下痢となり，発熱も伴う．脱水を伴うことが多く，入院することも多い．養護のポイントは下痢，嘔吐，脱水の項目を参考にして，食事は経口補液を主体にし，手洗いなどの感染予防を確実に行う．

(2) 細菌性胃腸炎は病原性大腸菌，サルモネラ菌，赤痢菌，カンピロバクターなどの経口感染で起こり，ほとんどの例で高熱を伴う．治療は脱水に対する輸液と病原菌に対する抗生物質の投与となる．保育所で突然に，離乳食を食べている子どものなかで発熱，嘔吐，下痢が多発したときは細菌性食中毒の疑いがあるので，早急に園医に相談して保健所への届出を検討する．

c. 腸重積症
▶突然，泣く，嘔吐，苦しがる

5カ月から2歳までの乳幼児に多く，男児にやや多い．腸重積とは右下腹部で回腸（小腸）が結腸（大腸）の中にたくし込まれた状態で，消化管の腸が閉塞した極めて危険な状況である．症状は，今まで元気な乳幼児が，突然，《腸が腸の中に入っていく》痛みで激しく啼泣し，顔面が蒼白となり上体をかがめて苦しむ．このときに排便して血便を認めると，より腸重積症が疑われる．腸重積症を疑う症状があるときは，早急に病院へ受診する．治療法は肛門からバリウムや空気を注入して，下からの圧力で腸を元に押し戻す方法が行われる．

d. 肥厚性幽門狭窄症
▶よく飲んで，また嘔吐して，やせる

胃と十二指腸の間の幽門部がかたいしこりとなって，胃内容の通過障害を起こす病気で，男児に多い．生後2〜3週から吐乳が出現し，さらに増悪し，噴水状の嘔吐となり，飲んだ乳汁を頻回に吐くので「やせ」が目立つようになる．病院へ入院，検査し，手術で劇的に改善する．

2 呼吸器系の病気

a. 感冒，鼻咽頭炎，かぜ症候群
▶くしゃみ，鼻水，本人は元気

くしゃみ，鼻水，鼻閉，咽頭痛などを主症状にして，乳幼児では発熱，下痢，嘔吐を伴うこともある．数種類のウイルスとマイコプラズマによる感染が原因で起こる．安静，保温，水分補給で様子をみるが，発熱を伴うものでは気管支炎，中耳炎の続発が心配なので，病院に受診する．

b. 急性喉頭炎，クループ症候群
▶ゲホンゲホンと咳き込み，声が枯れる

感冒を引き起こす病原体による喉の奥の喉頭の炎症で，6カ月から2歳の乳幼児で，冬季に多い．ゼーゼーと吸気時の喘鳴，犬の遠吠え様の咳，枯れ声を症状とする喉の炎症である．十分な加湿と泣かさないことが大切である．夜間に悪化しやすく呼吸困難となり入院する場合もある．

c. 気管支炎，肺炎
▶発熱，咳，鼻水，ぐったり

鼻咽頭炎から続発して悪化すると気管支炎に，さらに悪化すると肺炎になる．病原菌に対する抗生物質や脱水症に対する輸液療法がない50年前までは，気管支炎，肺炎が乳幼児の死亡原因のトップであったが，最近では予後はよい．子どもの入院を必要とする病気のなかでは現在でも一番多い．高熱が続き，痰のからんだ咳，咳き込み，食欲低下，悪化すると多呼吸，顔色不良，不眠となる．

(1) 細菌性肺炎は中耳炎や気管支炎と同じ細菌で肺炎を生じる．ウイルス性の肺炎に比べて全身状態が悪く，とくにブドウ球菌による肺炎では重症となりやすく，入院しての治療が必要である．

(2) ウイルス性肺炎は咳き込みは多いが，全身状態は細菌性に比べてよい．安静，加湿，保温，水分補給をする．

(3) マイコプラズマ肺炎は幼児後半から学童・思

春期にみられる肺炎である．発熱と咳が長く続き，レントゲン写真で肺炎が発見されることが多い．

d. インフルエンザ
▶高熱，肺炎，筋肉痛，ぐったり

インフルエンザウイルスの飛沫感染による．潜伏期は1～3日である．普通感冒と比べ高熱になりやすく，肺炎や胃腸炎の合併も多く，腰痛やふくらはぎ痛の訴えも多い．治療は抗ウイルス剤タミフル．安静，水分補給と細菌感染を合併したときは抗生物質を投与する．インフルエンザの予防接種の有効性は麻疹，風疹などの予防接種に比べて低いが，接種者は重症化することが少ないので積極的な接種が望ましい．

e. 急性細気管支炎
▶乳児，ヒューヒューという呼吸，咳き込み

6カ月から12カ月の乳児で，冬季に好発する．かぜ症状で始まり，数日で夜間の咳き込みが多くなり，ヒューヒューという呼気性の喘鳴，顔色不良，哺乳力不良となる．喘息性気管支炎や百日咳と間違われることが多い．入院して酸素吸入で症状は改善するが，まれに死亡することもある．

f. 喘息性気管支炎
▶かぜをひくと，ヒューヒューのくりかえし

1歳前後の乳幼児で感冒症状時にヒューヒューという呼気性の喘鳴をしめす病気で，気管支喘息の発作時の治療が有効である．気管支喘息に移行するものと，幼児期に自然治癒するものがある．アレルギー傾向のある場合は気管支喘息の治療を行う．

---

column　喘息児の環境整備について

　小児の気管支喘息の原因物質・アレルゲンとして，布団，ジュウタン，ぬいぐるみなどで増えるダニ（チリダニ：ヤケヒョウヒダニとコナヒョウダニ）がよく知られている．咳き込んでゼーゼー・ヒューヒューする子どもの気管支喘息の発作を少なくする一番の方法は，原因物質のダニを少なくする環境整備である．ダニは人間のフケや体の垢を餌としている．体長は0.2 mmほどで，メスは1日2～6個の卵を約30日間産み続け，約600回糞を出す．ダニによる喘息発作を起こす強さは生きているダニよりも，ダニの出す糞がもっとも強く，次いでダニの死骸である．したがって，ダニの駆除は殺ダニ剤を散布するのではなく，もっとも安全で有効なダニの除去方法は紙パック式集塵袋を使用した電気掃除機の使用である．
Ⅰ．寝具類の掃除について
　①晴れた日はできるだけ布団・毛布などの寝具類は天日干しをする．
　②『寝具をたたくのはダメ』
　　たたくとダニアレルゲンが布団の表面に浮き，喘息には逆効果になる．干してたたいた布団の上で飛び跳ねて思わぬ喘息発作が生じることがよくある．
　③布団を取り込む際に，布団の両面に掃除機をゆっくりかける．
　　掃除機の吸入口は普通の床用ノズルではなく寝具専用ノズルを使用するとダニの除去効果はさらに高まる．
　④毛布の管理『毛布は洗う』
　　押入から出して使い始めの毛布には高密度のダニがいる．天日干しではダニの除去はされないので，洗濯機で洗濯をし，天日干しをした後掃除機をかける．
Ⅱ．ぬいぐるみと枕について
　遊んだりいっしょに眠るぬいぐるみも干して掃除機をかける．ぬいぐるみはなるべく洗濯が可能なものを使用する．枕は洗える素材か，枕袋にバスタオルを入れた枕を使用する．
　週2～3回の布団掃除での環境整備の効果は3週間後頃より出現する．焦らずに気長に環境整備を続けることが重要である．

g. 気管支喘息

▶アレルギー体質，夜間に咳き込み，ヒューヒュー

ヒューヒューという発作性・呼気性の喘鳴を繰り返すアレルギー性の病気である．体質的要因と環境要因とが関与する．体質的要因として，家族の中に花粉症・アトピー性皮膚炎などのアレルギーの病気があり，本人もアトピー性皮膚炎やアレルギー性鼻炎を認め，血液の検査でもアレルギーの体質がある．環境要因として，喘息発作を起こさせる主なアレルゲンは家ダニ・ハウスダストである．ハウスダストの含まれる布団・マット・ソファーなどでしめ切った部屋で遊ぶと発作が誘発される．とくに発作は春先や初秋など季節の変わり目で気温の差が激しい夜に多くみられる．症状は，鼻汁・くしゃみ・咳から始まり，咳き込み・ヒューヒューという呼気性の喘鳴，肩を上下させて苦しそうな多呼吸となる．発熱することは少ない．咳き込んで，ヒューヒューという呼気性の喘鳴が聞かれ，顔色が悪く呼吸が速い場合は病院に受診する．治療は発作時の治療と発作予防の治療があり，主治医・両親と保育者との連絡を密にして，保育所でも抗アレルギー剤などの内服を行う．環境改善として自宅と保育所の双方でアレルゲンの減少除去は重要である．喘息は10歳をすぎる頃からだんだん軽くなり約70％が治癒し，一部が成人まで続く．

h. 食物アレルギー

▶特定の食物摂取で嘔吐，下痢，湿疹の増悪，じんましんが出現

食べ物に含まれる蛋白質などがアレルゲンとなり，さまざまな症状が出現．食べ物を口にして間もなく，唇や舌，のどがかゆくなったり，じんましんが出たり，嘔吐や下痢が出たり，咳やヒューヒューしたりする．かゆみが増しアトピー性皮膚炎が悪化する．重症の場合，顔色不良・四肢が冷たくなり血圧が低下してショック状態（アナフィラキシー・ショック）を引き起こし，死に至ることもあるため注意が必要である．原因となる食物は人により異なる．比較的多いのは鶏卵・牛乳・小麦・ピーナッツなどである．診断は食物摂取歴，負荷試験，血液検査などから決定する．アレルゲンとなる食物を食べない除去食療法を一定期間行うことが多い．この食事療法には保育所の協力が不可欠である．

❸ 心臓の病気

a. 心室中隔欠損

▶心臓に雑音，体重が増えない

先天的に心臓の右室と左室の間の心室中隔の一部が欠けている状態をいう．心雑音以外には全く症状のないものから，心不全の症状のある重症例まである．心臓に負担がかかると，体重増加不良，哺乳力不良，寝汗の増加，心拍数が増加する．気管支炎を合併すると，心不全が急に悪化するので，感染の予防，予防接種などが必要である．自然に中隔欠損が徐々に閉鎖する場合と，閉鎖せずに強心剤の内服や手術が必要な場合とがある．

b. ファロー四徴症

▶指先が赤紫色，泣くと顔色が悪くなる

先天性に肺動脈狭窄，心室中隔欠損などの4つの心臓の欠陥をもつもので，生後数カ月から口唇や指先が赤紫色になるチアノーゼが出現し，運動や啼泣で増悪する．専門医での診断治療が必要で，心臓の外科手術を行う．ファロー四徴症では，啼泣，排便などが誘因となってチアノーゼ，呼吸困難，意識消失が出現することがあるので，主治医，両親と保育者との連絡を密にする必要がある．

❹ 神経の病気

a. 熱性けいれん（熱ひきつけ）

▶熱が出て，数分間のひきつけ，後は元気

38℃以上の発熱に伴ってけいれん発作を起こすもので，髄膜炎などの中枢神経系が原因の感染症

は除く．熱の上昇時に起こりやすく，数分間の全身性のけいれん発作である．6カ月から3歳までに初発し，一度ひきつけると，小学生になるまで発熱時に再びひきつける可能性がある．けいれん時の処置や観察を適切に行う．けいれん時間が長い例や，発症前に発達の遅れがある例や，脳波に発作波を認める例では，予防的に抗けいれん剤の投与を行う．最近，発熱時のみに抗けいれん剤の座薬を屯用し，熱性けいれんの多くが予防可能となっている．

b．てんかん

▶無熱のひきつけのくりかえし，薬の内服

脳の神経細胞の異常放電によって起こる反復性・発作性の運動，意識などの異常，けいれんをいい，「無熱性のひきつけ」として出現することが多い．原因として脳の奇形，周産期の脳障害，頭部外傷などがあるが，過半数は原因不明である．症状は，突然小児の全身がかたくなったり，眼が上を見つめて全身ががくんがくんとふるえたり，動きが止まって眼の輝きがなくなってぼんやりしたままでいたり，急にばたっと倒れてしまったりすることである．乳幼児の場合，けいれんかどうかの判断に迷うことがあるが，くりかえす異常な動きが見られ，呼んでも反応がないときはてんかんをまず疑う．てんかんの場合，専門医での脳波検査などが行われ，数年間の抗てんかん薬の投与が行われる．薬を飲んで発作のない場合，保育所での生活は健常児と同じでよい．けいれんを見た場合は，けいれん時の処置や観察を適切に行う．

c．脳性麻痺

▶首がすわらない，体がかたい，早期療育

胎児期や新生児期の神経系の発育の過程で，脳神経に損傷を受けて，運動能力の発達に遅れがみられる状態をいう．原因として低出生体重児（未熟児），仮死分娩，重症黄疸などがある．症状は手足がかたい，首がすわらない，体が反り返るなどである．また，乳児期の運動発達が健常児に比べて2カ月以上の遅れのあるときは，小児科医に相談する．脳性麻痺の場合，遅れた発達に対して早期の療育が行われて，発達促進の成果がみられている．

d．ことばの遅れ

▶無理にことばを教えない，からだでしゃべる

原因として，生理的範囲のことばの遅れ，発達性言語遅滞（知的能力は正常でことばのみ遅れている），精神遅滞，聴力障害，脳性麻痺，情緒障害，自閉症，養育環境によることばの遅れなどがある．通常，1歳すぎでことばは始まるが，生理的ことばの遅れは「2歳までに意味のある単語，3歳までに2語文を話す」を限界とする．日常生活の中で，言語表出よりも，まず理解力をつけることが大切である．

e．泣き入りひきつけ（憤怒けいれん）

▶きっかけがあって，ひきつける

6カ月から3歳の乳幼児にみられる．不快な体験によって大声で泣き出すことが誘因となる．泣き込むうちに呼気の状態で呼吸を止めて，チアノーゼ，けいれんとなる．予後はよく，脳波も正常である．

5 感染症，発疹症

a．麻疹（はしか）（図11-5）

▶発熱，咳，目やに，そのあとに発疹

麻疹ウイルスの飛沫感染によって発症し，伝染力は極めて強く，潜伏期は10〜12日で，カタル期，発疹期，回復期に分けられる．

カタル期：3〜4日．発熱，咳，鼻汁，眼脂などの重い風邪症状が先行し，3日目に頬粘膜に小さい白斑（コプリック斑）が出現してはじめて，麻疹の感染であることが判明し，翌日発疹が出現する．

発疹期：熱が少し下がり，再び上がるときに，発疹が顔面から全身に出現する．この発疹が全身に拡がるときに，カタル症状も一層重くなる．3〜

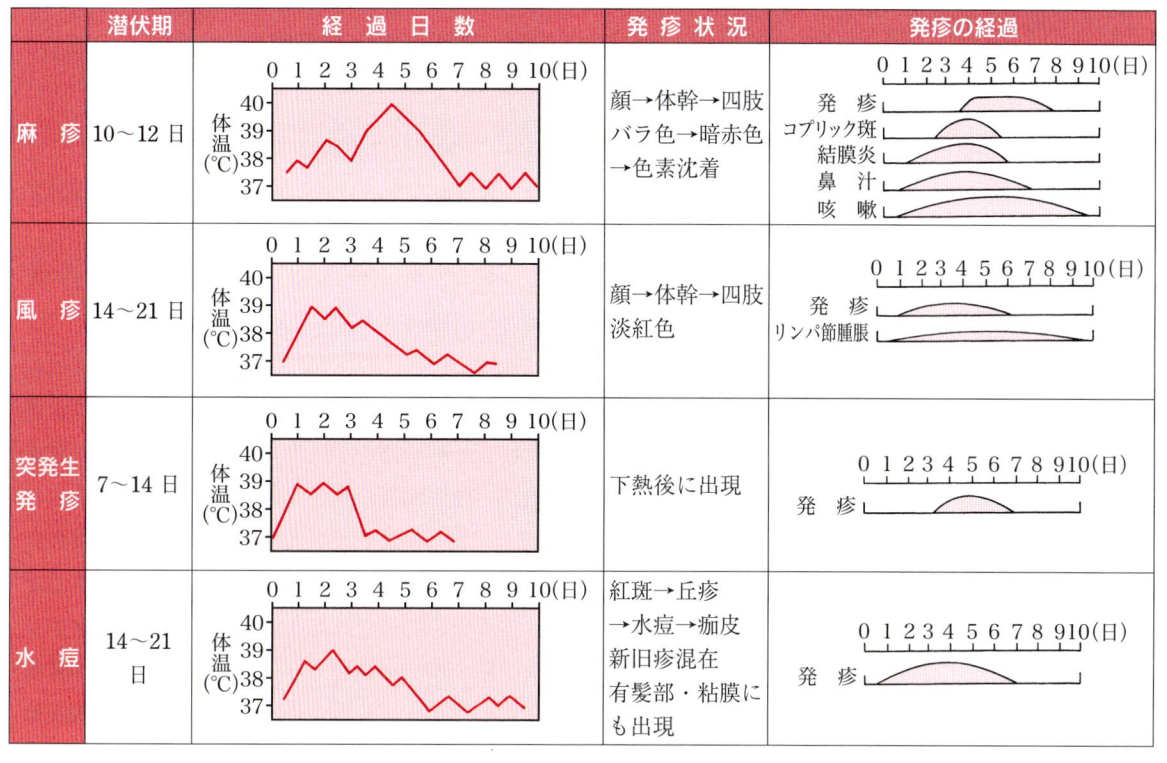

	潜伏期	経過日数	発疹状況	発疹の経過
麻疹	10〜12日	(体温グラフ 0-10日, 37-40℃)	顔→体幹→四肢 バラ色→暗赤色→色素沈着	発疹／コプリック斑／結膜炎／鼻汁／咳嗽
風疹	14〜21日	(体温グラフ 0-10日, 37-40℃)	顔→体幹→四肢 淡紅色	発疹／リンパ節腫脹
突発性発疹	7〜14日	(体温グラフ 0-10日, 37-40℃)	下熱後に出現	発疹
水痘	14〜21日	(体温グラフ 0-10日, 37-40℃)	紅斑→丘疹→水痘→痂皮 新旧疹混在 有髪部・粘膜にも出現	発疹

図 11-5. 乳幼児感染症の経過
(馬場一雄，吉武香代子編著：系統看護学講座専門 21「小児看護学[2]」．第 8 版，282-286，医学書院 1995．より改変)

4日発熱が続き，下熱してくると発疹も暗赤色となり，カタル症状も改善してくる．

回復期：状態改善し，発疹は色素沈着となり治癒する．

合併症として中耳炎，肺炎，仮性クループ，脳炎などがある．

麻疹に感染し発症した場合，治療は対症療法が主体となる．もっとも安全で確実な方法は麻疹ワクチンの接種で，麻疹・風疹ワクチンの2回接種が行われる．

b. 風疹（図 11-5）

▶発熱と発疹同時に出現，咳はない

風疹ウイルスの飛沫感染によって発症し，潜伏期は14〜21日で，発熱と発疹が同時に出現する．発疹は鮮紅色で3日前後で消失し，色素沈着を残さない．

妊婦が初めて風疹になると，心臓奇形，目・耳に異常がある新生児（先天性風疹症候群）が生まれることがあるので，非妊娠時に予防接種が行われている．

c. 突発性発疹（図 11-5）

▶発熱3日間，熱が下がって発疹出現

病原体はヘルペスウイルスの一種で，6カ月から2歳の乳幼児に好発する．突然発熱し，発熱は3日続いたのちに下熱する．下熱と同時に，体幹に発疹が出現する．予後はよい．

d. 水痘（図 11-5）

▶発熱と水疱が出現（口の中にも），かゆい

成人の帯状疱疹と同じウイルスである水痘帯状疱疹ウイルスの初感染により，2歳から5歳に好発する．潜伏期は14〜21日，飛沫接触感染で伝染する．発赤→丘疹→水疱→ジュクジュク→かさ

ぶたへと進む．髪の中，口の中にも出現し，かゆい．かさぶたが乾いたら，伝染しない．重症の水痘には抗ウイルス剤がある．予防には任意接種の水痘ワクチンがある．

e．手足口病
▶手掌・足底・口腔に水疱，夏季に流行

6歳以下に好発し，潜伏期は3～6日で，夏季に流行する．発熱と同時に，口腔に口内炎，手掌・足底に水疱が出現する．口が痛いので，食事に注意する．

f．百日咳
▶夜間に咳き込んで，眠れず，熱なし

病原菌は百日咳菌の飛沫感染によって発症する．伝染力は強く，潜伏期は1～2週で，カタル期，けいがい期，回復期に分けられる．

カタル期：1～2週間．かぜ症状で始まり，しだいに咳が増加する．

けいがい期：4週間．咳が強くなり，発作的に10回以上も咳が続き，息を吸うことができずに顔色が赤黒くなり，次に深い息を吸い込む時にピーという音がでる．とくに夜間にこのような発作性の咳き込みをくりかえす．乳児では，咳き込んで呼吸が止まったり，けいれんをも起こす．

回復期：2週間．徐々に咳が少なくなる．

予防はDPT三種混合ワクチンの接種．抗生物質のエリスロマイシンが有効．

g．川崎病（皮膚粘膜リンパ節症候群）
▶高熱持続，発疹，手足の腫れ，心臓の合併症

4歳以下に好発する原因不明の高熱・発疹性の病気で，心臓に動脈瘤などの異常をきたすことがある．高熱が5日以上続き，目が赤くなり，手足が腫れ，頸部のリンパ腺が腫れ，発疹などの特異な症状をきたし，入院治療が必要である．退院後も心臓についての経過観察を行う．

6 アレルギーの病気（136, 137頁の気管支喘息，食物アレルギー，コラムも参照）

a．アトピー性皮膚炎
▶アレルギー体質，かゆいかゆい，スキンケア

子どもの皮膚病でもっとも多く，増加もしている．アレルギー体質をもつ乳幼児に発症する．生後3カ月から6カ月頃の乳児の頬部，耳の周囲，前額部に紅斑・丘疹がほぼ左右対称の位置に出現し，かゆみが強い．治療の基本は入浴で皮膚を清潔にし，軟膏療法と抗アレルギー剤の内服，食事療法（原因食物の除去食療法について：血清中に例えば卵の卵白などの食物のIgE抗体が上昇した場合には，2週間の短期間の除去食を行い，アトピー性皮膚炎の明確な改善を認めたときは，特定の食物の除去療法を継続する．摂取できる食品が限定されるので，食事のバランスに注意する），環境整備（アトピー性皮膚炎の児は，のちに気管支喘息や花粉症になりやすいので，ハウスダスト・綿ぼこり・動物の毛などの除去・掃除に努める），スキンケア（皮膚刺激をなるべく少なくする：入浴時スポンジを使わない，日焼けをしない，乾布摩擦をしない，薄手の長袖長ズボンにする，砂遊びをしないなど）を行う．症状が強い場合はステロイド軟膏を使う．

アトピー性皮膚炎と間違いやすいのが，脂漏性湿疹（生後1カ月以内に始まり，頭部に油脂様の物が分泌され，発赤もみられる．かゆみはない．入浴と清拭で改善する）と小児乾燥型湿疹（やせた幼児で，体幹の皮膚が乾燥し小丘疹が見られる．冬季に悪化し，夜間にかゆがる．保湿剤入りの沐浴剤で改善する）である．

b．じんましん
▶かゆいかゆい，膨らんでくる，食事に注意

皮膚が地図の陸地のように，赤く膨れあがる．かゆみが強く，食事のアレルギー（卵，牛乳，えび，かに，さばなど）によることが多い．急速に

拡大する場合，咳き込みのある場合は病院に受診する．

7 皮膚の病気

a. とびひ（伝染性膿痂疹）

▶かきこわし，ジュクジュク，伝染しやすい

とびひは黄色ブドウ球菌が皮膚の表面に感染して水疱形成して破けてジュクジュクする皮膚病．虫刺されをかき壊した後に始まることが多い．無熱で，感染力が強く，次々に他の部位や他児に伝染する．入浴はシャワーにして，シャワー後にとびひの場所を消毒して抗生物質の軟膏を塗布する．多発するときは抗生物質を内服する．他児への感染予防のために，プールは中止する．

b. 血管腫・赤いあざ

サモンパッチ，ウンナ母斑：皮膚から隆起しない鮮紅色の赤いあざで，項部，上眼瞼，眉間に現れる．3歳頃までに自然に消失する．

単純性血管腫：扁平な暗赤色の赤いあざで，自然消失は困難である．

イチゴ状血管腫：生まれて1カ月までに赤色の丘疹が出現し，その後急速に増大しイチゴ状の紅色の隆起した固まりとなる．1歳から縮小し数年で消失する．

8 その他の病気

a. 貧血（鉄欠乏性貧血）

▶青白い顔色，発育不良，食事の片寄り

貧血とは，血液中の赤血球数または血色素量が異常に減少した状態で，血色素の原料である鉄分が不足した貧血を鉄欠乏性貧血という．小児では乳幼児の急速な成長に伴う鉄需要の増加と，離乳食のすすめ方が遅かったり，偏食があって鉄供給の不足が重なると容易に鉄欠乏性貧血となる．治療は食事療法と鉄剤の内服である．貧血になりやすい食事とは，離乳食の偏食，長期間の母乳栄養・牛乳の多飲，アレルギーに対する間違った除去食などがある．治療は植物性，動物性食品のバランスを考えて，鉄分の多い食品の摂取を指導する．貧血の程度が強い場合や食事療法で改善しない場合，鉄剤を使用する．

b. ダウン症候群

▶ふにゃふにゃした新生児，特徴ある顔貌，染色体検査

第21番目の染色体が1つ多く3個あるのが本態で，出生600〜700に1人の割合でみられる．精神遅滞の原因の10％以上を占め，母親が高年齢になるほど出生の危険率が高くなる．症状は精神運動発達遅滞，つり上がった目尻，巨舌，筋緊張の低下，哺乳力不良などの特徴的変化がみられる．10〜20％に先天性の心臓病の合併がみられる．乳児期に早期療育が行われている．

c. 新生児マス・スクリーニング

先天代謝異常や内分泌の病気の中には，早期発見により障害を予防できるものがある．早期発見のために，新生児マス・スクリーニングが実施され，フェニルケトン尿症，メープルシロップ尿症，ホモシスチン尿症，ガラクトース血症，クレチン症，先天性副腎皮質過形成症の6種類の病気が，新生児の足底を穿刺した数滴の血液から診断され，治療されている．

d. 停留睾丸と陰嚢水腫

停留睾丸：胎児期に腹の中から下降してくる睾丸が，途中で停留した状態をいう．男児で睾丸の自然下降は1歳までなので，1歳をすぎて陰嚢内に睾丸を触れない場合は専門医に受診する．

陰嚢水腫：陰嚢内に水様のものが貯留した状態で，生後2〜6週に出現し，寝返りができるようになると自然に吸収される．

e. 包茎

陰茎の亀頭が包皮で覆われ，包皮を反転できないものをいう．乳児は包茎の状態が正常である．ただし，包茎がつよく排尿障害があると，排尿時，包茎の亀頭部が尿で風船のように膨らんでから尿

が出てくるので，病院への受診をすすめる．

f. 難聴

先天性の難聴は遺伝によることが多いが，他に妊娠中の感染や仮死，低出生体重児（未熟児），髄膜炎などが原因になることもある．乳幼児期の音に対する反応に注意することで，スクリーニングされる．聴力検査は聴性脳幹反応（ABR）を使用すれば新生児から可能である．新生児の聴力検査が簡便に行える自動聴性脳幹反応（AABR）が使用されている．

4カ月：音の方向に頭を向ける．
6カ月：テレビの音に敏感に振り向く．
8カ月：いけませんと言うと反応する．
1歳：名前を呼ばれると振り向く．
1歳半：意味あることばを2～3語は話す．

音に対する反応が弱い場合には，専門医への受診をすすめ，早期に補聴器を装着する．

g. 斜視，弱視

乳幼児の視力は，6カ月で0.06，1歳で0.25，2歳で0.6，3歳で1.0になり，乳幼児期に急速に発達する．このため1～2週間の眼帯の使用だけで視力の発達が障害される．

斜視：眼位の異常を斜視といい，両眼視機能の欠陥を伴い，斜視眼の視力発達は妨げられるので，早期診断と治療が必要である．

(1)仮性斜視：乳児は両側の眼球の位置が離れているので，見かけ上，内斜視のように見えるものをいう．治療の必要はないが，本来の斜視が，そのうち治ると誤解する原因ともなる．

(2)内斜視：
①調節性内斜視：2歳頃に出現する．遠視の存在により，遠くにも近くにも焦点が合わず，眼の調節力により焦点を合わそうとするので，ものを見つめたときに内斜視となる．治療は遠視矯正用の眼鏡を使うことで斜視も治る．

②非調節性内斜視・乳児内斜視：生後1年以内に発症し，右方を見るときは左眼を，左方を見るときは右眼を用いる，寄り眼の状態をいう．眼科専門医に受診し，早期の手術を行い，両眼視機能訓練を3歳すぎから始める．新生児から受診までの正面の顔写真を持参すると内斜視の経過が理解され，診断に役立つ．

(3)外斜視：幼児期に出現し，遠方を見ているときや，疲れたときに出現する．内斜視に比べて視機能への影響は少ないが，3歳すぎに視力検査や両眼視機能検査をして，手術の時期を決める．

弱視：何らかの原因で乳児期の視力の発達が妨げられた状態で，眼鏡で矯正不可能な視力障害をいう．

(1)両眼性弱視：生来の遠視・乱視があり，視機能の発達の時期に網膜にきれいな像を結ばないために視力が発達しないもので，原因の診断と早期の治療が必要である．

(2)片眼性弱視：斜視による抑制のための弱視で，斜視の治療により改善する．

h. 中耳炎（急性中耳炎，滲出性中耳炎）

急性中耳炎：かぜや上気道炎に続発し，喉の奥の耳管を経由して，鼓膜の内側の中耳腔に細菌感染を生じたものである．成人の症状は耳痛，耳鳴り，軽度難聴，発熱であるが，乳児では夜泣き，不機嫌，耳に手をやるなど中耳腔の症状が特徴的である．耳鼻科に受診し，安静，抗生物質の内服をする．急性中耳炎の約1/4が滲出性中耳炎に移行する．

滲出性中耳炎：耳痛や発熱などの急性症状のない中耳炎で，鼓膜に穿孔がなく，中耳腔に貯留液をもたらし，将来難聴の原因となる．4歳から6歳に多くみられ，急性中耳炎，感冒に続いて発症することが多く，アデノイド，副鼻腔炎，アレルギー性鼻炎があると，遷延化しやすい．長期間の

滲出性中耳炎は難聴の原因となるので，専門医での治療が必要である．

i. 虫歯（齲歯）

齲歯の発生要因は，それぞれの歯質と食物の種類と細菌の存在である．この3つの要因が重なり合った場合に齲歯が生じる．乳歯の齲歯は減少の傾向にあり，とくに都市部において顕著であるが，先進諸国と比較すると齲歯罹患率はいまだに高いので，今後も努力が必要である．齲歯の発生は，ストレプトコッカス・ミュータンス菌がショ糖を原料として粘着性の強い多糖類をつくり，これが歯の表面に付着する．これを歯垢（プラーク）という．歯垢は多くの酸産生菌の温床となり，この細菌は酸をつくる．つくられた酸は，歯垢のために拡散が妨げられ，エナメル質の齲蝕，次いで象牙質の齲蝕，歯髄炎へと短期間に進行する．

齲歯の予防：三大要因の1つでも少なくなるように努力することである．齲歯は生後1歳頃からあらわれ始める．この時期の齲歯は上前歯の虫歯，上顎乳前歯の齲歯が多い．この齲歯は，眠りながらの哺乳や甘い飲料の摂取が原因となる．齲歯の予防の第一は，歯の表面に残っている糖質を食後取り除くことである．1歳をすぎたら食後に口をゆすぐか，食事の最後にお茶や水を飲ませる．1歳半になったらまねごとでよいから歯ブラシをもたせる．歯質を強くするためにはフッ化ソーダの塗布，齲歯の進行抑制にはフッ化銀の塗布が有効である．規則正しい食事と食後の歯みがき，定期的な歯科医での歯科検診と早期の齲歯の治療がポイントである．

j. 肥満（乳児肥満，小児肥満）

肥満とは，身体脂肪が過剰に増加した状態をいう．

乳児肥満：乳児は体重が大きくて肥満とみられても，肥満が増悪することはなく，歩行すると体型が変化してやせ型になる．乳児肥満は高脂血症などの異常もなく，太っているのは適切な発育で健康肥満なので，授乳を制限したりミルクを薄くする必要はない．

小児肥満：成人の肥満症や生活習慣病につながるのは小学生以後の肥満である．両親兄姉に肥満傾向があって，小学生以後に急速に体重が増加するときは，摂取カロリーを制限した食事療法，生活指導を行う．

k. 低出生体重児（未熟児）

出生体重が2,500g未満の新生児を低出生体重児（未熟児）といい，各種の身体機能が未熟なために特別な医療や養育を必要とする．乳児期の成長は出生した日にちから評価するのではなく，出産予定日から換算して評価する．両親は低出生体重児なので発育を心配し，低出生体重児を生んだことを負い目に感じている．低出生体重児は乳児期に発育が遅れるので，母親への援助が必要となることがある．出生体重1,000g未満の児を超低出生体重児といい，この傾向はさらに強くなる．

E. 園医とその役割について

わが国には学校に通う児童・生徒・職員の健康増進と，教育の円滑な実施のための法律『学校保健安全法』がある．学校保健安全法は学校における保健管理と安全管理について規定し，具体的には健康診断（就学時・定期・臨時健康診断），感染症や食中毒の予防，環境衛生，学校給食などについて定めている．専門職として学校医（嘱託医）の設置が義務付けられている．

保育園でも学校保健安全法・学校医に準じて園医（嘱託医）が契約されている．園医の仕事は健康診断（入園時健康診断・定期健康診断とその結果に基づく事後処置），保育園生活における健康の管理・指導（アレルギー疾患の対応，腎・心疾患を持つ子どもの管理），学校伝染病対策（保育園で流行する感染症の流行阻止・予防接種の知識）などである．最近の保育園では2～3カ月の低年齢

児保育・10時間を超す長時間保育・軽い症状のある病児保育・園での薬の投薬, 軟膏の塗布・アレルギー児の食事の除去食など, 園医や看護師の関与する領域が増加している.

F. 学校感染症と出席停止期間について

人から人に感染する病気から社会と個人を守るために, わが国では「伝染病予防法」が制定以来約100年間用いられてきた. エイズやラッサ熱などの移入される新しい感染, 感染症治療の進歩, 個人の人権の擁護などから, 伝染病予防法は平成11年4月から「感染症の予防および感染症の患者に関する医療の法律―感染症法」として生まれ変わった. これに伴い, 関連する法律で学童の健康を守る学校保健法（当時）も一部改正された.

この改正では, 学校において予防すべき感染症の種類および出席停止の期間の基準に関して改正された. 感染症は成人より学童が, 学童よりも乳幼児が体力が劣り, 免疫が少ないので重症化し, 伝染もしやすい. 学校保健安全法は体力のある学童のための法律で, 保育所児のための保育所保健法は存在しないので, 幼弱な乳児保育での感染症の拡大の防止には, より繊細な注意が必要である.

1 学校感染症

学校においてとくに予防すべき感染症を「学校感染症」と呼んでいる. 学校が感染の場所となり, 児童から児童へ蔓延してゆく心配のある病気をいう. したがって, 学校保健安全法施行規則により学校長には, 流行拡大の防止を図るために, 出席停止や学級閉鎖などの臨時休校の措置を行使できる職務権限が与えられている. 学校医には, 学校長に対して適切な指導と助言をできるように, 学校感染症についての十分な知識と迅速な判断が望まれる.

保育所や幼稚園の集団では, 園独自の規定がないので, 感染する病気に対して,「学校感染症」の各規定を準用して, 園医・地域医師会・所長などで相談し, 集団の中での病気蔓延の防止と, 病気になった子どもの健康回復に努める.

学校感染症の分類

改正された学校保健安全法により, 学校感染症は3種に分類されている（表11-2）.

第1種：感染症法第1類と第2類に規定される感染症をいう（感染力が強く重症な感染症）.

第2種：飛沫感染をする感染症で, 学校という集団で児童生徒の罹患が多く, 学校保健上重要と考えられる感染症をいう. 8疾患が指定され, 咽頭結膜熱を除く7疾患は予防接種で免疫が獲得できるので, 適切な時期に予防接種を行うことが肝要である.

第3種：経口感染をする腸管出血性大腸菌感染症および眼感染症の流行性角結膜炎と急性出血性結膜炎, コレラ, 細菌性赤痢, 腸チフス, パラチフスの7疾患, さらに必要があれば学校長が学校医と相談して第3種の感染症として出席停止などの措置をとることができる感染症を「その他」とする. 第3種の「その他」の感染症としては, 溶連菌感染症, ヘルパンギーナ, 手足口病, 伝染性紅斑, 突発性発疹, 流行性嘔吐下痢症, 伝染性膿痂疹, マイコプラズマ肺炎などがあげられている.

2 出席停止期間, 登園停止期間

出席停止期間について, 学校保健安全法では「校長は感染症にかかっている, かかっている疑いがある, またはかかるおそれのある児童は出席を停止させることができる」となっている. それぞれの学校感染症の出席停止期間については, 表11-2, 11-3 を参照. 最近のウイルス学の進歩により, ウイルスが分離される期間や他の子どもに感染する期間が明確になった. たとえば伝染性紅斑, ヘ

表 11-2. 学校で予防すべき感染症の種類と出席停止期間の基準

	対象疾病	出席停止の期間の基準
第 1 種	エボラ出血熱 痘そう クリミア・コンゴ熱 南米出血熱 ペスト マールブルグ病 ラッサ熱 重症急性呼吸器症候群（病原体が SARS コロナウイルスであるものに限る） 鳥インフルエンザ（病原体がインフルエンザウイルス A 属インフルエンザ A ウイルスであってその血清亜型が H5N1 であるものに限る） 急性灰白髄炎 ジフテリア	治癒するまで ※感染症の予防及び感染症の患者に対する医療に関する法律第 6 条第 7 項から第 9 項までに規定する「新型インフルエンザ等感染症」,「指定感染症」及び「新感染症」は第 1 種の伝染病とみなす
第 2 種	インフルエンザ（鳥インフルエンザ（H5N1）を除く） 百日咳 麻疹 流行性耳下腺炎 風疹 水痘 咽頭結膜熱 結核	解熱後 2 日を経過するまで 特有の咳が消失するまで 解熱後 3 日を経過するまで 耳下腺の腫脹が消失するまで 発疹が消失するまで すべての発疹が痂皮化するまで 主要症状消退後 2 日経過するまで 感染のおそれがなくなるまで
第 3 種	腸管出血性大腸菌感染症 流行性角結膜炎 急性出血性結膜炎 コレラ 細菌性赤痢 腸チフス パラチフス その他の伝染病	感染のおそれがなくなるまで

表 11-3. 学校感染症第 3 種の出席停止期間の基準

感染症名	出席停止期間
流行性角結膜炎	急性期の主要症状消失まで約 1 週間
急性出血性結膜炎	発症後 5 日目まで
伝染性紅斑	必要なし
ヘルパンギーナ	必要なし
手足口病	必要なし
マイコプラズマ肺炎	主要症状が消失するまで

ルパンギーナ，手足口病の 3 つの病気では，感染を防止する意味での出席停止は，必要がないとされている．なぜなら伝染性紅斑は，発疹出現時にはウイルスの排泄がすでになく，またヘルパンギーナと手足口病では，症状消失後も長期間ウイルスが排泄されていることが明らかになったからである．ただし，混乱を少なくするために，園医を含めた地域での統一した見解が必要である．

G. 予防接種

1 ● 予防接種と法律

予防接種の意義は，接種を受けた個人がその病気の免疫を獲得できると同時に，接種を広く行うことにより，社会全体の感染症の流行を阻止することができることにある．1948 年に予防接種法が制定され，接種を強制するかたちで日本では始まった．その後 1976 年には予防接種事故による健康被害に対する救済制度の導入，未接種に対する罰則規定の廃止の改正が行われた．

予防接種法の改正では，病気の流行を防止する社会防衛の面よりも，個人の健康の保持増進のための個人防衛の面を重視する考え方に変わってきた．このため予防接種は予防接種法による**定期接種**（国が本人や保護者に積極的に受けるように勧める予防接種．経費の自己負担なし）とそれ以外の**任意接種**（本人や保護者が希望する場合に行う予防接種．経費の自己負担あり）とに分けられる．接種方式も有効性に優れた集団接種から，接種を受ける個人の体質などをより理解している**かかりつけ医での個別接種方式**が基本となった．

これらの予防接種法の改正が，予防接種の接種率の低下をまねくことが危惧されているので，乳幼児の保健や健康に関与する保育士，医師，看護師，保健師は予防接種の意義を理解して接種を適正に行うように努める必要がある．一方，接種を推進するには，接種を行う国と予防接種の製造メーカーには，より安全で，有効な製剤の研究開発の責任がある．

2 ● 予防接種の対象疾患

わが国の予防接種の対象となる病気は，ジフテリア，百日咳，ポリオ，麻疹，風疹，日本脳炎，破傷風，インフルエンザ菌 b 型（ヒブ），肺炎球菌，ヒトパピローマウイルス，BCG 接種と高齢者のインフルエンザが定期接種である．任意接種はインフルエンザ，おたふくかぜ，水痘，B 型肝炎，ロタウイルスである．

米国での予防接種は，日本の定期接種以外に，流行性耳下腺炎（ムンプス），インフルエンザ菌，B 型肝炎，水痘，ロタウイルス，A 型肝炎，髄膜炎菌，4 歳で 2 度目の麻疹の予防接種が義務接種になっている．未接種者は流行の原因になるので，連邦法で，公立の小中学校への転入学には予防接種証明書が必要である（未接種者は転入学できない）．

3 ● ワクチンの種類

ワクチンは生ワクチンと不活化ワクチン・トキソイドに分けられる．生ワクチンは生きた病原体の毒性を弱めてつくり，その病気に罹患したのに近い免疫を獲得させるもので，ポリオ，麻疹，風疹，BCG などがある．不活化ワクチンは病原体を殺し，免疫をつくるのに必要な成分だけを取り出して，その毒性をなくしたもので，日本脳炎，百日咳などがある．トキソイドは細菌が出す毒素を取り出して，その毒性をなくしたもので，ジフテリア，破傷風などがある．

4 ● 予防接種の接種間隔と注意点

(1) 生ワクチンを接種した場合は，次のワクチンを接種するのに 4 週間以上あける．
(2) 不活化ワクチン・トキソイドを接種した場合には，次のワクチン接種に 1 週間以上あける．
(3) ワクチン接種後の 1 時間，不活化ワクチン接種後 24 時間，生ワクチン接種後の 3 週間は副反応・副作用の出現に注意する．
(4) 予防接種当日の入浴はさしつかえないが，接種直後の過激な運動は避ける．
(5) 以前は夏期の予防接種を中止していたが，病気の流行状況や子どもの体調がよければ夏

の間も接種可能である．

5 接種不適当者および接種要注意者

従来は接種の禁忌事項であったのが，今回の改正により，接種不適当者（接種を受けることが適当でない者で，接種を行ってはならない者）と接種要注意者（接種の判断を行うに際し，注意を要する者を指し，この場合，接種を受ける者の健康状態および体質を勘案し，注意して接種しなければならない者，接種可能な者）に分けられた．

予防接種不適当者：予防接種を受けることができない人

(1) 明らかな発熱のある者
(2) 重篤な急性疾患にかかっていることが明らかな者
(3) その病気の予防接種の接種液の成分によってアナフィラキシーを呈したことが明らかな者
(4) ポリオ，麻疹，風疹の予防接種の対象者については，妊娠していることが明らかな者
(5) その他，予防接種を行うことが不適当な状態にある者

接種要注意者：接種の際に医師と相談しなくてはならない人

(1) 心臓病，腎臓病，肝臓病や血液の病気などで治療を受けている人
(2) 発育が悪く医師や保健師の指導を継続して受けている人
(3) 低出生体重児で生まれて発育の悪い人
(4) かぜなどのひきはじめと思われる人
(5) 前に予防接種を受けたとき，2日以内に発熱，発疹，じんましんなどアレルギーを思わせる異常がみられた人
(6) 薬の投与を受けて皮膚に発疹が出たり，体に異常をきたしたことのある人
(7) 今までにけいれんを起こしたことがある人．原因がはっきりしている場合には，一定期間たてば接種できる
(8) 過去に中耳炎や肺炎などによくかかり，免疫状態を検査して異常を指摘されたことのある人
(9) ワクチンには抗原の他に培養に使う卵の成分，抗生物質，安定剤などが入っているので，これらにアレルギーがあるといわれたことのある人
(10) 家族や保育所のなかで，麻疹，風疹，水痘などの病気が流行しているときで，予防接種を受ける本人がその病気にかかっていない場合（接種しようとする病気にすでにかかっている可能性がある）．

6 予防接種による健康被害について

接種を行う前に十分に注意しても，なお予見できない副反応・副作用が起こることがある．予防接種法によって実施された予防接種による健康被害に対しては，国による被害の救済制度が設けられている．

7 それぞれの予防接種について

予防接種の種類と接種時期については図11-6に示すとおりである．それぞれの予防接種は接種が定められている年齢のなかでも，接種可能な年齢に達したら早めに接種することが望ましい．とくに集団保育に参加する乳幼児では，通常の接種時期になったら体調のよいときを選んで接種することが個人防衛の上からも望ましい．

a. ジフテリア・百日咳・急性灰白髄炎・破傷風ワクチン（DPT-IPV）（不活化ワクチン）

ジフテリア・破傷風のトキソイド，百日咳の死菌ワクチン，弱毒ポリオウイルスの不活化ワクチンを混合したものである．乳児期に1期として初回接種3回，その後1年～1年半後に追加接種を1回行う．2期は小学校6年時に2種混合DT（ジフテリア・破傷風）トキソイドを接種する．

副反応：注射部位の紅斑・硬結・腫脹と発熱が

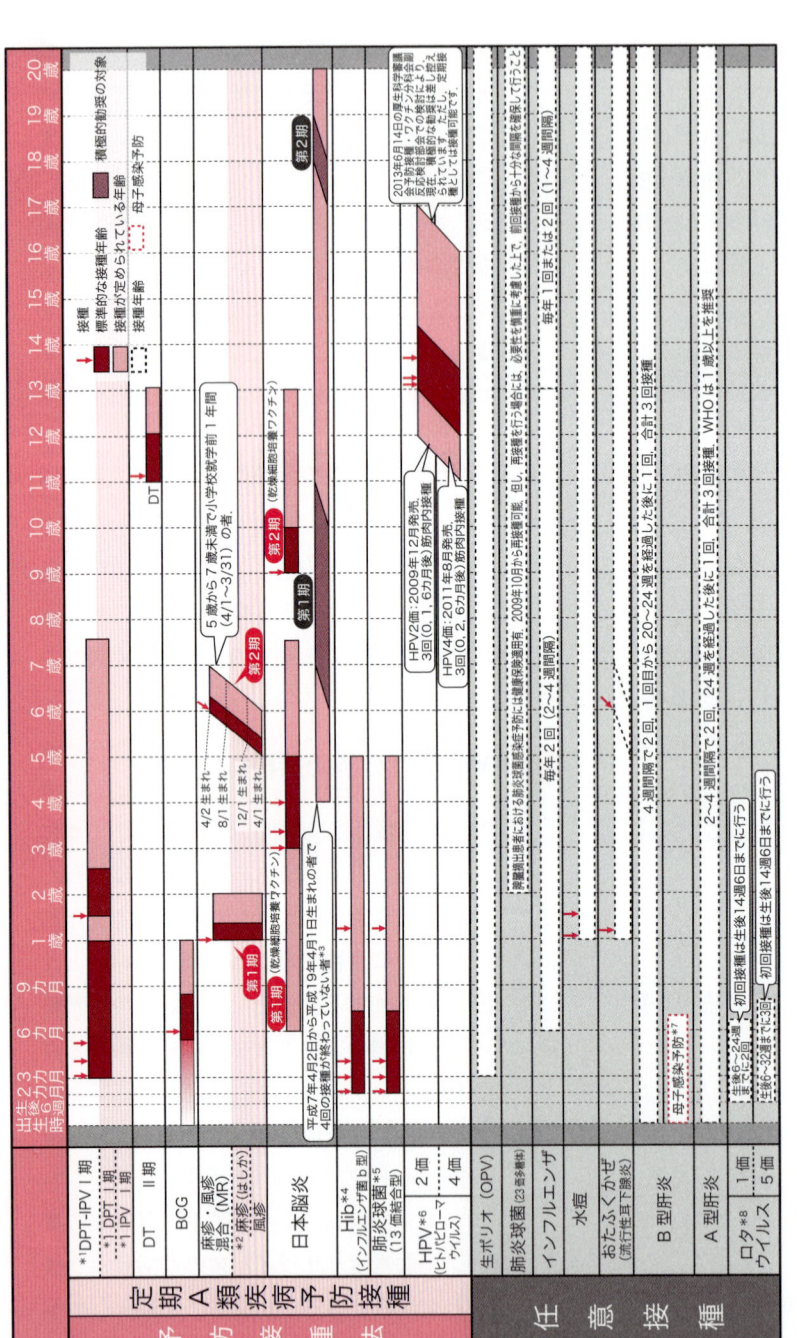

図 11-6. 予防接種と接種時期について

資料：国立感染症研究所感染症情報センター．日本の定期／任意接種スケジュール（20歳未満、2013 年 11 月 1 日以降）

*1 D：ジフテリア，P：百日咳，T：破傷風，IPV：不活化ポリオワクチンを表す．IPV は2012 年9 月1 日から，DPT-IPV 混合ワクチンは2012 年11 月1 日から定期接種に導入。回数は4 回接種ですが，OPV（生ポリオワクチン）を1 回接種した場合は，IPV を2 回と3 回接種します．IPV は2012 年9 月1 日以降定期接種としては使用できなくなります．IPV で接種を開始した場合は，DPT-IPV で接種を完了します．それぞれ原則として同じワクチンで接種を完了します．
*2 原則としてMR ワクチンを接種．なお，同じ期間内で麻疹ワクチンまたは風疹ワクチンのいずれか一方を接種する者についても対象者となります．
*3 第1 期・第2 期ともに受けていない人も，平成7 年4 月2 日～平成19 年4 月1 日生まれの人は，20 歳未満であれば特例対象者になります．
*4 2008 年12 月19 日から国内での接種開始．生後2 カ月以上5 歳未満の間にある者が対象で行うが，標準として生後2 カ月以上7 カ月未満に接種を開始．接種方法は，通常，27日以上の間隔で3 回皮下接種（医師が必要と認めた場合には20 日間隔で接種可能）．初回接種から7～13 カ月の間隔をおいて1 回皮下接種．
*5 2013 年11 月1 日から7 価結合型に定期接種に導入．7 価を1 回受けている人は残り3 回を7 価で，2 回受けている人は残り2 回を7 価で，3 回受けている人は残り1 回を13 価で行う．接種開始が生後2 月以上7 月未満の場合，27 日以上の間隔で3 回接種，追加免疫として通常，3 回目接種から60 日以上の間隔をおいて1 歳以上（標準として12～15 カ月）に1 回追加接種．合計4 回接種．接種もれの者は，次のようなスケジュールで接種．生後7 月以上12 月未満の場合：27 日以上の間隔で2 回接種したのち，60 日以上の間隔をおいて1 歳以上（標準として12 カ月以降）に1 回追加接種．1 歳以上2 歳未満：60 日以上の間隔で2 回接種．2 歳以上9 歳以下：1 回接種．なお60 月以上は，任意接種．
*6 互換性に関するデータがないため，同一のワクチンを3 回筋肉内に接種．
*7 健康保険適用．HB ワクチン：通常，0.25mL ずつ，生後12 時間以内，初回接種の1 カ月後，6 カ月後の3 回皮下接種．ただし，能動的にHBs 抗体が獲得されていない場合には追加接種を行う．HBIG：0.5～1.0mL 筋肉内注射．時期は生後5 日以内（なお，12 時間以内が望ましい）．また，生後12 時間以内に行うことが望ましい．なお，1 回目の接種は生後14 週+6 日までに行うこととなっている．
*8 ロタウイルスワクチン：1 価接種と5 価接種がある．1 価は初回接種は14 週6 日までに行う．5 価接種は初回接種は14 週6 日までに行う（厚生労働省）．

見られる．

b. Hib ヒブワクチン（インフルエンザ菌 b 型）（不活化ワクチン）

インフルエンザ菌，とくに b 型莢膜を有する菌（Hib ヒブ）は乳幼児の髄膜炎，敗血症などの重症感染症の原因となる．乳児期に 1 期として初回接種 3 回，その後 7 カ月〜13 カ月後に追加接種を 1 回行う．

副反応：注射部位の紅斑・硬結・腫脹と発熱・不機嫌が見られる．

c. 肺炎球菌ワクチン（不活化ワクチン）

肺炎球菌は乳幼児の上気道に感染後，ときに髄膜炎，敗血症，肺炎，中耳炎などの重症な感染症を起こす．乳児期に 1 期として初回接種 3 回，その後 7 カ月〜13 カ月後に追加接種を 1 回行う．

副反応：注射部位の紅斑・硬結・腫脹と発熱・不機嫌が見られる．

d. BCG ワクチン・結核（生ワクチン）

牛型結核菌を弱毒化した生ワクチンである．小学校中学校のツ反・BCG は廃止され，生後 5 カ月に達した時から生後 8 カ月に達するまでの期間に 1 回接種する．接種後 2〜3 週間で接種局所に赤いポツポツができ，一部に小さく膿をもち，約 4〜8 週間でかさぶたができて治る．これは異常反応ではなく，BCG により結核菌に対する免疫ができる過程であり，包帯やカットバンを貼らずに清潔にするだけでよい．

副反応：接種後 1 カ月前後から接種側の腋窩リンパ節がまれに腫脹するが，自然に軽快する．とくに化膿して排膿する場合は病院に受診する．

e. 麻疹・風疹混合(MR)ワクチン（生ワクチン）

弱毒麻疹ウイルスから作られた生ワクチンと弱毒風疹ウイルスから作られた生ワクチンを混合したものである．接種時期は 1 期として生後 12 カ月〜24 カ月未満の者に，2 期として 5 歳以上 7 歳未満で小学校就学前の 1 年間の者に接種する．

副反応：注射部位の紅斑・硬結・腫脹と発疹が見られる．

f. 日本脳炎ワクチン（不活化ワクチン）

日本脳炎ウイルスを精製し不活化したものである．北海道を除く日本と東南アジアに日本脳炎をもった蚊がいるので，3 歳を過ぎたら接種をする．1 期初回接種は 1〜4 週間間隔で 2 回，翌年に 1 期追加接種 1 回で基礎免疫ができる．2 期の接種は 9 歳以上 13 歳未満で接種（1 回）を行う．

副反応：注射部位の紅斑・硬結・腫脹と発熱が見られる．

g. HPV（ヒトパピローマウイルス）（不活化ワクチン）

20〜40 歳代の子宮頸がんはヒトパピローマウイルスの感染が原因であることが判明し，2 種類の不活化ワクチンが定期接種される．初回接種は，13 歳となる日の属する年度（中学 1 年生）の初日から当該年度の末日までの間に，2 カ月の間隔をおいて 2 回行った後，初回 1 回目の接種から 6 カ月の間隔をおいて 1 回の計 3 回接種する．

副反応：注射部位の疼痛・発赤・腫脹と発熱・倦怠感が見られる．他のワクチンに比べ副反応が重い傾向がある．

h. 任意の予防接種について

1) 季節性インフルエンザワクチン（不活化ワクチン）

ワクチンに含まれるウイルス株はインフルエンザの流行状況を予測し毎年決定される．ワクチン株と流行株の抗原構造が一致すると予防効果が高まる．6 カ月以上 13 歳未満では毎年 10 月から 12 月に，接種は 4 週間隔で 2 回接種する．

副反応：注射部位の紅斑・硬結・腫脹と発熱が見られる．

2) おたふくかぜワクチン（生ワクチン）

おたふくかぜウイルスを弱毒化した生ワクチンである．1 歳と小学校入学前の 2 回接種が推奨される．

副反応：ワクチン接種により無菌性髄膜炎を

表 11-4. 乳幼児健康診査

体重	身長	月年齢	健診の重点項目	スクリーニングの重点
3 kg	50 cm	早期新生児	外の世界への適応・不適応の分析と予後判定 （呼吸，循環，哺乳，黄疸など）	成熟度，新生児，新生児疾患 奇形（外表，内臓） 先天性代謝異常（ガスリー法）
4 kg		1カ月	新生児期診断の不足の補いと，その後の変化に注意 体重増加状況	同上，ならびに整形外科的疾患（斜頸など） 皮膚疾患（湿疹，あざなど）
5〜6 kg		3カ月	身体的発育，栄養状態 神経学的発達 疾病の発見，とくに心疾患，腹部腫瘤，先天性股関節脱臼，貧血などに注意	奇形（外表，内臓，とくに心奇形） 整形外科的疾患（先天脱臼など） 神経学的異常（<u>脳性麻痺，発達遅延の著明なものの発見</u>など，けいれんにも注意）
		6カ月および9カ月	身体的発育，栄養状態，精神運動発達（疾病の発見，とくに腹部腫瘤，貧血など）	神経学的異常，とくに点頭てんかん，視・聴覚異常，先天異常の再チェック，易感染傾向 3カ月健診時の要注意事項の追跡
9 kg	75 cm	12カ月	身体的発育，栄養状態，精神運動発達 疾病（ありふれた疾病の発見と指導）	発達の遅れ，神経学的異常（脳性麻痺，てんかん）などの発見（<u>中等度の遅れはこの時期で発見する</u>），視・聴覚異常，貧血，歯科
10 kg	80 cm	1歳6カ月〜2歳	身体的発育，栄養状態 行動発達 疾病（とくに慢性疾患） 軽度の心身障害，視・聴覚障害の発見 育児上の問題点の発見	発達の遅れ，神経学的異常の<u>軽度のものはこの時期に発見</u> 熱性けいれんとてんかんの鑑別 行動異常，視覚，言語異常 （脳障害，自閉症など）
13〜14 kg	90〜95 cm	3歳	同上	同上 言語遅延
17 kg	105 cm	5歳	同上 とくに就学準備として放置されやすい軽微なものに注意	検尿（糖，蛋白） 弱視，難聴 行動異常（社会への適応性のチェック）

および保健指導の重点

保健指導の重点	発達チェックの要点
栄養，保育の一般的指導，母乳栄養への努力	・裸にすると両手足をよく動かすか ・力強く泣き，よく眠るか ・乳をよく飲むか
栄養指導（母乳不足のさいの指導），果汁の与え方 生活のリズム，のびのび育児	・裸にすると両手足をバタバタさせるか ・声をかけると泣きやむか ・顔やものを見つめるか
栄養指導（離乳準備，ミルク嫌い対策） 生活指導（外気浴，季節に応じた指導） 予防接種（受け方と時期の指導，ポリオ，DPT，BCG）	・声をたてるか（アーアー，オーオーなど） ・うつ伏せにすると首を上げようとするか ・動くものを目で追うか ・声のするほうへ顔を向けるか ・あやすと笑うか，声をたてて笑うか ・首がすわりかけてきているか
栄養指導（離乳の進め方） 生活指導（夜泣き，おもちゃ，感染症の心構えなど），事故防止 予防接種（ポリオ，DPT）	・6カ月で完全に首がすわっているか ・9カ月でおすわりができるか ・家人に話しかけるそぶりをみせ，相手にしてもらいたがるか ・音のするほうを振り向くか ・人見知り
栄養指導（食事自立，楽しい食事） 生活指導（反抗期へ向かう心構え）（自立に向かう心構え） 予防接種（ポリオ） 事故防止，齲歯予防	・つかまり立ち，つたい歩きができるか ・小さいものを指でつまめるか ・音楽に合わせて体を動かすか ・バイバイなど他人の真似をするか ・後追い
栄養指導（食事自立，楽しい食事） 生活指導（自立へ向かう指導，排尿便は昼間完成，しつけ一般，育児態度），事故防止，齲歯予防 予防接種（麻疹，風疹ワクチンの指導）	1歳6カ月　・じょうずに歩けるか ・クレヨンなどでなぐり書きをするか ・意味のある片言を言えるか ・コップから飲めるか 2歳　・走ることができるか ・2語文を言えるか ・スプーンを使って自分で食べられるか ・ジャンプ（両足とび）や階段の上り下りができるか
栄養指導（食欲不振，偏食への指導） 生活指導（社会への適応，自立の完成へ，幼稚園，保育所，友達遊び）	・真似をして○が書けるか ・ひとりで靴（ズック）がはけるか ・ごっこ遊びができるか
予防接種（未完のものがあれば指導） 事故防止，齲歯予防 栄養，生活指導（同上，とくに就学への心構え，自立心確立へ）	・片足ケンケン，でんぐり返しができるか ・ハサミが使えるか ・ひとりで大小便ができるか ・自分の名まえが読めるか

3,000人に1例程度発症する．注射部位の紅斑・硬結・腫脹と発熱・耳下腺腫脹が見られる．

3）水痘ワクチン（生ワクチン）

水痘帯状疱疹ウイルスを弱毒化した生ワクチンで，日本で開発された．1歳以上の者に3カ月以上の間隔で2回接種する．

副反応：ほとんど見られない．

4）B型肝炎ワクチン（不活化ワクチン）

生物工学の組み換え遺伝子技術を応用して作られたB型肝炎のワクチンで3回接種する．B型肝炎抗原陽性の母親から生まれた新生児や医師・看護師などの医療関係者に接種され，安全で有用である．海外ではすべての新生児へのB型肝炎ワクチンが接種される．わが国でも一般乳児への接種が推奨される．

副反応：倦怠感や局所の痛みで，新生児・乳児についても問題はなく，一般的には重大なものはない．

5）ロタウイルスワクチン（生ワクチン）

乳幼児の下痢症を発病させるロタウイルスの生ワクチンが2種類作られた．生後6週から4週間隔で2回ないし3回経口接種する．

副反応：接種後，軽症の下痢になることがある．

6）その他のワクチン

上記の他に，わが国で任意接種が可能なワクチンには，A型肝炎ワクチン（不活化ワクチン）・黄熱ワクチン（生ワクチン）・狂犬病ワクチン（不活化ワクチン）・23価肺炎球菌多糖体ワクチン（不活化ワクチン）・破傷風ワクチン（不活化ワクチン）がある．

H. 乳幼児健康診査と保健指導

従来の乳幼児健康診査（乳健，図11-7）は先天性の心臓病などの病気の発見，脳性麻痺などの発達障害の早期発見，発育不良や栄養障害の発見指

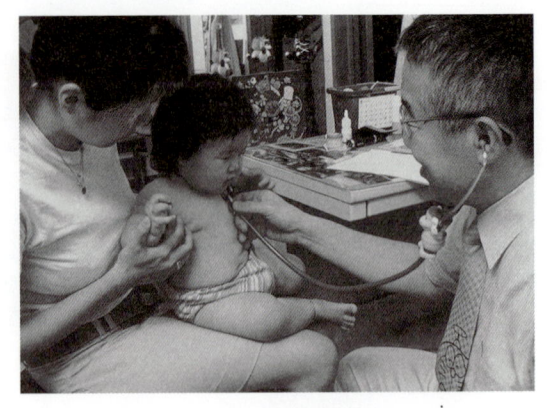

図11-7．乳幼児健康診査のようす

導などに重点があったが，社会経済の発展，小児医療の進歩により病気や障害の早期発見・診断から少しずつ変化してきている．子どもをとりまく社会や家庭の変化として，仕事をもつ母親が増加し，育児に強い不安をもつ親や，乳幼児の扱い方に不慣れな親も増加しているので，これからの乳健には親の育児に適切なアドバイスをし，親の育児に対する不安を解消させる場としての位置づけがより重要になってくる．

乳健の実施機関・場所には，保健所や市町村で行う健診と，出生した医療機関やかかりつけ医で行う健診がある．今後は母子保健法の改正や小児医療の発展により後者の乳健の増加充実がなされていく．

乳幼児健康診査と保健指導の内容（表11-4）

乳幼児健康診査の目的は，すべての乳幼児が身体的・精神的・社会的に最適な成長・発達がとげられるように助けることにある．つまり，すべての子どもの可能性を最大限に発揮できるように手助けするために，相談する場所なのである．具体的な目標としては，次のようなものがある．

(1) 子どもの成長・発達の状態を明らかにし，最適な成長・発達をとげられるように健康管理，保健指導を行う．

(2) 新生児期または初回健診時に医学的・社会的

に問題や危険性のある子ども・家庭を見落とさないように注意をし，その後の健康管理・相談の計画を立てる．

(3) 出生前および出生時の原因による中等度以上の障害・病気は遅くとも3カ月から4カ月までに発見する．

(4) 見逃されやすい障害・病気，慢性の病気および障害（視力，聴力，言語，知的，情緒など）の早期発見および予防に努める．

(5) 発見された障害・病気について，早期治療，療育，健康管理，遺伝相談の処遇を行う．

(6) 行動発達上の問題を早期に発見または予防する．

(7) 健康診査，保健指導は家族，地域社会も含めた総合的・包括的であるように努める．

乳幼児健康診査の時期は地域により異なるが，1カ月，3カ月から4カ月，6カ月ないし9カ月，1歳6カ月，3歳の健康診査が行われている．

（横井茂夫）

column　外気浴・日光浴

　日光浴はかつて乳幼児の保健指導として重視されていたが，最近では過度の紫外線を浴びることで炎症を起こし，将来の皮膚がんの危険性が高くなるなどの理由で注意が喚起されるようになった．母子健康手帳でも平成10年から日光浴の記述がなくなり，乳幼児健診の際に保健師から乳児用のUVクリーム・リキッドの使用を指導されている．
　乳幼児の健康のために，古くから外気浴・日光浴が育児書で指導されていた．昭和戦前では健康増進・代謝促進のほか，くる病や結核の対策・治療としてその効果があげられていた．戦後には外気浴は皮膚や粘膜の鍛錬になり，日光浴は紫外線によりビタミンDがつくられ，くる病予防になるため日課として行うよう指導されていた．昭和40年代以降の育児書には開始時期や方法などについての指導記述が多くなり，写真やさし絵で説明が加えられるようになっていた．しかし近年日光浴の必要性は否定され，むしろ紫外線対策を重視するようにその指導法は大きく変化してきている．外気浴は気分転換や外の世界への関心を広げるという効果があげられている．

SECTION 12 事故とその対応・予防・救急処置，乳幼児突然死症候群について

A. 事故について

　事故にはどんなに注意を払っても起きる偶然の事故もありえるが，ほとんどすべての事故は起こるべくして起きた事故である．
　事故の原因を調べると，**潜在危険**として①悪い環境，②悪い服装，③悪い行動，④悪い心身状態の4つの原因がいくつか重なって事故という結果が現れるのである．その原因を明らかにして事故防止に役立てることが重要である．

1 日本の小児の事故の特徴 （表12-1）

　保健統計ではっきりしている事故は，死亡事故だけで，身の回りの小さなケガや事故は把握できない．ある統計によれば，1歳から4歳の死亡事故1例の周辺には，医療機関に受診した事故2,000件，家庭で治療した事故10万件，家庭で経過をみた事故20万件が存在すると推定される．
　わが国の1歳から青年期までの死亡原因の第1位はつねに不慮の事故による死亡である．0歳児の死亡原因でも，健常に発育できない出産時外傷や先天異常をのぞけば，肺炎や敗血症の死亡よりも不慮の事故による死亡の方が多い．乳児期では，機械的窒息がもっとも多く，次いで交通事故である．1歳から4歳の幼児期では，交通事故がもっとも多く，溺死が次ぎ，それ以後も各年齢で交通事故がトップを占める．乳児の死亡事故は窒息，交通事故，溺死が三大原因である．とくに欧米に比べると，家庭内の風呂場や洗面所・トイレでの溺死と，幼児期に道路で遊んでいて車にひかれる形の交通事故死が多いのが日本の事故死亡の特徴である．米国は銃器の事故と薬物中毒が多いのが特徴である．

2 乳児の発達的特性と事故

　小児の生理的，発達的な特徴は，年齢や発達により変化する．発達的特性と事故の関係から次のような特徴がある．

a. 重心が不安定で，頭が大きい —乳児は転びやすい

　成人の脳重量は全体重の3％であるのに対して，1歳児では約2倍の7％である．そのため，重心は高く，頭部は重く，姿勢は不安定となり，転びやすくなる．乳児に多い転倒，転落，溺水などの事故は，乳児のからだの特徴が原因の1つである．成人では上半身が柵から出ると危険であるが，乳児では頭部が柵から出るだけで転落する可能性がある．

b. 運動機能が未発達，未熟である

　乳児の粗大運動は頸定，寝返り，はいはい，つたい歩き，ひとり歩き，駆け出すへと発達する．はいはいの時期には転落事故，つたい歩きの時期には机上の物を引き落としての熱傷事故，歩き始

表 12-1. 不慮の事故の年齢階級別にみた死亡数と種類別割合

平成 23 年（2011 年）

	総　数[1]	0 歳	1～4	5～14	15～24	25～34	35～44	45～54	55～64	65～74	75 歳以上
総数	59 416	199	380	637	1 413	1 680	2 598	3 527	6 975	10 421	30 766
死亡率[2]	47.1	18.9	9.1	5.6	11.6	11.3	13.9	22.9	37.1	69.6	209.8
総死亡数に占める割合（%）	4.7	8.1	32.8	43.1	30.0	19.5	13.6	9.4	6.4	5.3	3.5
死亡数											
交通事故	6 741	8	49	94	582	432	536	599	976	1 246	2 216
転倒・転落	7 686	4	12	18	59	75	167	278	669	1 006	5 396
溺死及び溺水	7 356	7	27	61	110	108	140	241	620	1 474	4 546
窒息	9 878	99	25	12	36	56	148	230	667	1 323	7 282
煙, 火及び火炎	1 434	—	8	16	16	21	68	121	203	297	668
中毒	942	1	2	—	46	145	221	162	132	101	132
その他	25 379	80	257	436	564	843	1 318	1 896	3 708	4 974	10 526
構成割合（%）											
総数	100.0	100.0	100.0	100.0	100.0	100.0	100.0	100.0	100.0	100.0	100.0
交通事故	11.3	4.0	12.9	14.8	41.2	25.7	20.6	17.0	14.0	12.0	7.2
転倒・転落	12.9	2.0	3.2	2.8	4.2	4.5	6.4	7.9	9.6	9.7	17.5
溺死及び溺水	12.4	3.5	7.1	9.6	7.8	6.4	5.4	6.8	8.9	14.1	14.8
窒息	16.6	49.7	6.6	1.9	2.5	3.3	5.7	6.5	9.6	12.7	23.7
煙, 火及び火炎	2.4	—	2.1	2.5	1.1	1.3	2.6	3.4	2.9	2.9	2.2
中毒	1.6	0.5	0.5	—	3.3	8.6	8.5	4.6	1.9	1.0	0.4
その他	42.7	40.2	67.6	68.4	39.9	50.2	50.7	53.8	53.2	47.7	34.2

注　1）年齢不詳を含む．　2）0 歳の死亡率は出生 10 万対, 他の年齢階級は人口 10 万対である．

資料：厚生労働省「人口動態統計」
出典：国民衛生の動向，2013/2014

めると転倒事故など，つねに発達に伴う事故の危険性がある．学童に安全なハサミでも乳児では操作性が未熟でケガをする．小児の年齢ではなく，個々の小児の年齢や発達段階を評価して安全を確保する必要がある．

c. 乳児は衝動的で自己中心的である

乳児の行動は衝動的で自己中心的である．これは，乳児がわがままということではない．乳児は欲しいもの，興味のあるものに対して周囲の状況を考えずに，まっすぐに進んでいき，人に衝突したり，車にひかれるのである．

d. 乳児は判断力が不十分である

乳幼児や老人は判断力が不十分である．道路にボールが転がってきた場合，成人はボールを追う小児を予測できるが，乳幼児では無理である．乳児の回りには薬品，たばこ，殺虫剤，ビニール袋，ひもなどがあり，乳児には危険な存在である．また，高い所などの危険な場所にも乳児は上ってしまう．

e. 乳児はおとなへの依存性が高い

乳児は親，保育者，兄姉への依存性が高い．とくに朝の保護者とのお別れやお迎えのときに母親の姿をみつけて，道路への飛び出し事故や人にぶつかる危険がある．

3 事故への対応

a. 事故が起きたらあなたはどうするか

あなたはただちに応急処置を子どもに行い，責任者に報告し，必要に応じて救急車の手配を含めた医師の診察を求め，父母に連絡するのが基本で

ある．

①人を呼ぶ．ただちに駆けつける．

事故発生現場にいあわせた場合，応急処置，連絡，他の子どもの安全確保などのために自分1人で処置しようとせずに，人を呼ぶことが大切である．また逆に，事故の知らせが来た場合に，自分の持ち場の安全を確認して，ただちに現場に駆けつける．

②応急処置を行う．

事故の現場で，応急処置を行うか，医務室ないし処置の行える場所に移動してから処置をする．現場が二次災害の危険があれば安全な場所に移動する．

③責任者への連絡と他の小児を安全に．

保育の責任者である主任か所長に連絡する．また他の小児の動揺を押さえ，危険な状況にならないように注意をはらう．

④救急車の手配．父母への連絡．

ケガの程度によっては，父母が医師の診察を求めるかを決めるが，重症の場合は父母との連絡がつくのを待たずに，速やかに病院に連れて行き，病院についてから父母に連絡する．輸送方法として救急車が必要なら119番通報する．119番通報のときには，事故の状況，バイタルサインを含んだ小児の状態，現場の住所と電話番号を報告する．小児の状態によっては，応急処置の指示が出るので，それに従い，消防隊が電話を切るまで，こちらの電話を切らない．

⑤父母との窓口は所長に．

事故報告は公立保育所では市町村の担当課に連絡する．父母との話し合いの窓口やマスコミへの対応は所長1人とする．また事故に関して，事故報告書を早急に作成して事故の状況，その後の処置などについてまとめる．

⑥事後処置．

なぜ事故になったかを反省し，必要な改善処置を行い，二度と同様の事故が起きないようにする．

4 事故の予防 (図12-1)

事故の予防の一般的対策は安全管理と安全教育である．安全管理は保育環境を整えるのをはじめとして，4つの潜在危険を少なくするように管理することである．安全教育とは，4つの潜在危険について，保育者をはじめとして母親や子どもを具体的に教育し，自分からこれらをなくすように努めさせることや，危険にあったときに身を守る訓練である．ただし，年齢的に乳児では安全教育の効果はほとんどない．具体的な事故予防対策としては，次のようなものがある．

a. 物的環境の整備

乳児の事故は建物や遊具などの設備の故障不備が原因となって発生する例がある．その危険性が指摘されていても，放置し重大な事故に至る場合もある．管理者は後述の事故予防対策委員会の報告を含めて，環境の整備をしていく姿勢が重要である．

b. 事故報告の徹底と安全ノートの作成

保育の現場では，いわゆる「ヒヤッとした事」「もう少しで事故になるところだった」ということがある．このような事例から，なぜヒヤッとしたか，なぜ事故にならずにすんだかについて報告し，検討し，学習する．この報告のためのノートを「安全ノート」と名付けて，誰もが記入し活用するようにする．

c. 事故予防対策委員会の設置

保育所や幼稚園では，事故予防対策委員会を設置し，報告や安全ノートをもとに実際に発生した事故や潜在危険などについて報告書を作成し，具体的な事故対策を行う．

d. 事故予防のチェックリストの作成と定期点検

事故予防対策委員会を中心として，事故予防のチェックリストを各所で作成し，定期的な点検を行う．事故や外傷時の救急処置や蘇生などの研修も行う．

図 12-1. 事故の予防—その①

- ベッドの上の壁にカレンダーなどを掛けない
- ベッドの柵にタオルや布団をかけない（顔の上に落ちて窒息）
- ベッドの柵は必ず閉める
- ベッドの中に大きなぬいぐるみなどを置かない（踏み台にして転落）
- タンスの上にすわりの悪いものを置かない
- サイドボードのガラスが低い位置にあったらガラス専用シートをはる
- コンセントにはコンセントカバーをつける
- 引き出しの中に薬やハサミなど危険なものを入れるときはロックしておく
- 姉や兄のおもちゃは片づける
- テーブルの上に灰皿やたばこ、化粧品などを放置しない
- アイロンは絶対に放置しない
- テーブルの角には角用テープを
- 裁縫箱・道具箱などを放置しない
- 蚊とり線香・マットは手の届かないところに置く
- 扇風機にはネットをする
- ストーブのまわりにはストーブガードをやかんはのせない
- 網戸によりかかって倒れないように立てつけを点検する
- ドアストッパーで指はさみを防止

158　事故とその対応・予防・救急処置，乳幼児突然死症候群について

ベランダの柵に頭が入るようなら、安全ネットやよしずを張る

灯油缶を置くときはしっかり蓋を閉める

灯油ポンプは目につかない場所へ

踏み台になるものを置かない（プランターやブロックも危険）

鍋の柄は奥に向ける

ゴキブリとりやほう酸ダンゴは、赤ちゃんの手の届かない奥の方へ

包丁の入っている開きはロック

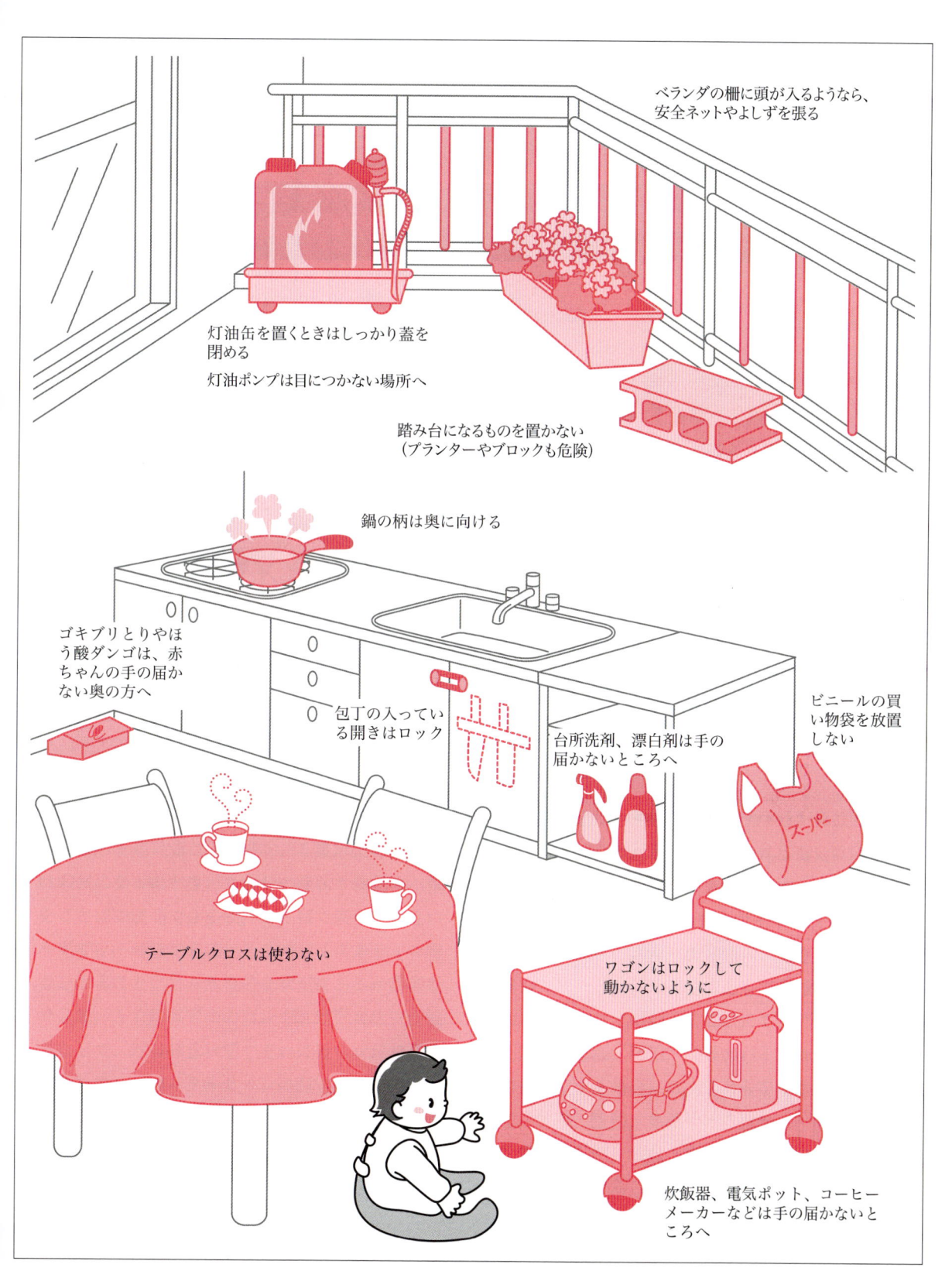

台所洗剤、漂白剤は手の届かないところへ

ビニールの買い物袋を放置しない

テーブルクロスは使わない

ワゴンはロックして動かないように

炊飯器、電気ポット、コーヒーメーカーなどは手の届かないところへ

図 12-1．事故の予防—その②

事故について

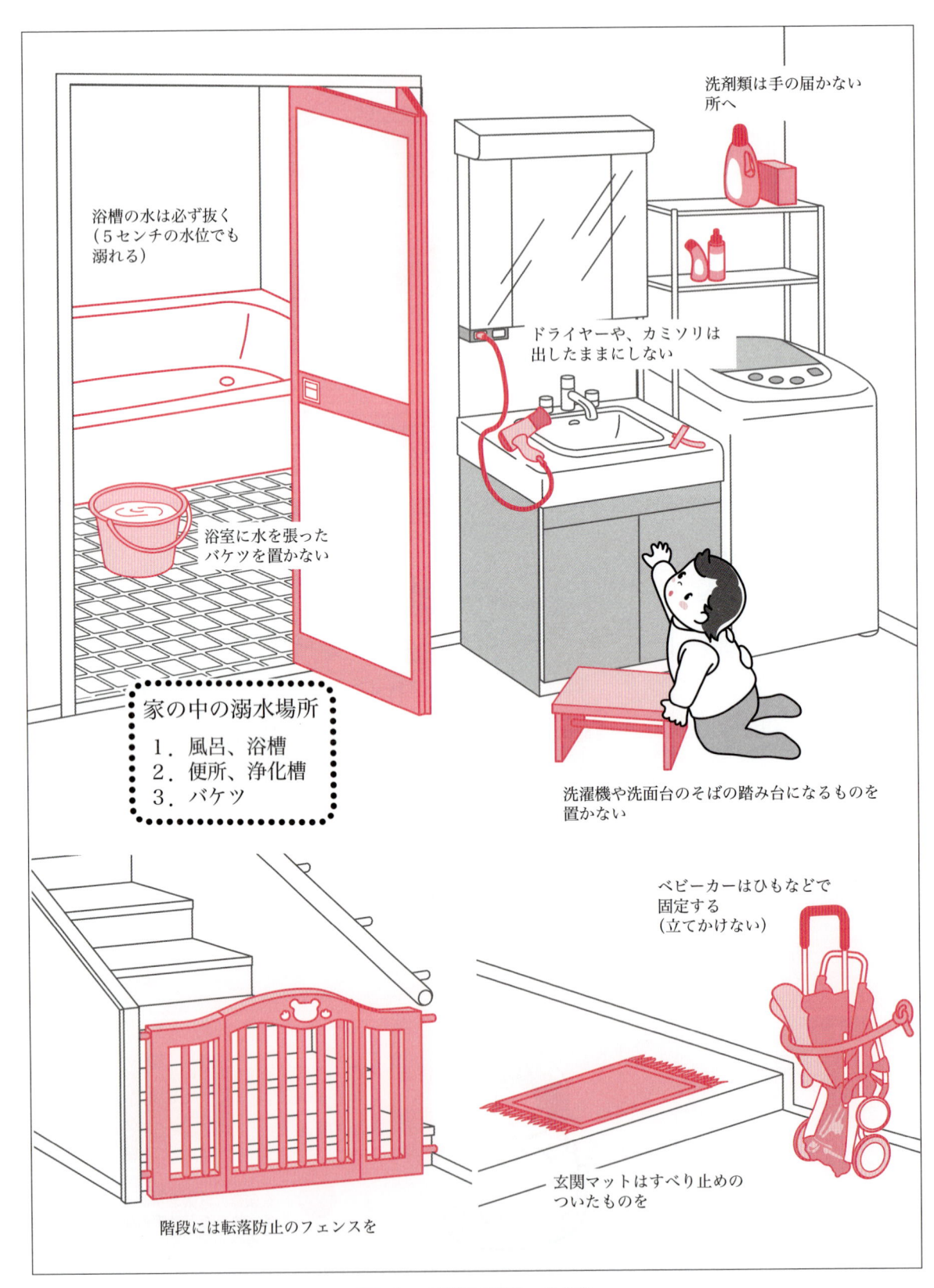

浴槽の水は必ず抜く
（5センチの水位でも溺れる）

洗剤類は手の届かない所へ

ドライヤーや、カミソリは出したままにしない

浴室に水を張ったバケツを置かない

家の中の溺水場所
1. 風呂、浴槽
2. 便所、浄化槽
3. バケツ

洗濯機や洗面台のそばの踏み台になるものを置かない

ベビーカーはひもなどで固定する（立てかけない）

玄関マットはすべり止めのついたものを

階段には転落防止のフェンスを

図 12-1. 事故の予防—その③

5 事故予防のチェックリスト
（表12-2）

表 12-2. 事故予防のチェックリスト—その①

〔スタッフ体制①〕		○	×
応急処置・連絡体制	応急処置ができる（全職員）………………………………………………		
	（できない人がいれば人数を記入）　　　（　　名）		
	できない人の訓練を行っている……………………………………………		
	救命処置ができる（全職員）………………………………………………		
	（できない人がいれば人数を記入）　　　（　　名）		
	できない人の訓練を行っている……………………………………………		
	応急処置の研修を定期的に行っている……………………………………		
	全職員が病院・救急隊にすぐに連絡できる………………………………		
	（できない人がいれば×）		
	できない人の訓練を行っている……………………………………………		
	緊急時の連絡網を作成している……………………………………………		
	連絡網による連絡がスムーズにできる訓練をしている…………………		

〔スタッフ体制②〕		○	×
点検・修理	設備・備品の定期点検を行っている………………………………………		
	随時，故障，破損物の修理・撤去を行っている…………………………		
	ただちに修理できる職員がいる……………………………………………		
子どもの把握・指導	危険なものを子どもに教えている（自動車・火等）……………………		
	危険を避けるのに必要な能力（反射，運動）の習得に努めている……		
	子どもの情緒安定をはかっている…………………………………………		
	事故を起こしやすい子どもを把握している………………………………		
	（該当児がいれば人数を記入）　　　　　　　　　　　　　　（　　名）		
	・障害児　・精神遅滞児　・注意散漫　・興奮しやすく衝動的　・活発すぎる ・理解力少なく規則を守れない　・情緒不安定　・活動に乏しく運動神経が鈍い ・運動機能の発達がアンバランス		
事故記録簿・安全ノートを作成している………………………………………			
事故を施設長に報告している……………………………………………………			
損害賠償への対応を十分にしている……………………………………………			

事故について

表12-2. 事故予防のチェックリスト—その②

〔建物・設備①〕　　　　　　　　　　　　　　　　　　　　　　　　　　　　　　　　○　×

区分	項目	○	×
床	すべりにくい材質である		
床	衝撃をやわらげる材質（木材, 畳, じゅうたん）である		
床	風呂・トイレでは, 濡れてもすべらない材質である		
壁	接触・転倒してもけがをしない材質である		
壁	額・展示板など落下防止をしている		
壁	棚の上に, 落ちてくる物を置いていない		
ドア	指をつめない工夫をしている		
ドア	開き戸が急に閉じない工夫をしている（ドアチェック・ドアクローザー）		
ドア	子どもの出入りする姿が見える		
ドア	外側からドアが開けられる（子どもが閉じ込められないように）		
ドア	段差をなくしたり, 少なくしている		
家具	子どもが勝手に引き出さないように工夫している		
家具	転倒しないように工夫している		
家具	家具の上に転落するように物を置いていない		
家具	可動性の家具ではさまれないようにしている		

〔建物・設備②〕　　　　　　　　　　　　　　　　　　　　　　　　　　　　　　　　○　×

区分	項目	○	×
窓	子どもが触れる所のガラスは強化ガラスや網入りガラスである		
窓	足台になるものを置いていない（イス, 箱, 玩具）		
窓	2階の場合は縦柵がある		
寝室	ベッドの下の床材に柔軟性がある		
寝室	ベッドの柵の扱いに常に注意している		
寝室	年齢に応じたベッドを使用している		
台所	未使用の時はガスの元栓を閉めている		
台所	子どもだけで入らないように施錠している		
台所	危険物（包丁・ポット）の扱いに注意している		
風呂・トイレ	蛇口の湯の温度を低くしている（50度程度）か, 熱傷の防止をしている		
風呂・トイレ	転落しないように浴そうを高くしている（60 cm以上）		
風呂・トイレ	使用しない時は浴そうの水を抜いている		
風呂・トイレ	床, スノコやマットがすべらない材質である		
風呂・トイレ	子どもが転落しにくい便器にしている		

表 12-2. 事故予防のチェックリスト―その③

〔建物・設備③〕

		○	×
テラス・柵	足台にする物を置いていない（イス・箱，玩具）		
	縦柵の幅は 10 cm 未満である（子どもの頭が出ない幅）		
	柵の高さは 110 cm 以上ある（子どもが乗り越えられない高さ）		
電気・冷暖房	コンセントにカバーをしている		
	×の場合，子どもが触らない工夫をしている		
	コードの扱いに注意している		
	扇風機，アイロン，テレビなどの電気器具の扱いに注意している		
	子どもが手の触れない冷暖房方式（床暖房・天井等に設置）にしている		
	上が×の場合，柵など設備をして近づかない工夫をしている		
救急箱	内容物の定期点検を行っている		
	目立つ所に置いている		
	子どもの手の届かない所，日光の当たらない所に置いている		
	使用したらすぐ補充している		

〔庭・遊具〕

		○	×
全体	軟らかい地面である（芝生・土・砂）		
	上が×の場合，転落・転倒の衝撃をやわらげる工夫をしている		
	危険物・破損物がない		
	遊具の配置が適切である		
	遊具の点検をして，修理している		
	固定遊具で遊ぶときは職員がついている		
	マンホール・側溝などの転落する場所がない		
ブランコ・すべり台	周囲に障害となるものがない		
	ひもなどが引っ掛かる所がない		
	踊り場の柵が安全		
	着地面がやわらかい		
	通路に当たる所に置いていない		
	すべり台の着地部分が安全		
砂場	ガラスなどの危険物や玩具の破損部品がない		
	動物のフンがない		
	清潔な砂を使用している		
	枠の木材が腐食したり，危険な状態ではない		

表 12-2. 事故予防のチェックリスト―その④

〔重大事故の予防〕		○	×
窒息	窒息する恐れのある食品の取り扱いに注意している………………（もち，豆，キャンデー，こんにゃく）		
	ビニール袋・風呂敷の扱いに注意している………………………………		
	ベッド周辺から柔らかい布団やまくらを片づけている………………		
	ひも，コード，なわとび等，首が締まる物を遠ざけている…………		
	哺乳瓶をくわえさせたままそばを離れない注意をしている…………		
	玩具や食物を口に入れたままでそばを離れない注意をしている……		
	睡眠時（特にうつ伏せ寝）に長くそばを離れない注意をしている…		
誤飲	飲み込むと危ないものを遠ざけている．……………………………（ひとつでも身近にあれば×）洗剤，たばこ，薬品，灯油，シャンプー，ビニール，文房具，肥料，殺虫剤		

（帆足英一監修：乳幼児の事故予防と応急手当て．企画室，1995）

B. 救急の処置と養護のポイント

1 呼吸停止，心停止，人工呼吸，心臓マッサージ

　乳幼児では窒息，誤飲，溺水，乳幼児突然死症候群などのために呼吸停止・心停止の状態で発見されることがある．5分間以上脳への血流が遮断されると神経組織の回復は不可能となる．心肺停止後4分以内に着手すれば約半数は救命される．救急処置の研修は地域の自治体，日赤，消防署などでも行われているので積極的に職場研修に取り入れるようにする．

a. 呼吸停止，人工呼吸

　呼吸停止の原因により多少の違いはあるが，次のことを行う．
①気道を確保するために，口の中にミルク・食物があったら指を入れて掻き出す．
②仰向けにして，頭部を後屈し，頸部をやや伸展させあご先を前方へ押し出す．この姿勢を「頭部後屈あご先挙上法」といい，品物の臭いを嗅ぐ姿勢で，鼻から肺までの気道の抵抗がもっとも少ない状態になる（図12-2）．
③気道を確保しても，自発呼吸の無いときは，ただちに人工呼吸を開始する．

b. 口から鼻と口への人工呼吸（図12-3）

　子どもをあお向けに寝かせて，保育者は子どもの右側にひざまずいて，その左手を首の下に，右手を額に当てて，頸部を伸展させる．次に右手をあごの下にもってゆき，あごを前方に挙上する．保育者は大きく深呼吸し，広く開けた口で子どもの鼻と口の両方をぴったりとおおい，子どもの胸郭が膨らむまで息を吹き込む．次いで口を離すと自然に呼気が起こり胸が沈んで行く．この動作をくりかえすのが「口から鼻と口への人工呼吸法」である．1分間に約20回の割合でくりかえす．

c. 心停止，心臓マッサージ

　子どもがぐったりして，肘関節の内側で上腕動脈の拍動を触れず（図12-4），または手で子どもの胸を触れても心臓の拍動が無いときは心停止の状態なので，ただちに心臓マッサージを開始する．子どもをあお向けに畳か，板に寝かせてからマッサージを行う．ベッドや布団の上で，胸を押して

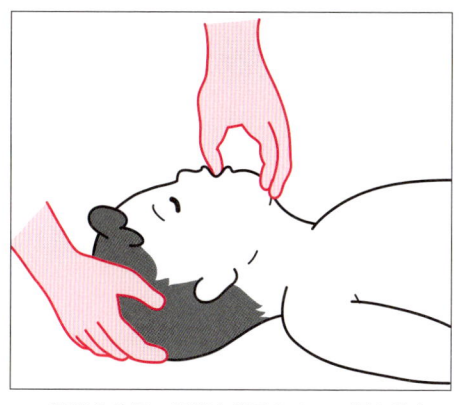

a．頭部を後屈，頸部を伸展させ，下顎を前方に突出させる．

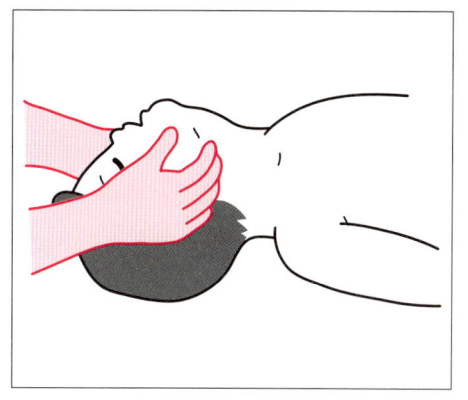

b．手指で下顎を前方に押し出す．

図 12-2．頭部後屈あご先挙上法

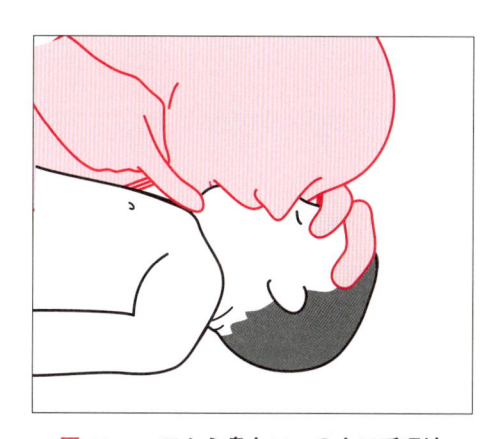

図 12-3．口から鼻と口への人工呼吸法
鼻と口を空気が漏れないように塞いで人工呼吸する．

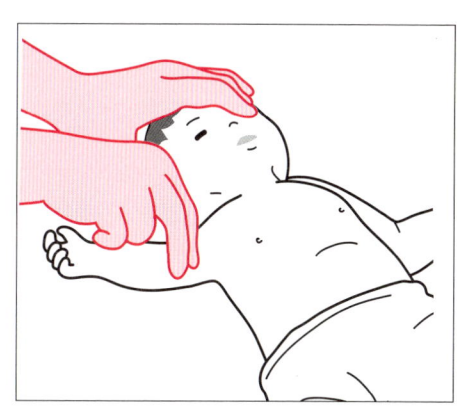

図 12-4．上腕動脈の位置と触知法

も体の下が柔らかいので，マッサージの力が子どもの心臓に達しない．乳児では，胸骨の中央部を人差指と中指をそろえた指先で，2～3 cm へこむように1分間100回圧迫する（図 12-5）．人が2人以上いるときは，心臓マッサージと人工呼吸は5回に1回のリズムで交互に行う．

2 溺水，水の事故

溺水は乳幼児の事故死の上位を占める．乳幼児では成人には危険のない風呂場，洗濯機，水溜り，などが危険な場所となりうる．

救急処置：ただちに水から出して，気道を確保

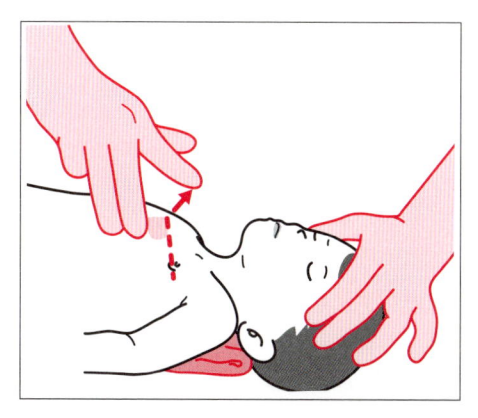

図 12-5．乳児における胸部を押す指の位置

救急の処置と養護のポイント

する．次に人工呼吸を開始して，心停止が確認されたら，心臓マッサージも行う．低体温であれば，温めた毛布かバスタオルで全身を包み，皮膚のマッサージをする．以前は，溺れた場合はまず水をはかせると言われたが，はかせることに時間を費やすよりも，気道確保，人工呼吸，心臓マッサージを早急に開始するほうが，救命につながる．水の事故は，発見した場所での最初の救急処置がその予後を決めるので，ただちに適切な処置を開始してから，119番連絡をする．

3 誤飲，誤嚥

子どもたちの周りには，誤飲の原因になりそうな生活用品，薬，おもちゃ，食品などが無数にある．とくに乳児には誤飲事故が多く，死に至るものもあるので，適切な処置が必要である．

化学的物質：まずラベルに有毒などの注意書きがないか調べる．誤飲した化学的物質の商品名，会社名を確認し，直接製造メーカーに問い合わせをする．さらに誤飲したものが有毒かどうかの判断が困難なときは，次に問い合わせるとよい．

▶つくば中毒情報センター
☎0990-52-9899（ダイヤルQ2：有料）
9時～21時のみ対応．
12月31日～1月3日は休み．

▶大阪中毒情報センター
☎0990-50-2499（ダイヤルQ2：有料）
24時間受け付け，年中無休．

▶タバコ専用　☎072-726-9922（無料）
24時間対応のテープによる情報提供．
年中無休．

また，病院に受診するときは1～2杯の牛乳か水を飲ませてから行く．病院受診時には化学的物質の入っていた容器や残量も必ず持参する必要がある．

固形物の誤飲：固形物や食物の誤飲は，気道異物となるときと，食道異物となる場合とがある．気道異物は，突然はげしく咳き込み，ヒューヒューという音がして，苦しがることが多く，窒息状態になる危険性がある．異物とは子どもの口に入るもののすべてであるが，とくにピーナッツとオモチャの部品が原因になることが多い．

異物のある位置により，その処置が異なるので早急に病院に受診する．

4 熱傷，ヤケド

熱傷も子どもに多い事故である．はじめの処置が，その後に大きな影響を与えるので，正しい処置を理解する必要がある．

救急処置：まず流水で冷やす．熱傷の程度・範囲によって異なるが，ただちに流水で約30分間する．氷水で冷やしてもよいが，患部に直接氷を当てると，氷による凍傷を生じることがあるので行わない．

病院に受診する熱傷は，子どもの手の掌よりも大きな熱傷，水疱が破れている熱傷，顔面の熱傷などである．病院に受診する前に，熱傷面に軟膏類の塗布を行わない方がよい．

C. 乳幼児突然死症候群

1 乳幼児突然死症候群について

乳幼児突然死症候群（SIDS）は，乳幼児がただ突然に死亡したという状況の説明ではなく，小児科のなかで確立された1つの病気である．厚生労働省「乳幼児突然死症候群ガイドライン（平成17年3月発表）によれば，乳幼児突然死症候群とは「それまでの健康状態および既往歴から，その死亡が予想できず，しかも死亡状況調査および解剖検査によってもその原因が同定されない原則として1歳未満児に突然の死をもたらした症候群」と定義されている．乳幼児突然死症候群で死亡した子

どもは，原因究明のための解剖によっても，ほとんどの死亡原因が不明である．成人の突然の死亡は解剖により，クモ膜下出血，心筋梗塞，脳動脈瘤などの心臓病・脳血管障害による原因が明確になるが，乳幼児突然死症候群では死亡した子どもの解剖をしても明確な原因は不明である．日本では乳幼児突然死症候群の発生頻度は出生4,000人に1人で，米国の800～1,000人に1人に対し，はるかに少ない．

乳幼児突然死症候群は古くから存在した病気であるが，肺炎・胃腸炎などの感染症での死亡が急速に減少した先進国では，乳幼児死亡の中の重要課題となっている．

さきほどまで元気であった乳幼児が主に家の中で突然死亡することから，残された家族に大きな心理的ショックを与える．とくに母親は深い悲しみの中で，自分が何か過失を犯したのではないかとの自責の念と，さらに周囲からのいわれのない非難の目にさらされる．

2 乳幼児突然死症候群の原因

乳幼児突然死症候群の原因に関して，呼吸，心臓，代謝，神経，感染症，事故，中毒などあらゆる領域から研究がなされているが，その全貌は明らかになっていない．現時点では，呼吸を支配する脳幹部の微細な機能不全が覚醒反応の低下を引き起こし，睡眠時に起こる無呼吸に伴う低酸素状態から回復できずに死亡すると予想される．「乳幼児突然死症候群に多いうつ伏せ寝」という報告も，この考えと一致するものである．

現在考えられている病因は，うつ伏せ寝にしておくと，布団で口鼻の周囲が圧迫されて，少しずつ血液中の酸素が低下することがある．酸素濃度がある一定レベル以下に下がってきた場合，健常児では覚醒して寝ている姿勢を変化させる．それに対し，乳幼児突然死症候群の場合，そのまま寝たままでいるので，さらに酸素濃度は下がり呼吸が抑制され，ついには呼吸が停止し，死に至るものと考えられている．

3 乳幼児突然死症候群に対して

a. 保育所では，うつ伏せ寝にしない

乳幼児突然死症候群で死亡した小児のうつ伏せ寝の割合は，健康な小児のうつ伏せ寝の割合に比べて明らかに多いことがわかっている．さらに欧米では，うつ伏せ寝をやめるキャンペーンをした地域で乳幼児突然死症候群が減少している．また，乳幼児突然死症候群の8割は生後6カ月までに発生し2カ月から6カ月に好発する．乳幼児突然死症候群の予防の確実な方法は，寝返りのできない子どもは，保育所ではうつ伏せ寝にはしないことである．

b. 寝かせるときも，目の届くところに

乳幼児突然死症候群はそのほとんどが睡眠中に発生する．小児の昼寝の時間も，小児の様子に注意を払うことができるように，保育者の目の届くところに小児たちを寝かせ，異変がないか常に分かるようにしておく必要がある．

c. 小児の異変を見つけたら，乳幼児突然死症候群の子どもに遭遇したら

うつ伏せ寝の場合は，あお向けにして気道を開かせる．肘関節のところで上腕動脈の脈拍を触知するか，呼吸をしているかを確認する．「心臓が動いているか．呼吸をしているか．」心臓が動いていなければ心臓マッサージを，呼吸をしていなければ，ただちに人を呼んで人工呼吸を開始する．そして，救急隊へ119番通報する．救急隊が到着して次の指示があるまで，マッサージと人工呼吸を続ける．

d. 救急車で病院へ，責任者へ報告を

救急隊員に状況を説明し，指示を受ける．主任か所長に事態を報告し，両親へ連絡する．

e. 死亡した場合には対応は慎重に

ただちに，事故報告は公立保育所では市町村の

担当課に連絡する．父母との話し合いの窓口やマスコミへの対応は所長1人とする．また事故に関して，事故報告書を早急に作成して事故の状況，その後の処置などについてまとめる．乳幼児突然死症候群が疑われる場合は，警察による事情聴取や解剖が行われることが多い．乳幼児突然死症候群はどの保育所にも発生する可能性があるので，救急処置の研修，乳児のうつ伏せ寝をしない，子どもは必ず目の届くところに，事故に遭遇したら適切な救急処置などが重要な点であるが，それ以上に大切なのは，父母に信頼された質の高い毎日の保育の確立であることはいうまでもない．

（横井茂夫）

---

column　日本ではなぜ水の事故死が多いのか？

　　日本の乳児死亡率（出生1000人が生後1年間に死亡する数）は2.6人で世界一低い国です．米国が6.8人，インドが58.0人です．日本の乳児死亡の特徴は①病気（肺炎，麻疹，脱水症など）での死亡が少ない，②乳児死亡全体に占める事故による死亡が多い，③事故の原因では交通事故と溺死が多い，となっています．
　　16歳以上では本人が車を運転していて交通事故を引き起こしての死亡が多いが，小児と老人は車にひかれての死亡が多くなっています．水の事故は，四方を海に囲まれ，水豊かな河川が多い国・日本ですが，海や川での水の事故が多いことはありません．水の事故が多いのは，子どもたちの身の回りの自宅や保育園・幼稚園での事故です．風呂・トイレ・プールなどの水遊びでの事故が多いのが特徴です．わずか深さ3cmの水があれば溺れる可能性があります．子どもの周りの水にはくれぐれも注意してください．

SECTION 13 保育所の保育

A. 保育所の保育内容

1 保育所保育指針について

　保育所の保育内容についての法的な規定は，長く児童福祉施設最低基準（当時）第35条の「保育所における保育の内容は，健康状態の観察，服装等の異常の有無についての検査，自由遊び及び昼寝のほか，第12条第1項に規定する健康診断を含むものとする」という条文のみであった．昭和40年（1965年）8月に厚生省児童家庭局から，保育所における保育内容の指導を目的として「保育所保育指針」が通達として示された．これは「幼稚園教育要領」のように法的拘束力をもつものではなく，保育の参考として示されたものである．この「保育所保育指針」は社会状況・保育環境の変化に応じて，平成2年（1990年）3月に，そして11年（1999年）10月に改定されている．
　しかし平成20年（2008年）3月の改定では大臣告示となり，保育内容の基準としての性格が明確に打ち出された（付録P.198参照）．

2 養護と教育について

　保育所の保育は養護と教育を一体的に行うことを特性としており，乳児期では，とくに，保育者の養護的働きかけと子どもの活動内容の理解が重要である．養護にかかわるねらいおよび内容としてあげられる生命の保持と情緒の安定は健全な発育の基本となるものであり，保育者の日常的かつ適切なかかわりのもとでそれが可能となる．身辺生活の自立は子ども自身が状況を判断し，自発的に，場面に応じて行動できる能力を身につけるという目標があり，大きな教育的意味をもつものである．そこで，養護的内容に含まれる教育的側面について，ここで説明していく．
　たとえば，「食事」を例にあげると，栄養摂取の他にも，味覚・触覚などの感覚機能や，咀しゃくや嚥下などの摂食機能の発達を促すなどの意味がある．
　口唇部は乳児期にたいへん鋭敏な触覚受容器官であり，飲むこと，食べることを通して，乳首や食物の感触を確かめ，素材や温度の違いなどさまざまな学習をしているのである．
　口の機能として「摂食」「呼吸」「発声・発語」「情動の表出」の4つがあげられる．このうち「摂食」は口を閉じることが前提であり，これは重力に逆らうということで，立つことに匹敵する重要な行動といえる．3歳までは，歯でかみつぶせるかたさのものをよく咀しゃくしながら，顎や舌を発達させていく時期であり，同時に乳歯が生えそろう時期でもある．
　食事を通して発達を遂げるのは口腔の機能だけに限らない．スプーンやフォークやコップなどを

もつ手の操作性もそのひとつである．触り，もち，握ってたたいたり，振ったり，最初は食器も玩具のように扱われる．これらの動作のなかで指の機能が分化し，手首を自由に動かして角度を調節しながら，道具を使うことが巧みになっていく．指，手首，肘，肩を場面に応じて，力を加減し，角度や距離を調整して動かしながら，さまざまに試してその操作に習熟していくのである．次の段階として，両手の協応によって，もったものを思いどおりに動かす動作がある．たとえば，一方の手で食器を押さえながら，他方の手にスプーンをもち食物をすくい上げるなどである．これらの行動の中で，力の加え方，抜き方，方向，角度など運動の調整を巧みにし，道具を使いこなし，1人で上手に食べる能力を獲得していく．

さらに，視覚と運動の協応という動作がある．たとえば，コップで水を飲むときも，コップをよくみて位置を特定してから，腕を伸ばしてもち，口もとに近づける．コップのふちと唇が触れてからコップの角度を傾け，口の中で水の適量を判断したら唇を閉じて飲み込むという，目的にかなう一連の動作が完了する．また，対象をみながら自分の手を動かすことで，ものとの距離を確認している．スプーンで食べるときも同様である．食物をみながら，スプーンの角度を調節してすくい，食物を落とさないようにスプーンを口もとに近づけて食べる（図13-1）．

これら日常の何げないような行動は，乳幼児にとって一つひとつが，学習を積んで獲得される機能の結集の現れなのである．乳児は人やものと直接かかわるなかで外界を理解し，その経験や試行錯誤の蓄積の中で，対象の特徴を知り，選択し，予測する力を育てていく．着替えやおむつ交換も，子どもが意識する間もなく，一方的におとなによって体を動かされて終ってしまうのではなく，ことばをかけながら，手を触れながらかかわれば，身体各部位を意識したり，肌のふれあいや心の通い

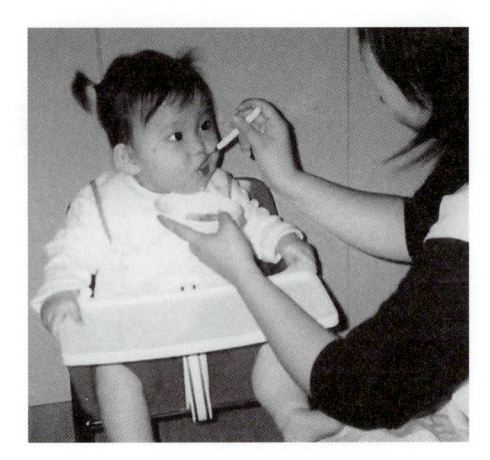

図13-1．食事風景

あいのある人間関係を築く機会となるのである．

おとなとのかかわりを日々積み重ねることにより，信頼関係が形成され，子どもからさまざまなシグナルが出される．視線，表情，動作，発声などによる意志の表出に応えることで，相互作用がうながされる．それは，社会性の発達の基礎であり，コミュニケーションとしてのことばを育てることにもつながる．

乳児期の保育内容は，養護の占める割合が多いが，それは一方的な関係ではなく，保育者と子どもの相互関係を築いていく時間であり，子どもの自発性・主体性を育成することでもある．その意味で養護のなかの教育的意義を認識して，保育にあたることが大切である．

3 視診の意義

日々の保育のなかで登園時の視診は重要である．乳児はことばで自分の健康状態を説明することができないから，保育者が注意深く観察して判断し，保育にあたる必要がある．保護者から時間が許す範囲で子どもの状態を聞き，次のような点を観察する．

(1)全身状態（顔色，表情，機嫌，声の調子，視線，全体の印象など）
(2)皮膚の状態（清潔度，発疹，ケガ，内出血

など)

(3)その他(咳,喘鳴,鼻汁,鼻づまり,くしゃみなど)

乳児は体調が急変しやすいため,常に目配りをおこたってはならない.身体症状から伝染性疾患が疑われる場合,症状が重くならないうちに,とくに集団保育の場合,他の子どもへの影響を考え,早めに保護者に受診を勧める.乳児が気持ちよく安定した1日を送るために,また適切な世話をするために受け入れ時の視診の意義は大きい.

B. 保育の計画

1. 保育の目標

保育の計画立案の前提は,保育者集団がめざす子ども像を確認しておくことである.保育所保育の場合,保育者の考える「望ましい姿」が目標となるが,それは子どもが果たすべき課題ではない.子どもの生活は乳児期に完了するのではなく,その生涯にわたる人間形成の基礎を培う重要な時期であることを考え,子どもの内なる力を信頼し,見守る姿勢が大切である.

保育所での保育といった場合,集団活動に重点がおかれ,みんなが同じ活動をすることを期待され,そのために子どもが同じ歩調で発達するかのように考えられがちであるが,すべての子どもが同じ時期に達成するわけではない.一人ひとりの違いを尊重しながら,ふさわしい働きかけをしていかなければならない.

乳児期には安定した環境の中で発達を遂げられるように,生活と遊びの両面で目標を考え,それに基づいている.日々の保育内容をどのように選択し配列していくかを考えていくために,保育の計画が重要になる.

2. 保育の計画作成の基本

保育所は0歳から学齢までを保育の対象としているので,幼稚園と比較して年齢の幅が広い.乳児期の保育を考える際も,3歳までを区切って考えるのではなく,6歳までの一貫した生活の流れのなかで計画を立てる必要がある.また,家庭と保育所との生活の違いが,子どもの負担にならないように,保育所と家庭の連絡を密にして,子どもの保健と安全,家庭環境,地域的条件などを考慮していく.

保育所の保育では,保育所保育指針第1章(総則)に示された目標をもとに,子どもの年齢を追って一貫した目標をもち,それによって具体的な案を展開していく.保育の計画は,あくまでも,保育者集団が共通理解をもって,長期的見通しをもって保育を展開していくための手がかり・心覚えであって,子どもに押しつけるものではない.

保育の計画を立案する際の基本姿勢として

(1)子ども観を明らかにすること

職員全員が参加して「どのような子どもに育てたいのか」を話し合い,一人ひとりの描いている子ども像を全体の子ども観とし,それを保育所の保育目標として決める.

(2)子どもの発達過程を考える

子どもの年齢ごとの発達の特徴をよくとらえて,発達に応じた目標を設定する.

(3)家庭との連携

家庭と保育所の双方で子ども観の共通理解をもつようにする.このためには,保護者と信頼関係をつくり,地域の実情を考慮する.

保育の計画には,保育の基本となる保育課程と,それを具体化した指導計画がある.指導計画には年齢・クラスごとの計画があり,さらに期間ごとに年間指導計画,期間指導計画,月間指導計画(月案),週間指導計画(週案),日案がある.

3歳未満児は成長発達がめざましく,指導計画

表 13-1. 年間指導

2歳児年間指導計画

目標	・身の回りのことを自分でしようとする ・自分の意思や欲求をことばで表わそうとする ・友達とかかわって遊ぶことを楽しむ	
	1　期　（4〜5月）	2　期　（6〜8月）
ねらい	・新しい環境に慣れる ・好きなことを見つけて遊ぶ	・身のまわりのことを自分でしようとする ・夏の遊びを楽しむ
内容	・スプーンやフォークを使ってひとりで食べる ・予告してトイレに行く ・新しい部屋で落ち着いて寝る ・ひとりで衣服を脱ぐ ・ひとりで手を洗い，拭く ・園庭で走り回って遊ぶ ・友達と一緒にごっこ遊びをする ・春の草花で遊ぶ ・感じたこと，してほしいことをことばで伝える ・絵本や紙芝居を楽しむ ・友達との会話を楽しむ ・リズム楽器で音を出すことを楽しむ ・描くこと，つくることを楽しむ	・友達と一緒に食事することを楽しむ ・ひとりでトイレに行き，排泄後に確認してもらう ・落ち着いて眠る ・ひとりで衣服を脱いだり着たりする ・シャワーで全身をきれいにする ・砂遊び，水遊びを楽しむ ・ままごとやごっこ遊びを楽しむ ・夏の草花や虫を見つけて遊ぶ ・友達との会話を楽しむ ・歌うこと，リズムに合わせて体を動かすことを楽しむ ・紙，のり，セロハンテープ，はさみの使い方に慣れる
行事	4月　入園式，お花見 5月　こどもの日のつどい，健康診断，親子遠足 毎月　誕生会，身体測定，避難訓練	6月　歯科検診 7月　プール開き，七夕 8月　夏祭り

は月単位の区切りがいちばん扱いやすい．これは月齢差が大きいこと，また同じ月齢でも個人差が大きいために，個別にそれぞれの時期の発達課題を考え，対応していく必要があるためである．

一人ひとりの子どもの行動を観察しながら，子どもが無理なく，興味をもって活動に入れるように，目標や留意点を考え，保育者集団で共通理解をもてるようにする．

指導計画作成の基本は，子どもの実態把握であり，そのためには，日々の保育における保育者の活動や乳児の行動を記録し，これをもとにして保育をみつめなおすことである．これを基礎資料として指導計画を作成すると，生活の実態，環境の問題の適否，その他の実情が盛り込めるので，子どもを理解しやすく，子どもへの働きかけがしやすく，保育者にとって使いやすいものとなる．これに季節的配慮や行事なども折り込んで，楽しくさまざまな体験ができるものをつくるとよい．

保育のなかで重要なのは，子どもに他者より早く何かができることを求めるのではなく，愛され慈しまれるなかで自信をもち，今を生きることが楽しく，大きくなっていくことへの期待がもてる

計画の一例

配慮	・一人ひとりの子どもの状態に合わせて対応する ・子どもがひとりでしようとする気持ちを尊重する	
	3　期　(9〜12月)	4　期　(1〜3月)
	・全身を使う遊びを楽しむ ・秋の自然に触れて楽しむ	・身のまわりのことを自分ですることを楽しむ ・友達との遊びを楽しむ
	・はしを使うことに興味を持って食べようとする ・収穫した野菜や果物を味わって食べる ・遊びの途中でも尿意に気づいてトイレに行く ・全身運動のここちよい疲れの中で眠る ・戸外活動での汚れに気づいて手を洗う ・走る，跳ぶなど全身を使って遊ぶことを楽しむ ・役割に合った小道具を使ってごっこ遊びを楽しむ ・落ち葉や木の実などを拾い，秋の自然を楽しむ ・絵本や紙芝居の内容に共感して楽しむ ・リズムに合わせて歌う，踊ることを楽しむ ・はさみやのりを使ってつくることを楽しむ	・会話を楽しみながら食事をする ・パンツやズボンを下ろして排泄する ・ひとりで衣服の着脱をする ・石けんを使って手を洗い，よく流す ・戸外で友達と全身で遊ぶ ・友達とごっこ遊びを楽しむ ・簡単なルールの遊びに参加して楽しむ ・冬の自然に触れて遊ぶ ・発見，疑問をことばで表わす ・ストーリーのある絵本や紙芝居を楽しむ ・メロディやリズムを楽しみながら一緒に歌う ・描いたり，つくったりして遊ぶ ・線や丸を描いて命名する
	9月　運動会 10月　いも掘り，りんご狩り 11月　収穫祭 12月　クリスマス会，もちつき	1月 2月　節分 3月　ひなまつり，修了式

ような日々をいかに積み重ねていけるかである．

3 保育課程・指導計画の実際

a. 保育課程

保育課程は各保育所の保育の基本となるものであり，6歳までの一貫した生活の流れのなかで編成する．ただし，小規模保育所で3歳までの保育をしている場合は，その受け入れ年齢について編成される．職員間の話し合いで，共通理解された保育目標に基づき，保育所の人的・物的条件，地域環境を考慮する．また，子どもの24時間の生活をともに支える家庭との連携も重要である．様式はそれぞれの保育所独自のものを工夫するのがよい．計画に盛り込まれるものは，0歳から6歳までの各年齢ごとのねらいや，それにかかわる保育内容などである．

b. 年間指導計画（表13-1）

月齢差が大きく発達のめざましい乳児期では，発達の節目をめやすに，期間を区分し1年間の生活の流れを考えていく．この時期は，健康な生活を維持するには全面的におとなに依存しなければならないが，この依存にきめ細かく応えていくこ

表 13-2. 月間指導

1歳児5月　指導計画

ねらい	保育所の生活や保育士に慣れる 友達や保育士と遊ぶことを楽しむ	
	子どもの姿	保育士の援助・配慮事項
生活	・スプーンやフォークを使ってひとりで食べる ・コップで水や牛乳を飲む ・ひとりでふとんに行き、落ち着いて眠る ・便器、オマルにすわって排泄する ・パンツやズボンをひとりで脱ごうとする ・食事の前後に顔や手を拭いてもらう ・ひとりで手を洗う	・ひとりで食べようとする意欲を大切にし、よくかむことも見せていく ・量を加減しておく ・遮光、防音、通風に配慮し、静かに眠れる環境をつくる ・寝つきにくい子にはトントンして眠りを誘う ・一人ひとりの排尿間隔に合わせ、排尿に誘う ・ことばをかけて手足の動きを促し、着替えを援助する ・顔や手がきれいになる気持ちよさを伝える
遊び	・好きな玩具で遊ぶ ・戸外で遊ぶ ・散歩しながら草花や小動物にふれる ・絵本や紙芝居を見て楽しむ ・歌や手遊びを楽しむ ・クレヨンやフェルトペンで描く	・気に入った玩具で集中して遊ぶことを見守る ・子どもの動きを見守り、安全に配慮する ・子どもなりの発見をひろげていく ・親しみやすい動物や乗り物の名前を伝えていく ・メロディやリズムに親しみながら、体の動きを誘う ・大きめの紙を用意し、のびのびと描ける場所をつくる

とによって、特定の人への愛着や信頼関係が形成される。また、歩行やことばなど人としての行動の基礎がつくられる時期である。1歳以降では、年度始めの4月から年度末の3月まで、新しい環境になれ安定した生活ができるようになるまでを見通して、計画を作成する。個人差が大きい時期であることを理解して、一人ひとりのあゆみを見守り、それぞれの時期のねらいを無理なく、安定して達成できるように、生活の面、遊びの面から活動内容を選択していく。

c. 月間指導計画（表 13-2）

3歳未満児の場合、クラスを構成する子どもの発達差、月齢差を踏まえ、前の月の生活の様子を評価し、それぞれの月のねらい、保育内容を選択

計画の一例

家庭連絡	健康状態の連絡をこまめにとり合う 着替えの衣服を多めに用意してもらう つば広の帽子を用意してもらう		行事	こどもの日のつどい　誕生会 身体測定　健康診断 親子遠足　避難訓練
	子どもの姿	**ねらい**		**配慮**
C（1歳4カ月）	・手づかみになるが意欲的に食べている ・楽しそうに室内，園内を歩く	・スプーンやフォークを使うことに慣れる		・他の子どもの様子を伝えながら，スプーンやフォークを使って保育者が援助していく
K（1歳5カ月）	・人見知りが強く，担任以外の保育士が近づくと泣く ・積木を並べたりつんだりして遊ぶことを好む	・少しずつ他の保育士にも慣れていく		・子どもの不安な気持ちを受け入れ，戸外活動などを通して他のクラスの保育士に接する時間をつくる
M（1歳5カ月）	・牛乳を飲もうとしない ・外遊びが好きで部屋に戻るのをいやがる	・少しずつ牛乳も飲めるようになる		・戸外活動後，のどがかわいている時などに牛乳を用意して，飲める機会を増やす
N（1歳7カ月）	・おもちゃの取り合いが多い ・高い所に登ったり，跳ぼうとすることが多い	・同じような別のおもちゃで遊べる		・別のおもちゃを用意し，個別的なかかわりの中で安定できるよう話していく
R（1歳9カ月）	・砂で手が汚れるのをいやがる ・パンツで過ごす時間がふえる	・さまざまなものの感触に慣れる		・他の子どもが遊ぶ様子を一緒に見ながら，シャベルやバケツを使って砂遊びに誘う
Y（1歳9カ月）	・食べ物の好き嫌いが多い ・お気に入りのミニカーで遊ぶ	・新しい食べ物も少しずつ食べる		・一口でも食べるように誘い，食べたらたくさんほめて認める

していく．子どもの生活の安定の様子，健康状態，季節の変化，年間行事への参加，異年齢児との交流の機会なども考慮する．

とくにこの時期では，月間指導計画のなかに個人別指導計画を含め，個々の子どもに応じた保育に心がける．これは子どもの状態，発達課題を，複数担任の保育者集団が共通理解するために欠かせないことである．また，家庭との連携を保つためにも，個人別の配慮を明らかにする必要がある．

d．週間指導計画，1日の指導計画

1週間の生活のリズムを考慮し，生活の流れをつくる．週明けの月曜日は，子どもが，それぞれの家庭で家族の生活のペースに合わせて過ごしたことによる疲労の回復や，保育所の生活の流れに

表 13-3. デイリープログラムの一例（1〜2 歳児）

時 間	子どもの活動	保育者の援助
7：30	登園，挨拶	子ども・保護者に挨拶，視診をする 連絡帳受け取り，家庭から引継ぎを受ける
	おむつ交換，排泄，手洗い	排泄の援助をする
	自由遊び（室内）	玩具・遊具を用意する 子どもの遊びを見守り，援助する
9：30	おむつ交換，排泄，手洗い	排泄の援助をする おやつの準備をする
	おやつ	子どもの様子を見守り，援助する
10：00	クラス活動（戸外，室内） 水分補給 おむつ交換，排泄，手洗い	子どもに応じて準備した活動に誘う 麦茶，水，イオン飲料を用意する 排泄の援助をする 昼食の準備をする
11：30	昼食	食事の援助をしながら，食事量を確認する 午睡の準備をする
12：00	排泄，手洗い，着替え	排泄，着替えの援助をする
12：30	午睡	子どもの状態を見守る
14：00	めざめ	めざめを促す
	おむつ交換，排泄，手洗い	排泄の援助をする
	着替え，手洗い	着替えの援助をする おやつの準備をする
15：00	おやつ	子どもの様子を見守り，援助する
15：30	自由遊び（室内）	玩具・遊具を用意する 子どもの遊びを見守り，援助する
	おむつ交換，排泄，手洗い	排泄の援助をする
16：30	随時降園	保護者に連絡帳を渡し，園での様子を伝える
18：00	延長保育	玩具・遊具を用意し，見守る 軽食の準備をする
18：30	軽食	子どもの様子を見守り，援助する
19：30	降園	全員降園した後に室内整備をする

再適応するためのゆとりが必要である．週の半ばは，子どものそれぞれの興味に応じて遊びを活発にするときであり，週末は，子どもの疲労を考えて穏やかな時間の展開にしていく．季節に応じた戸外活動を取り入れ，豊かな体験の機会をつくることも大切である．

3 歳未満児の場合，1 日の指導計画をつくることは少ない．むしろデイリープログラムを基本の流れとして，子どもの健康状態，月のねらいを具体化しながら，保育者がかかわることで安定した生活を送ることができるのである．

e．デイリープログラム（表 13-3）

1 日の生活の流れを示すものであり，子どもの睡眠のリズムや授乳・離乳食の回数などを考慮し，月齢・年齢により違ってくる．日課ともいわれる．日案は特定の日の指導計画であり，デイリープログラムは毎日くりかえされるおおまかな生活の流れであり，これらは別のものをいっている．子どもが保育所と家庭の両方で送る生活リズムの調整のためにも，乳児クラスの複数担任の役割分担を円滑にするためにも必要である．

C. 家庭との連携

1 連携の意義

　保育所のなかで子どもが安定して生活するためには，親と保育者とのあいだに信頼関係を築くことが不可欠である．児童福祉施設の設備及び運営に関する基準第36条第1項には「保育所の長は，常に入所している乳児または幼児の保護者と密接な連絡をとり，保育の内容等につき，その保護者の理解および協力を得るよう努めなければならない」とされているように，保育目標や方針などを知らせ，保護者のさまざまな家庭背景・事情にも配慮しながら，子どもが安心して日々を送れるように，相互に連携していかなければならない．

　ことばで説明できない年齢の子どもの場合は，いっそうきめ細やかな連携をはかり，その生活内容・健康状態について，毎日連絡しあうことが大切である．

　また，それぞれの家庭の事情で，生活リズムや食事内容，清潔などの配慮が不十分な場合も，保護者に対して直接の指導や批判的な言動は避けるべきである．それは保護者の負担感を大きくするばかりで改善の効果が少なく，その後のコミュニケーションに支障をきたすことがあるためである．

保育者にとって納得できにくい行動も，子育てについての知識・技術の不十分な結果である場合が多い．子どもの安定した生活・健全な発達を第一に考え，保護者が親として成長するのを支援していくことも，保育者の役割の1つである．

　保護者はひとりふたりのわが子しか知らない場合が多く，発達の大局的見通しがもちにくい．そこで保育所での子どもの姿を知らせることで，その成長の喜びを共有し，成長を支える保育者への信頼が深まっていく．よりよい連携のために，保育者は保護者への理解を示しながら，保護者の要望に耳を傾けながら，その指導力を発揮していくことが望まれる．

2 連携の方法

　保護者と保育者のコミュニケーションの手段はさまざまである．入所前の説明会で基本的な方針などについての理解を得たうえで，日常の保育のなかで相互理解を深めていく．

(1) 朝夕の送迎時の会話

　　挨拶を必ず交わす．時間の許す範囲で子どもの生活の様子を伝え合う．

(2) 連絡帳での情報交換

　　就寝・起床時間，授乳・食事の量・内容・時間，排泄時刻・状態，体温，健康状態，生活の様子などを保護者・保育者双方で記録す

---

column　外国人の子どもの保育

　国際化が進展する時代のなかで，全国各地の保育所や乳児院に外国人の子どもが入所するケースが多くなってきている．日常の世話や病気・事故についての対応は日本人の子どもと共通であり，ことばの面でも低年齢児ほど適応しやすい．しかしそれぞれの子どもの母国の文化を尊重する保育者の姿勢が大切である．とくに配慮を要するのは宗教の問題であり，それに伴う生活習慣，食習慣の相違について理解する必要がある．家庭連絡は重要であり，保護者の日本語の理解のレベルに応じて，日常のコミュニケーションの手段を工夫しなければならない．自治体によって主要国のことばによる対訳マニュアルを用意している場合もある．毎日の連絡ノートや園だよりをローマ字で書いたり，さし絵入りでわかりやすくするなど，習慣の異なる国で子育てをする保護者への思いやりを示していきたいものである．

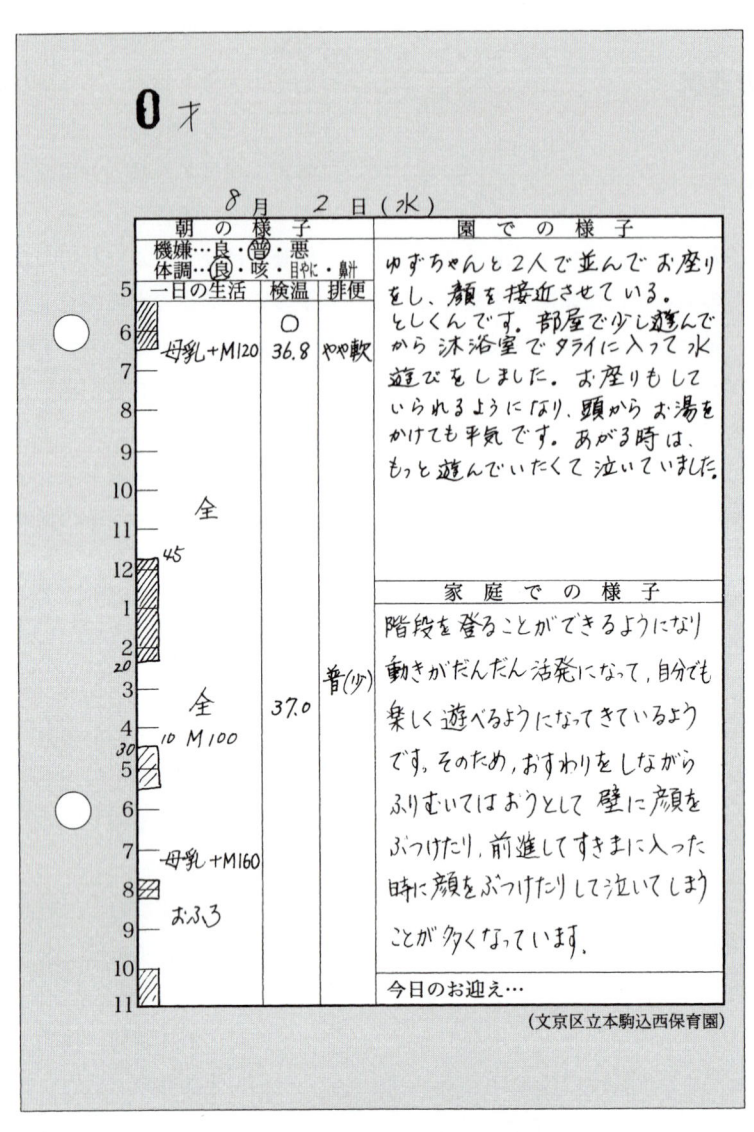

図 13-2. 連絡帳の一例（0 歳児）

る（図 13-2, 13-3）．
(3) 保育所だより

　毎月の保育の目標や行事，季節に応じた寝具・衣類の準備，感染症の予防や流行の情報や健康管理などについて知らせる．さらに半月分または 1 カ月分の給食献立を予告する．

(4) 保育参観

　年に数回企画する．保育所での生活を保護者に理解してもらう手がかりとなり，家庭で は見られない子どもの表情・活動の様子に触れる機会となる．

(5) 個人懇談

　担任保育者と保護者が膝を交えて話し合える時間である．細かい家庭状況について打ちあけられたり，保護者から相談を受けることもある．

(6) 保護者会

　保育所全体について理解を得たり，保護者

宇都宮市しらとり保育園

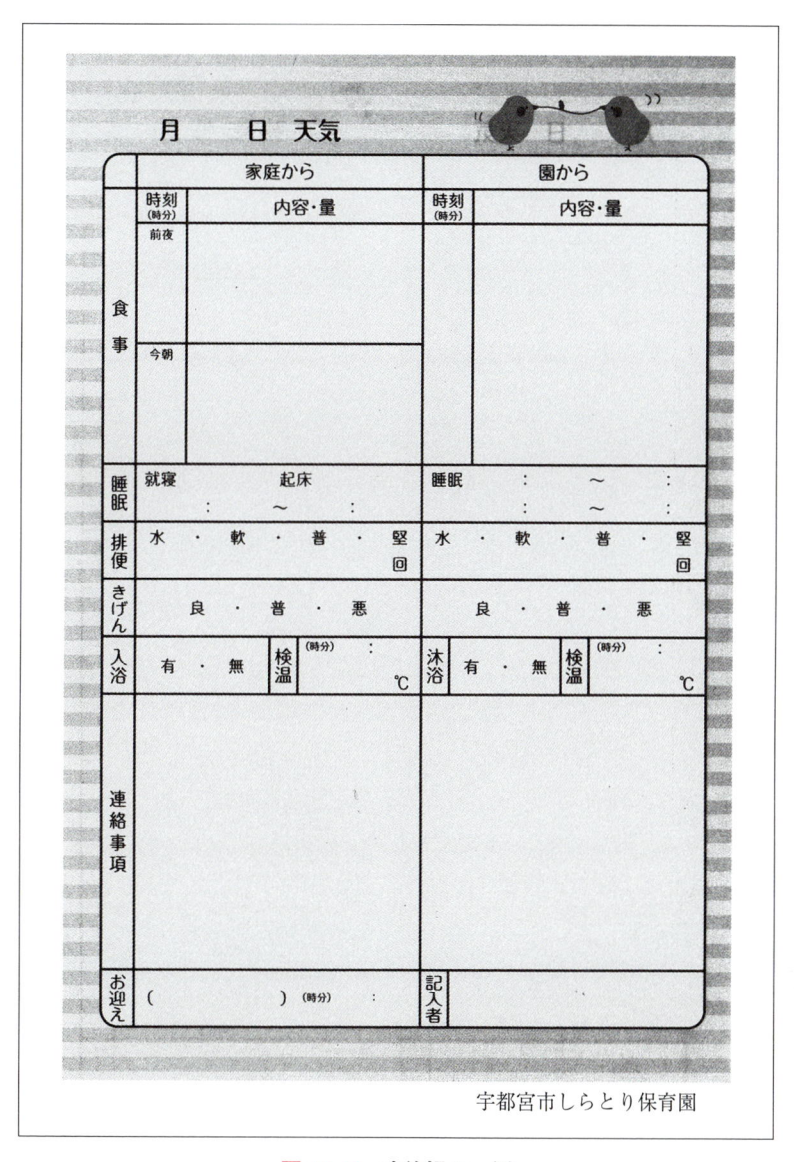

図 13-3. 連絡帳の一例

からの要望を受けたり，保護者同士の交流の場となったりする．

(7) 年間行事への参加

　遠足，運動会，発表会など日常と違ったハレの場面での子どもの姿を知り，ともに楽しみながら，保育所に対する理解を深める．子どもの成長発達を支えていくことを共通目標としながら，さまざまな家庭背景の保護者を尊重しつつ，保育者と保護者の相互理解を深めていくことが重要である．また，児童票，連絡ノート，保護者との話し合いにより，知り得た家族のプライバシーについては，厳しい守秘義務があることを心得ておかなければならない．

（石原栄子）

SECTION 14 乳児院の養育

A. 乳児院での生活の特徴

　乳児院での生活の特徴は，新生児から2歳から3歳頃までの低年齢の子どもの集団養育（保育所保育と区別するため，乳児院では「養育」ということばを使うことが多い）であり，しかもそこが24時間の生活の場となっていることにある．つまり，乳児院は入所する子どもの生活全体にかかわるのである．

　乳児院での生活は日課表（デイリープログラム）にそってすすんでいく．日課表は睡眠と食事（哺乳）を考慮して作成されており，おむつ交換，入浴，遊びなどの時間が決められている．とはいえ，乳児では生活リズムが子どもによって異なるので，ある程度柔軟に対応していくことが必要である．

　乳児院での養育目標は，いうまでもなく子どもの心身の健全な発達を実現することである．ただし，子どもの年齢が低いので健康と安全には十分留意している．そのために，日常の観察を重視するとともに，定期的に身体発育の計測，評価を行っている．精神発達についても定期的に評価し，一人ひとりの子どもについて保育計画をたてている．

　乳児院の生活の特徴をもう少し具体的にみよう．

1. 複数の保育者による非連続的な保育である

　家庭では，主として母親による子どもと1対1の連続的な保育である．保育所では決まった保育士による保育がなされ，そういう意味で連続的であるとともに，親とのかかわりも夜間や休日などにもたれる．これに対して乳児院では，複数の（しかも比較的多数の）養育者が子どもにかかわる．しかも，交替制勤務（3交替あるいは2交替）であるので，1日のなかでも養育者は代わる．そのために，家庭における母子関係のような，緊密な人間関係が形成されにくい．この弊害を緩和するために考えだされたのが担当養育制である．これは，それぞれの子どもに担当養育者を決め，担当養育者がその子どもとのかかわりを多くもつことにより，子どもとの間に緊密な関係を形成させようとするものである．

2. 生活が単調になりやすく，発達刺激に乏しい

　乳児院では比較的多くの子どもを集団として生活させなければならないので，日課表が必要となり，またある程度の画一性は避けがたい．そのために刺激も乏しく，経験の範囲も限定され，子どもの個別的な要求にも応えにくい．養育者自身がそのような現状に慣れてしまうことも問題である．

担当養育制は，保育者に子どもの個別的な要求に目を向かせることにも役立つ．

生活に変化を与え，より豊かな経験ができるように散歩や外出の機会を多くしたり，種々の行事を実施するなどさまざまな工夫をしている．

B. 乳児院における養育の原則

1 担当養育制

子どもの心身の健全な発達には，特定の少数の人との親密で継続的な関係が不可欠であると考えられる．しかし，乳児院では，比較的多数の保育者による交替制の勤務を行っているので，子どもにとって養育者のかかわりが非連続的になるのは避けられない．昼間いた養育者は夕方には帰ってしまうし，休暇で何日間も会わないこともある．当然，養育者と子どもとの結びつきも緊密なものとはなりにくい．ホスピタリズムの一因に，このような養育者―子ども関係が関与していたことは確かだろう．このような状況を改善するために考えだされたのが担当養育制である．実際，これにより，養育者と子どもとの関係はより緊密になり，子どもの発達状態は改善されてきた．

担当養育制は，昭和42年に都立母子保健院で最初に実施されたが，現在，すべての乳児院で実施されていて，乳児院での養育の考え方の基本となっている．担当養育制の効果は，子どもだけでなく，養育者にも及ぶ．担当の子どもに対してより深い愛情を感じ，より自然なはたらきかけ，よりきめの細かい観察が可能になる．ときには，子どもへの愛情と保育者としての役割との葛藤に悩むこともある．

2 養育の継続性

「養育の継続性」とは，生活の場と主たる養育者が代わらないこと，またそのような一貫性のある処遇計画のことである．日々の生活においては，養育者が交代する場面での引き継ぎが重要である．入所中の経過を考えると，移室や措置変更のあり方が重要となる．

乳児院においては，担当養育制をとっていても，子どもの発達につれて，たとえば0歳児室から1歳児室へというように生活の場がかわり，このとき担当保育者がかわることもある．このような養育者の交代を避けるために，最近は，子どもが入所してから退所するまで同じ養育者が継続して担当するシステムをとっている乳児院もふえてきた．

さらに養育者の交代でどうしても避けられないのは，乳児院を退所するときである．家庭へ帰る場合には，退所までに面会や外出・外泊を重ね，親との関係をある程度形成し，家にも慣れるなどの準備ができる．しかし，児童養護施設へ移る場合には，しばしば，子どもにとって突然の変化となる．しかも，それは2歳から3歳という親（あるいは親に代わる人）から引き離されることへの不安（分離不安）のつよい時期である．現行の児童福祉制度のもとでは，乳児院から児童養護施設への措置変更は避けられないにしても，せめて両施設の連携が望まれる．同一の法人が乳児院と児童養護施設を運営している場合には，ふだんから両施設の交流がもてて，移行もスムースに行えるようである．幸い，児童福祉法改正（平成16年）により，年齢要件が緩和されたことにより，措置変更にさいして時間的な余裕がもてるようになり，児童養護施設を訪問したり，児童養護施設から職員に面会にきてもらうなど慣らし保育も行われるようになった．

3 生活の質の充実

家庭においては，親がとくに意図しなくても，調理や掃除・洗濯などの家事や，親子の人間関係を見たり，参加したりすることが自然にできるが，

乳児院ではこうしたことを経験するのがむずかしい．もちろん，それぞれの乳児院で工夫して，子どもたちの生活をより豊かなものにしようと努力していることは言うまでもない．

生活環境をより家庭的なものにするためには，まず養育単位（いっしょに生活する養育者と子どもの数）をより小さくすることが必要であろう．保育単位が大きければ大きいほど，家庭的な雰囲気からは遠くなる．児童養護施設では小舎制や地域小規模児童養護施設が導入されてきているが，乳児院においても保育単位を小さくしていこうとする傾向がみられる．

施設で生活している間に，家庭生活を経験するうえで自宅に外泊することの意義は大きい．家庭に外泊する機会をもてない子どもには，施設長の許可を得て養育者が自分の自宅へ連れていくこともある．

近年，児童養護施設の子どもを，夏休みや正月に家庭で短期間あずかる制度（フレンドホーム・三日里親・ふるさと里親などという）が実施されている．これは，子どもに家庭生活を経験させるためにも，また里親制度を発展させるためにも有効な方法であると考えられる．

4. 親子関係形成のための援助

前述したように，乳児院の機能は，かつての親の代わりに養育を行う養育代替から，これに加えて，親による子どもの養育を支援する養育支援も求められている．

親への養育支援は，具体的な育児法を教えるとともに，親の子どもへの絆を形成すること，および子どもの親へのアタッチメントを形成することにあるといえる．

具体的な育児法については，子どもがいる乳児院でこそ適切に行えるといえる．乳児の抱き方や授乳の仕方，離乳食の作り方や与え方，遊び方や泣いたときの対処の仕方などを，実際に子どもの世話をしながら教えることができる．また，ことばによる説明だけでなく，養育者の世話のしかたを見ることから得ることも大きいだろう．

親子のアタッチメント形成については，面会が重要である．実際，最近は面会が増加してきており，定期的に面会がある子どもは外泊も経験する．

面会にこない親に対しては，児童相談所の児童福祉司との連携のもとに，家庭支援専門相談員が連絡を取ったりすることもあるだろう．また，乳児院が「おたより」（園だより）を送ることはよい方法だと思われ，実施している施設も少なくない．

C. 養育の計画

乳児院が保育所と異なるところとして，①子どもが家庭から離れて24時間生活している，②養育（保育）に直接関わる職員は交替制勤務である，③入所理由，入所時期（月日），在籍期間，退所先は子どもによってちがう，④生活経験が狭くなりやすい，⑤病虚弱児，障害児，被虐待児が多いなどの点をあげることができる．

したがって，乳児院における養育の計画には，保育所と共通する面と，かなり異なる面がある．以下，保育所における保育の計画（13章参照）と重複しないように，乳児院の養育の計画を，『乳児院養育指針（改訂版）』（全国乳児福祉協議会，2002）にしたがって述べる．なお，乳児院では生活面全体を考慮することから，「保育」というよりも「養育」ということが多い．

1. 児童自立支援計画

乳児院をはじめとする入所型児童福祉施設では，子どもが入所すると，児童相談所の援助指針を受けて，児童自立支援計画を作成する．乳幼児に「自立」というのはふさわしくないように思われるかもしれないが，児童自立支援計画は施設に入所

表 14-1. 年間援助計画（例）

養育目標　〇豊かな自然を心と身体で知ろうね
　　　　　〇食べよう，眠ろう，そしてウンとだそうね
　　　　　〇お友達と私たちと楽しく遊ぼうね
　　　　　〇家庭生活を体験しようね

期間目標	月	月主題／留意点	3カ月未満 ・未成熟を守り保健的で安全な環境の中，健康の保持，増進に心がける．・養育者とのかかわりの中，情緒安定感を得させる．	6カ月未満 ・一人ひとりの子どもに応じて授乳を行い，離乳を進めて健やかな発達・発育を促す．・より深いかかわりの中，子どもの要求を満たし，安定感・信頼感を育てる．	養育者の援助	遊び	行事
五感豊かな経験を	3	うれしいね	・ひな祭りをともに祝う ・ぽかぽか暖かい光を浴びよう	・ひな祭りをともに祝う ・ぽかぽかゆっくり光を浴びよう ・草，木，花のつぼみを知る	・気温に応じて衣類調節 ・顔の清潔 ・換気	散歩 だっこ	ひな祭り
	4	きれいだね	・明るいひかり，きれいな花の色を見てみよう	・たくさんの花や草木を見に行こう ・草花や虫や鳥に興味を持つ	・衣類の調整をまめに ・手足の清潔 ・ポリオ・生ワク	散歩・だっこ たっちたっち いないいないばあ	イースター お花見 遠足
	5	おもしろいね	・こどもの日をともに祝おう ・一緒にいると楽しいね	・子どもの日を祝おう ・芝生や土や砂にさわってみよう ・地域の人と接触を持つ ・体調にあった距離の散歩	・発汗後の始末をまめにする ・寝具の調節 ・健康診断	散歩 たっちたっち	子どもの日 遠足 母の日
自然とのふれあいを（水木砂石風）	6	なんだろう	・梅雨期を衛生的に心地よく過ごそう ・玩具を握ってみよう，振ってみよう	・梅雨期を衛生的に心地よく過ごそう ・手を伸ばしでつかんでみよう	・室内の環境整備 ・衣類の調節	紙遊び 箱遊び 音の出る玩具	お花の日 父の日
	7	ワクワク	・身辺をさっぱりして，夏を快く過ごそう ・七夕をともに祝おう ・涼しい木陰に出てみよう	・身辺をさっぱりして，夏を快く過ごそう・水遊びを楽しむ ・七夕をともに祝おう ・蝉の声を聞いてみよう	・発汗後の始末 ・水分補給，虫さされに注意 ・お盆帰省	散歩 シャボン玉	七夕 ボランティア交流
	8	たのしいね	・養育者とのあやし遊びの中でたくさん身体を動かそう	・大きいお姉ちゃん，お兄ちゃんと一緒に身体を動かそう	・水分補給，休養を十分に，寝冷えに注意 ・炎天下で遊ばせない ・室内の風通しに留意	シャボン玉 水にふれてみる	盆踊り
元気な身体をつくろう	9	やったあ	・音の出る玩具（ガラガラ）で音を出そう ・しっかりねんね，しっかり飲んで，しっかり出そう	・たかいたかい，ギッタンバッコンなどで養育者とふれあう ・離乳食をしっかり食べよう	・夏バテ回復をはかる ・休養十分に，寝冷えに注意	ボール 動く玩具	遠足 運動会
	10	みてみて きいてきいて	・養育者に抱かれて外に出て音を聞こう ・しっかりねんね，しっかり飲んでしっかり出そう	・養育者に抱かれて落ち葉を踏む音を聞こう ・寒暖の差を肌で知ろう	・薄着の習慣 ・手足の清潔 ・予防接種，健康診断	散歩 動く玩具	芋堀り ふれあい 昼食会
	11	ふしぎだね	・だっこやあやし言葉を楽しもう ・いろんな声で楽しもう	・「いないいないばあ」で遊ぼう ・おんぶ，だっこ大好き	・薄着の習慣 ・換気を行う ・湯冷めに注意	手遊び 鏡	クリスマス 準備
一人で頑張る・お友達と頑張る・〇〇さん大好き・お友達大好き	12	うきうき わくわく	・タンバリン，鈴の音などいろんな音を楽しもう	・クリスマスの飾りつけの色，いろいろな音を楽しもう ・たくさんの人との出会いをしよう	・薄着の習慣 ・肌荒れ予防 ・衣類の調節 ・暖房の温度に注意	クリスマスの音楽を聞こう 手遊び	クリスマス
	1	げんきげんき	・乾布摩擦を通じ，養育者と豊かにふれあい，健康に過ごそう ・お正月をともに祝おう	・乾布摩擦を通じ，養育者と豊かにふれあい健康に過ごそう ・お正月をともに祝おう ・季節の玩具を楽しもう	・肌荒れ予防 ・衣類の調節 ・生活リズムが崩れないように	紙遊び 引き出し遊び 布の絵本 伝統玩具	お正月 初もうで
	2	こうしようか	・養育者とゆっくり，手遊びで遊ぼう ・外気浴，日光浴をしよう	・いろいろな姿勢で，音の出る玩具，動く玩具で遊ぼう ・ひなたぼっこを楽しもう	・明け方の冷え込みに注意 ・衣類の調節	ガラガラ ボール 歌遊び	豆まき

（乳児院養育指針改訂版，全国乳児福祉協議会，2002）

表 14-2. 月間援助計画（例）

（9 月）

		3 カ月未満児
援助		○おとなと豊かにかかわる
		○健康にすごす
ねらい		○静かなゆったりとした環境のなか，おとなからの心地よい刺激を適度に受ける
		○おとなの安心したあやし遊びのなかで，喃語を育んでいく
		○天候に合わせ外気浴を行い，また，未熟性を守り，十分な休息，異常の早期発見を行い，疾病予防に努めながら健康に過ごす
養育内容	養育	・外気浴　・腹ばいで，一瞬頭を上げる
		・語りかけ，歌を聞く　・養育者のあやし遊び
	看護	・皮膚を清潔に保つ
		・体重チェックと哺乳量の安定
	食事	・哺乳量の安定
環境		・室温の調節
		・ベッド内の整理整頓
歌		・赤い帽子白い帽子
		・とんぐりころころ
		・まつぼっくり

（乳児院養育指針改訂版，全国乳児福祉協議会，2002）

したときからの長期的な支援計画を意味している．

児童自立支援計画を作成するうえで留意することは，①児童相談所の援助指針をふまえること，②子どもとその保護者について，当面の課題（例えば，施設への適応についての配慮，保護者の面会の進め方）と，中長期的な課題（例えば，将来の方向性として家庭引き取り，里親委託，児童養護施設へ措置変更などのいずれが考えられるか），③入所にさいして，保護者の意向を確認するとともに，施設の意見を記載すること，④定期的に見直すこと，などである．

2 養育計画

これは，それぞれの乳児院における全体的な計画で，施設長の責任において作成されるものである．しかし，作成にあたって，全職員が参加して討議し，納得できるものにすることが大事である．養育計画は，私たちの乳児院では子どもをどのように育てたいのか，ということを表したものであり，養育実践の指針となるものである．

3 子どもの援助計画

養育計画の基本的姿勢をふまえて，日々の養育実践にどう適用するかという計画が必要になる．これを具体的に展開するものが援助計画である．援助計画は長期（年間，季間，月間）と短期（週案，日案）に大別される．その主なものを例示する．

a. 年間援助計画

1 年間の養育を見通した計画．乳児院の養育目標を示し，年月齢別に 1 年間の養育の大まかな計画（行事や予防接種を含む）を示したもの（表 14-1）．

b. 月間援助計画

年間援助計画を具体的に示すのが月間援助計画である（表 14-2）．大まかなその月の子どもの生活の流れを，自然の変化などをふまえて記したも

表 14-3. 月間個人援助計画（例）

（9月）

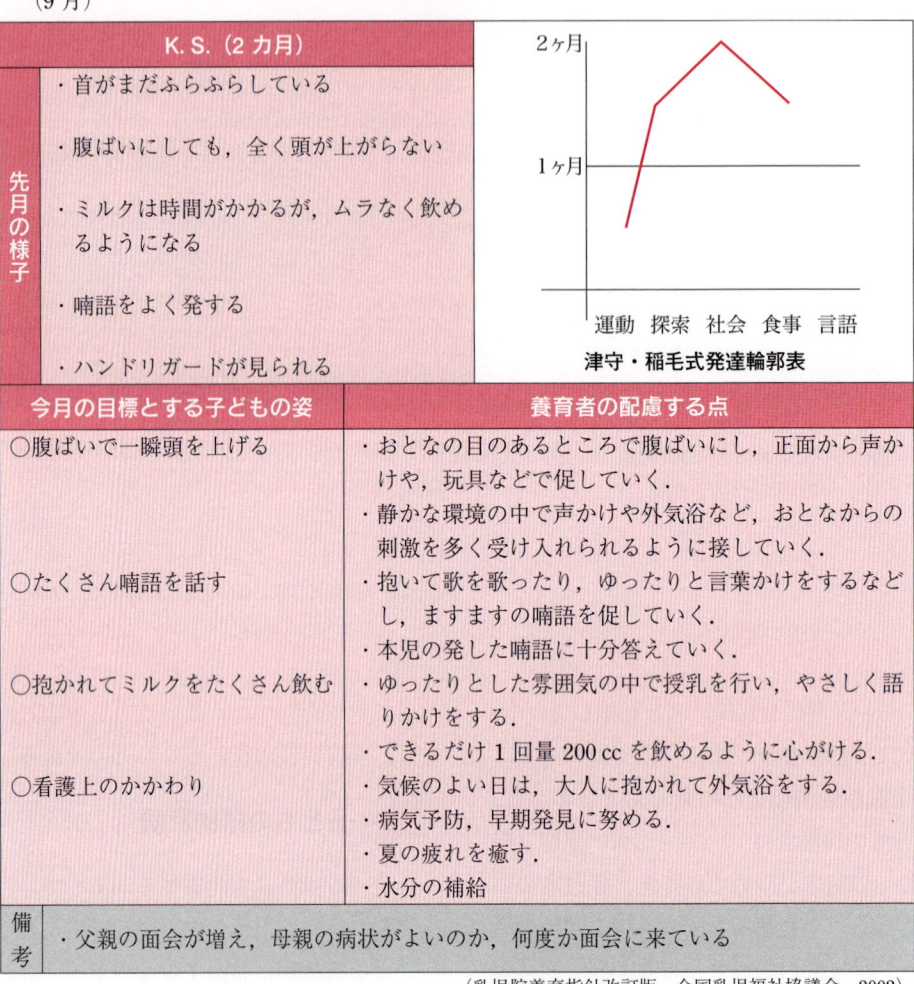

K.S.（2カ月）	
先月の様子	・首がまだふらふらしている ・腹ばいにしても，全く頭が上がらない ・ミルクは時間がかかるが，ムラなく飲めるようになる ・喃語をよく発する ・ハンドリガードが見られる

津守・稲毛式発達輪郭表（運動 探索 社会 食事 言語）

今月の目標とする子どもの姿	養育者の配慮する点
○腹ばいで一瞬頭を上げる	・おとなの目のあるところで腹ばいにし，正面から声かけや，玩具などで促していく． ・静かな環境の中で声かけや外気浴など，おとなからの刺激を多く受け入れられるように接していく．
○たくさん喃語を話す	・抱いて歌を歌ったり，ゆったりと言葉かけをするなどし，ますますの喃語を促していく． ・本児の発した喃語に十分答えていく．
○抱かれてミルクをたくさん飲む	・ゆったりとした雰囲気の中で授乳を行い，やさしく語りかけをする． ・できるだけ1回量200 ccを飲めるように心がける．
○看護上のかかわり	・気候のよい日は，大人に抱かれて外気浴をする． ・病気予防，早期発見に努める． ・夏の疲れを癒す． ・水分の補給
備考	・父親の面会が増え，母親の病状がよいのか，何度か面会に来ている

（乳児院養育指針改訂版，全国乳児福祉協議会，2002）

のである．

乳児院では子どもの入所する時期や退所する時期がそれぞれ異なるので，また子どもの月齢に幅があるので，乳児院（あるいは保育室）としての月間援助計画だけでなく，個別の援助計画（表 14-3）が重要である．たとえば，家庭引き取りが決まった子どもでは，外泊を予定するなど，退所に向けて計画していくことになる．

c. **デイリープログラム**（表 14-4，14-5）

デイリープログラム（日課）は，時間的な流れを示すだけでなく，空間的な移動，遊びを含む場面のめりはりが示されていく必要がある．

表14-4. デイリープログラム（例）

4カ月～1年3カ月

時間	日課	養育者の動き，および留意点
0:00		巡回―様子観察　記録簿記入
1:00		巡回―様子観察　記録簿記入
2:00	オムツ交換	巡回―様子観察　記録簿記入　汚物処理
3:00		巡回―様子観察　記録簿記入
4:00		巡回―様子観察　記録簿記入
5:00	検温・授乳 オムツ交換	巡回―様子観察　記録簿記入　汚物処理 ミルクの量，飲み方，排気等に気をつける． 授乳時には保温に気をつける．
6:00	再眠	巡回―様子観察，室温，外気温，湿度の測定，調整をする 再眠できる状態に環境を整える．
7:00		巡回―様子観察　記録簿記入
8:00	塗薬・着替え シーツ交換	巡回―健康状態の観察　記録簿記入 汚物処理
9:00	散歩・体操 離乳食・授乳	巡回―様子観察　夜勤者から保育担当者に引き継ぐ． 体調，天候等を考慮しながら，できるかぎり戸外へ散歩に行き，朝の空気に当たる． 食事準備，食事介助，食後の後片付けを行う．記録簿記入
10:00	オムツ交換 保育・通院	様子観察　記録簿記入　通院にあたる　汚物処理 天気の良い日はできるだけ戸外で過ごし外気に触れる．
11:00	着替え 水分補給	様子観察　記録簿記入　汚物処理 午睡準備　なるべく薄着にさせる．午睡に就かせる．
12:00	午睡	巡回―様子観察　記録簿記入　室内整理　換気に注意する
13:00	着替え・検温 離乳食・授乳	巡回―様子観察　記録簿記入　汚物処理 室温，外気温，湿度の測定と調整をする．健康状態の観察 食事準備，食事介助，食後の後片付けを行う．
14:00	自由遊び	様子観察　記録簿記入　危険防止に留意 戸外遊びをこころがける．
15:00		様子観察　記録簿記入　危険防止
16:00	入浴・果汁	入浴準備，入浴介助．健康状態の観察　記録簿記入 入浴は健康状態を配慮してすすめる．入浴後は水分補給 汚物処理
17:00	離乳食	様子観察　記録簿記入 食事準備，食事介助，食後の後片付けを行う．
18:00	授乳・着替え	様子観察　記録簿記入　汚物処理 ミルクの量，飲み方，排気等に気をつける．
19:00	オムツ交換 就寝	様子観察　記録簿記入　汚物処理 静かな環境をつくる．
20:00		巡回―様子観察　記録簿記入
21:00		巡回―様子観察　記録簿記入
22:00		巡回―様子観察　記録簿記入
23:00	授乳 オムツ交換	巡回―様子観察　記録簿記入　汚物処理 ミルクの量，飲み方，排気等に気をつける． 授乳時には保温に気をつける．

（乳児院養育指針改訂版，全国乳児福祉協議会，2002）

表 14-5. デイリープログラム（例）

1歳4カ月～2歳

時間	日課	養育者の動き，および留意点
0：00		巡回―様子観察　記録簿記入
1：00		巡回―様子観察　記録簿記入
2：00	オムツ交換	巡回―様子観察　記録簿記入　汚物処理 オムツ交換時，目覚めていてトイレに行く気があればトイレに誘う．嫌がるようであればオムツ交換のみ行う．
3：00		巡回―様子観察　記録簿記入
4：00		巡回―様子観察　記録簿記入
5：00		巡回―様子観察　記録簿記入
6：00		巡回―様子観察，室温，外気温，湿度の測定，調整をする
7：00	起床・排泄 着替え・検温 朝食	健康状態の観察　記録簿記入　布団の片付け 無理のないよう声かけしながらトイレへ誘う． 食事準備　食事介助　食後の後片付け　検食を行う．
8：00	排泄指導	記録簿記入　排便へ誘導する．汚物処理
9：00	散歩・体操	巡回―様子観察　夜勤者から保育担当者に引き継ぐ． 体調，天候等を考慮しながら，できるかぎり戸外へ散歩に行き，朝の空気に当たる．記入簿記録
10：00	オヤツ 保育・通院 排泄指導	様子観察　記録簿記入　通院にあたる　汚物処理 天気の良い日はできるだけ戸外で過ごし外気に触れる． 無理のないように声かけしながらトイレへ誘う．
11：00	昼食	様子観察　記録簿記入　汚物処理 食事準備　食事介助　食後の後片付け　検食を行う．
12：00	排泄指導 午睡	午睡準備　なるべく薄着にさせる．午睡に就かせる． 巡回―様子観察　記録簿記入　室内整理　換気に注意する
13：00		巡回―様子観察　記録簿記入　汚物処理 室温，外気温，湿度の測定と調整をする．
14：00	着替え・検温 排泄指導	巡回―様子観察　健康状態の観察　記録簿記入 無理のないように声かけしながらトイレへ誘う．
15：00	オヤツ 自由遊び	様子観察　記録簿記入 戸外遊びや個別的な関わりを心がける．
16：00	入浴	入浴準備，入浴介助．健康状態の観察，記録簿記入 入浴は健康状態を配慮してすすめる．汚物処理
17：00	夕食	様子観察　記録簿記入 食事準備，食事介助，食後の後片付け，検食を行う．
18：00	排泄指導 着替え 自由遊び	様子観察　記録簿記入　汚物処理 無理のないように声かけしながらトイレへ誘う． 個別的な関わりの必要な児に関しては分散保育を行う．
19：00	オヤツ・歯磨 排泄指導 着替え	様子観察　記録簿記入　汚物処理 無理のないように声かけしながらトイレへ誘う． 歯磨介助，指導を行う．
20：00	就寝	静かな環境をつくる． 様子観察　記録簿記入
21：00		巡回―様子観察　記録簿記入
22：00		巡回―様子観察　記録簿記入
23：00	オムツ交換	巡回―様子観察　記録簿記入　汚物処理 オムツ交換時，目覚めていてトイレに行く気があればトイレに誘う．嫌がるようであればオムツ交換のみ行う．

(乳児院養育指針改訂版，全国乳児福祉協議会，2002)

デイリープログラムは日案とは区別される．食事，睡眠，排泄，清潔などにかかわる領域を除いた部分が遊びの時間となるが，日案を作成するならば，この遊びの時間を展開したものが日案となる．

デイリープログラムの活用においては，子どもの月齢や，障害の有無，季節などによって配慮することが必要である．デイリープログラムは，子どもの実際の生活を整理したものであって，プログラムを子どもに押しつけるものではない．

参考文献
1) 全国乳児福祉協議会：乳児院養育指針改訂版．2002
2) 全国乳児福祉協議会：第47回全国乳児院研修会資料．2003

（庄司順一）

column　ホスピタリズム

　乳児院の養育はホスピタリズムの克服を目指してきたといえるでしょう．ホスピタリズムとは，施設や病院に入院することによって心身への悪影響が生じることをいいます．この問題は，はじめ，19世紀末から20世紀初めにかけて，孤児施設で死亡率が高い「死に至る病」として気づかれました．その結果，ヨーロッパでは施設環境の改善が目指され，アメリカでは施設養育ではなく里親養育が発展することになりました．その後，死亡率は低下していきましたが，それとともに，第2次大戦前後には精神面の問題が注目されるようになりました．日本の乳児院では，ホスピタリズム克服の方法として担当養育制が導入されたことは本文に述べたとおりです．

SECTION 15　地域の子育て支援

A. 保育所と他機関との連携

　保育所は入所児童の健全な発達を支えるためにさまざまな機関と連携している．入所を希望する保護者は市区町村の児童福祉担当課に申し込み，必要書類を整えて手続きをする．保育所では入所児童の家庭の経済的困難やDV被害，離婚などに伴う問題が起きた場合，福祉事務所を紹介し，その職員と情報交換しながら，家庭支援を目指していかなければならない．また入所児童の日常から虐待や障害が疑われる場合には，児童相談所と連絡をとりながら個別的支援をしていく．

　母子保健に関する相談を受けた場合，地域の保健所，保健センターの保健師と情報交換を図りつつ，専門機関を紹介していく．医療機関，障害児のフォローアップ教室，ことばの教室，知的障害児通園施設，肢体不自由児施設などさまざまな専門機関が身近にあることを紹介し，保護者の不安を受け止め，他機関とのパイプ役を果たしていくことが必要である．

　保育所だけでは対応できない部分的保育については，ファミリー・サポート・センターを紹介することで，それぞれの家庭の子育てを支えていくことが可能となる．地域の保育所間の連携，関係機関とのネットワーク会議など，連携を円滑にするためには担当者間のコミュニケーションを密にしていくことも課題である．各機関の特性を理解して，さまざまな不安や困難を抱えた親と子どもを多面的に支援していくことが大切である．

---

column　地域における子育て支援

　地域の子育て家庭への支援に対する保育所の役割は大きい．しかし保育所における支援活動だけではなく，地域のさまざまな子育て支援情報の提供も求められている．市区町村で運営する子育て支援センター・子育てサロン・なかよしひろばなどのほかにも，児童委員や民生委員による子育てサロンは，市民センターや公民館を活用して運営されている．親子で参加できる子育て広場を運営する地域のNPO法人や生活協同組合もその数を増やしている．短時間・短期間の保育にはファミリー・サポート・センターやベビーシッターに限らず，シルバー人材センターや21世紀職業財団による保育サポーターの紹介，地域の支援グループなど，さまざまな団体の支援活動がみられる．また幼稚園では未就園児親子教室を開き，園庭開放・子育て相談・行事開催などの事業を展開している．図書館では絵本の読み聞かせの会・おはなし会が開催されている．子育て中の親と子どもが家庭に閉じこもることなく，必要に応じてこれらの活動に参加することにより，地域の人々とのふれあいと支援の機会が得られ，社会とのつながりが広がっていくものといえる．

B. 保育所と地域の子育て支援

1 子育て支援策の進展

核家族化や地域交流の機会が少なくなっている社会背景のなかで，最近の若い母親たちは子育てについて相談できる相手が，身近に得られずにいる場合が多い．転勤などで新たに転入して来た地域に親戚，友人，知人がいなかったり，少なかったりした場合，子育て中の母親はいっそう育児不安にかられることになりやすい．子育てと就労の両立に対する支援だけでなく，専業主婦の母親に対しても子育て支援策として，保育所のもつ知識・技術を地域に提供していくために昭和59年（1984年）から，各保育所で「子育て相談」が始められた．

平成2年（1990年）に開始された「一時的保育事業」では，「保護者の傷病，入院等により，緊急・一時的に必要とする保育サービス」など保育所での受け入れが拡大された．4年（1992年）からの「育児リフレッシュ支援事業」では，「地域の子育て家庭の母親等がボランティア活動，地方自治体が行う行事への参加等に際し，定期的にその児童を一時的保育事業の場として活用して，これを受け入れる」ことになった．

また，5年（1993年）から始まった「保育所等地域子育てモデル事業」は，子育て家庭等に対する育児不安等についての相談指導および子育てサークル等への支援など，地域全体で子育てを支援する基盤を形成することをめざしており，保育所が地域の子育て支援の核としての役割をもつこととなった．その実施保育所は，18年（2006年）で3,436カ所であった．

20年（2008年）には児童福祉法に子育て支援事業として法制化され，一層の充実が図られることになり，22年（2010年）では地域子育て支援拠点事業を実施する施設は5,521カ所と増加している．24年（2012年）には子ども・子育て支援法の成立により，地域子育て支援拠点事業の再編と機能強化が行われ，高齢者や地域の学生との世代間交流なども始められている．

9年（1997年）に改正された児童福祉法第48条第2項に「保育所は，当該保育所が主として利用される地域の住民に対してその行う保育に関し情報の提供を行い，並びにその行う保育に支障がない限りにおいて，乳児，幼児等の保育に関する相談に応じ，及び助言を行うよう努めなければならない」と情報提供と地域への貢献について明示し，入所児以外の特別保育については，これまで通知のみであったものが法的にも位置づけられた．

20年（2008年）改定した保育所保育指針のなかでも，入所している子どもの保護者に対する支援とともに，地域における子育て支援があげられ，保育所の役割がさらに重視されるようになった．

これらの支援システムが各地の保育所で実践され，広がっていくことで，育児不安が軽減され，子育てを楽しむ家庭が増えていくことが期待される．

2 子育て支援の具体策

地域の状況に応じさまざまな企画が考えられるが，子どもの多様な育ちの姿を知らない親にその機会を提供し，子どもは同じような年齢児と過ごすことにより経験が多様化する効果がある．支援の主な具体策を次に紹介する．

(1) 園庭開放

地域の子どもが安全に楽しく活動できる場を提供するとともに，参加する子どもは他の子どもが遊ぶ様子を見ることで遊びが活発化し，親も多くの子どもの活動を見ることで一般的な子どもに対する理解が深まり，保育者の指導によって遊びの幅も広がる．

(2) 保育体験

保育所での日課の一部を体験することで，子ども仲間との出会いを広げることができる．

遊びや給食をともにしながら家庭ではできない経験も可能となる．それによって親は子どもの育ちの多様性に気づくことが多いはずである．

(3) 育児相談

電話で，あるいは来所しての面接で相談する．子どもの月齢・年齢により相談内容も変化する．子ども自身の問題に限らず，家族関係のストレスなどによる親の悩みが明らかになる場合もある．この際のプライバシーの保護と相談内容の秘密の保持についてとくに配慮する必要がある．

(4) 育児講座

入所児の保護者および地域の乳幼児の保護者に対して開講する．子どもの発達やしつけ，疾病，遊びや離乳食・おやつなど，子育てにかかわる講座を開設する．地域の保護者などに開催情報がよく伝わるように，スーパーや市民センターなどにポスターを掲示する．パンフレットなどを置く・保育所のホームページを活用するなど情報伝達を工夫する．

これらの活動をきっかけに自主的子育てサークルが組織され，活動が広まった事例もある．

かつては，家族や地域のなかで相互に行われていた子育ての伝承や支援も，社会の変化により困難になり，その新たな役割が保育所に期待されている．保育所が入所児だけを保育していればすむ時代はすぎ，保育者も地域にアンテナを張り，地域の保育需要に敏感に対応していくことが要請されてきているのである．

〔石原栄子〕

C．乳児院と他機関との連携

乳児院に入所する子どもは児童相談所の措置による．したがって，入所児の養育に関して，入所時の援助方針（児童自立支援計画）の策定や，家庭引き取りによる退所（措置解除）や児童養護施設への移行（措置変更）などに関して，児童相談所との連携は不可欠である．入所した子どもにとって，一般的には早期の家庭復帰が望ましいことは言うまでもないが，虐待を主訴に入所した事例のように，家庭引き取りに問題が感じられる場合には，乳児院としての意見を明確に伝えるべきである．

措置変更により児童養護施設へ移る場合，年齢が2歳から3歳という分離不安のつよい時期であることを考えると，児童養護施設との連携も望まれる．

その他，乳児院は，保健所（県）・保健センター（市町村），行政機関，医療機関，障害児施設などと，必要に応じて緊密な連携をとることが重要である．

D．乳児院と地域の子育て支援

乳児院は乳児の養育にもっとも経験を有している施設である．また乳児院には保育士と看護師がおり，また医師との連携も密接である．乳児院のもっているこのような専門性を生かした活動が求められている．事実，育児相談，電話相談を行っているところも少なくない．

また，すべての乳児院で乳児保育に関する実習（保育者，保育学生）を積極的に受け入れてきている．

このように最近の乳児院はその専門性を生かし，地域の子育て支援にも重要な活動をしている．他方，乳児院はボランティアなど，地域の人材，社会資源の支援も受けている．

〔庄司順一〕

付録 乳児保育関連資料

A. 乳児保育に関係する法規など

1 児童福祉法

乳児の施設保育は、児童福祉法にその基本が規定されている。ここには全6章のなかの第1章の総則のみをあげておくが、ここに児童育成の責任を、児童の保護者とともに、国および地方公共団体がその責任を負っていることが明言されている。昭和22年（1947年）12月に公布され、その後たび重なる改正が行われ、平成13年の改正では保育士資格が法定化され、保育士の定義（第18条の4）、秘密保持義務（第18条の22）、名称の使用制限（第18条の23）、罰則規則（第62条）などが加えられた。

2 少子化に関連する主要国の取り組み（表 付-1）

3 保育所保育指針（198頁）

保育所保育指針は昭和40年（1965年）8月に、厚生省児童家庭局から通知として出されたものが、幼稚園教育要領が平成元年（1989年）3月に改訂されたのに伴い、2年（1990年）3月に新しい指針が示され、つづいて11年10月に改定が行われた。平成20年に三度目の改定が行われ、これまでの局長通知から厚生労働大臣による告示となり、遵守すべき法令として示された。改定保育指針は1年間の周知期間を経て、平成21年4月に施行された。

児童福祉法（昭和22年12月）

第1章 総則

第1条　1. すべて国民は、児童が心身ともに健やかに生まれ、且つ、育成されるよう努めなければならない。
　　　　2. すべて児童は、ひとしくその生活を保障され、愛護されなければならない。
第2条　国及び地方公共団体は、児童の保護者とともに、児童を心身ともに健やかに育成する責任を負う。
第3条　前2条に規定するところは、児童の福祉を保障するための原理であり、この原理は、すべて児童に関する法令の施行にあたって、常に尊重されなければならない。

（以下略）

表付-1. 少子化に関連する

			日本	アメリカ
	合計特殊出生率の動向		70年代半ば以降，低下傾向が継続． 【2000年 1.33】	60年代始めから70年代半ばに大きく低下したが，その後上昇し，90年代は2以上で推移． 【2000年 2.13】
	○人口 ○年少人口割合 ○老年人口割合		○人口　　　　12,693万人：00年 ○年少人口割合 14.6%：00年 ○老年人口割合 17.4%：00年	○人口　　　　26,760万人：97年 ○年少人口割合 21.6%：97年 ○老年人口割合 12.7%：97年
働き方関係	現状	女性の労働力率 (2000年，日本は2001年) (かっこ内は男性)	20～24歳　75.1%（71.7%） 25～34歳　56.6%（96.8%） 35～44歳　66.4%（97.7%）	20～24歳　73.3%（82.6%） 25～34歳　76.3%（93.4%） 35～44歳　77.3%（92.6%）
		就業者のパートタイム 労働者比率（2000年）	女性　41.3% 男性　6.2%	女性　18.2% 男性　7.9%
	関係施策	出産休業の期間等	予定日前6週間・出産後8週間	連邦レベルでの期間の定めはないが，各州ごとに定められている医療を理由とする休業と同じ長さの休業が保障されている
		育児休業　○取得可能期間	○1歳に達するまで最長1年間	○生後又は養子縁組後1年間に12週間 ○全日休業
		○休業中の所得保障	○賃金の40%を雇用保険から給付．社会保険料の免除制度あり．なお，休業中は実態として17%の事業所で金銭給付がある．	○無給
		○取得状況	○有子女性の56.4%，男性の0.4%が取得．男女比で女性97.6%（99年度調査）	○女性の36%，男性の34%が取得．（2000年前後の全国調査．州による違いはある．）
		復職の保障	○事業主に対して，育児休業後の再雇用につき特別の配慮を行う努力義務が課されている．	○育児休業前と同じ仕事又は同等の仕事への復職の権利があり，使用者による損害賠償により担保．
保育		低年齢児の主要サービスの種類と利用数・定員 （利用数・定員数抽出範囲年齢）	保育所　55.2万人：3歳未満 　　　　（182.8万人：就学前） 　　　　（2001年4月現在）	保育所 182万人，保育校 115万人 　　　　　　　　　　　　　：学齢前 家庭保育 214万人：学齢前（93年） ※全国統一制度なし
		（参考）就学前児童数	3歳未満児数：345万人（2001年）	母親（既婚）が就業する5歳未満児数：994万人（93年）
		個別保育者，家庭保育の位置づけ等	○家庭的保育事業を実施する市区町村に対し，必要な経費を補助	○州政府等の認可を受けたものと認可外のものがある．
		需給状況	○地域によって需給に偏在あり ○3歳未満児数に対する保育所入所児童数の割合→16%	○母親（既婚）が就業する5歳未満児数に対する利用者数　保育所→18%，保育校→12%，家庭保育→22%（この他には，親やベビーシッター等）
経済的負担軽減措置		税制 控除制度の有無	○児童扶養控除制度あり	○児童扶養控除あり ○保育費用対象の控除あり
	児童手当	支給対象及び所得制限の有無	第1子より．就学前まで．所得制限あり．	児童手当制度なし
		支給月額（99年） ※フランス・スウェーデンは98年 ※円への換算レートは99年4月1日現在	第1子　　0.5万円 第2子　　0.5万円 第3子～　1.0万円	—
		（参考）平均賃金 （製造業，月額）	41.1万円（2001万円）	2,599ドル（31.0万円）（2000年）
	その他		—	—

乳児保育関連資料

主要国の取り組み

フランス	スウェーデン	イギリス
60年代半ばから70年代半ばに大きく低下後，1.8前後で安定的に推移．近年は上昇の傾向． 【2000年 1.89】 ○人口　　　　5,850万人：97年 ○年少人口割合　19.9%：93年 ○老年人口割合　14.5%：93年	60年代後半から80年代前半にかけて低下後，一旦上昇に転じたが，90年を境に再度低下の傾向． 【2000年 1.54】 ○人口　　　　　880万人：97年 ○年少人口割合　18.8%：96年 ○老年人口割合　17.4%：96年	60年代半ばから70年代半ばに大きく低下後，1.8前後で安定的に推移．近年，やや低下の傾向． 【2000年 1.65】 ○人口　　　　5,900万人：97年 ○年少人口割合　19.3%：96年 ○老年人口割合　15.7%：96年
20～24歳　46.9%（55.5%） 25～34歳　78.6%（93.7%） 35～44歳　79.9%（95.9%）	20～24歳　61.6%（70.0%） 25～34歳　81.9%（88.6%） 35～44歳　87.9%（92.1%）	20～24歳　68.9%（81.9%） 25～34歳　75.3%（93.8%） 35～44歳　77.2%（93.3%）
女性　24.3% 男性　5.3%	女性　21.4% 男性　7.3%	女性　40.8% 男性　8.4%
第2子までは，予定日前6週間・出産後10週間．第3子の場合は18週，3人以上の多胎児の場合は22週に延長．	出産前後各7週間	予定日前・出産後計18週間
○3歳に達するまで最長3年間 ○全日休業，パートタイム労働（最長で通常の労働時間の80%） ○労働時間貯蓄勘定制度により収入を得ることも可能な場合あり．また，第2子以降は育児手当（最高で月3,039フラン）の受給が可能．なお休業中は原則無給．	○全日休業型：生後18月まで ○パートタイム労働型：18月以降8歳に達するまで ○親保険により，休業中最初の12カ月間は80%の所得保障，次の3カ月間は定額の最低保証額による所得保証．	○5歳に達するまで13週間 ただし，1年につき最大4週間 （取得は1週間単位） ○無給 ※99年に育児休業制度が成立し，同年12月に施行．
○取得者の95%以上が女性	○取得者の約30%が男性 （取得日数の約10%）	○男女とも12%が取得． （1,000人対象の20000年の調査．制度設計時は女性40%，男性10%が目標．
○育児休業前と同じ又は同程度の職に復帰でき，罰金，使用者による損害賠償，解雇手当金等の支払いにより担保．	○育児休業前と同程度の職に復帰でき，使用者による損害賠償により担保．	○出産休業前の労働条件を下回らない条件で復職でき，裁判所による現職復帰命令，再雇用命令等により担保．
集団型保育所　13.6万人：3歳未満 家庭型保育所　5.9万人：3歳未満 個別保育者　29.3万人：6歳まで （97年） 3歳未満児数：214万人（96年）	保育所　　　　9.3万人：3歳未満 家庭型保育所　2.5万人：3歳未満 （97年） 3歳未満児数：29万人（97年）	（イングランド，97年） 保育所　　　　19.4万人：5歳未満 個別保育者　　36.5万人 ：学齢期まで，半分以上が5歳未満 5歳未満児数：315万人（96年）
○県の認可と研修受講が必要	○コミューンが実施責任（保育所との区別なし）	○地方当局への登録が必要
○保育所が不足 ○3歳未満児数に対する集団型保育所定員の割合→6%	○待機はほぼ解消 ○3歳未満児数に対する保育所・家庭型保育所利用者数→41%	○保育サービス全体が不足 ○5歳未満に対する保育所・個別保育者定員の割合→10数%程度
○家庭除数制度（N分N乗方式） ○育児経費について控除あり	○児童扶養控除制度なし	○児童扶養控除制度なし （児童手当導入時に廃止）
第2子より，原則義務教育終了（16歳まで）．所得制限なし．	第1子より．原則16歳未満．所得制限なし．	第1子より．原則16歳未満．所得制限なし．
こども2人計　　682フラン（1.4万円） 　　　3人計　1,556フラン（3.1万円） 　　　4人計　2,430フラン（4.8万円） 　　　5人計　3,340フラン（6.5万円） 第6子以降の子ども1人あたり 　　　　　　　　874フラン（1.7万円） 9,292フラン（18.4万円）（97年）	第1子　　　750クローネ（1.1万円） 第2子　　　750クローネ（1.1万円） 第3子　　　950クローネ（1.4万円） 第4子　　1,350クローネ（2.0万円） 第5子～　1,500クローネ（2.2万円） 17,440クローネ（25.2万円）（98年）	第1子～　62.4ポンド（1.2万円） 第2子～　41.6ポンド（0.8万円） ※週当たりの支払い額を規定 1,744ポンド（33.8万円）（2000年）
○プライオリティカード 　こどもが3人以上いる家族全員について鉄道料金割引など	—	—

〈厚生労働省「少子化を考える懇談会」14.7.17資料から〉
（人口問題審議会「少子化に関する諸外国の取組みについて」11.6を一部修正）

乳児保育に関係する法規など

保育所保育指針

厚生労働省告示第141号　平成20年3月28日

第1章　総則

1　趣旨

（1）　この指針は、児童福祉施設最低基準（昭和23年厚生省令第63号）第35条の規定に基づき、保育所における保育の内容に関する事項及びこれに関連する運営に関する事項を定めるものである。

（2）　各保育所は、この指針において規定される保育の内容に係る基本原則に関する事項等を踏まえ、各保育所の実情に応じて創意工夫を図り、保育所の機能及び質の向上に努めなければならない。

2　保育所の役割

（1）　保育所は、児童福祉法（昭和22年法律第164号）第39条の規定に基づき、保育に欠ける子どもの保育を行い、その健全な心身の発達を図ることを目的とする児童福祉施設であり、入所する子どもの最善の利益を考慮し、その福祉を積極的に増進することに最もふさわしい生活の場でなければならない。

（2）　保育所は、その目的を達成するために、保育に関する専門性を有する職員が、家庭との緊密な連携の下に、子どもの状況や発達過程を踏まえ、保育所における環境を通して、養護及び教育を一体的に行うことを特性としている。

（3）　保育所は、入所する子どもを保育するとともに、家庭や地域の様々な社会資源との連携を図りながら、入所する子どもの保護者に対する支援及び地域の子育て家庭に対する支援等を行う役割を担うものである。

（4）　保育所における保育士は、児童福祉法第18条の4の規定を踏まえ、保育所の役割及び機能が適切に発揮されるように、倫理観に裏付けられた専門的知識、技術及び判定をもって、子どもを保育するとともに、子どもの保護者に対する保育に関する指導を行うものである。

3　保育の原理

（1）　保育の目標

ア　保育所は、子どもが生涯にわたる人間形成にとって極めて重要な時期に、その生活時間の大半を過ごす場である。このため、保育所の保育は、子どもが現在を最も良く生き、望ましい未来をつくり出す力の基礎を培うために、次の目標を目指して行わなければならない。

（ア）　十分に養護の行き届いた環境の下に、くつろいだ雰囲気の中で子どもの様々な欲求を満たし、生命の保持及び情緒の安定を図ること。

（イ）　健康、安全など生活に必要な基本的な習慣や態度を養い、心身の健康の基礎を培うこと。

（ウ）　人との関わりの中で、人に対する愛情と信頼感、そして人権を大切にする心を育てるとともに、自主、自立及び協調の態度を養い、道徳性の芽生えを培うこと。

（エ）　生命、自然及び社会の事象についての興味や関心を育て、それらに対する豊かな心情や思考力の芽生えを培うこと。

（オ）　生活の中で、言葉への興味や関心を育て、話したり、聞いたり、相手の話を理解しようとするなど、言葉の豊かさを養うこと。

（カ）　様々な体験を通して、豊かな感性や表現力を育み、創造性の芽生えを培うこと。

イ　保育所は、入所する子どもの保護者に対し、その意向を受け止め、子どもと保護者の安定した関係に配慮し、保育所の特性や保育士等の専門性を生かして、その援助に当たらなければならない。

（2）　保育の方法

保育の目標を達成するために、保育士等は、次の事項に留意して保育しなければならない。

ア　一人一人の子どもの状況や家庭及び地域社会での生活の実態を把握するとともに、子どもが安心感と信頼感を持って活動できるよう、子どもの主体としての思いや願いを受け止めること。

イ　子どもの生活リズムを大切にし、健康、安全で情緒の安定した生活ができる環境や、自己を十分に発揮できる環境を整えること。

ウ　子どもの発達について理解し、一人一人の発達過

程に応じて保育すること．その際，子どもの個人差に十分配慮すること．
　エ　子ども相互の関係作りや互いに尊重する心を大切にし，集団における活動を効果あるものにするよう援助すること．
　オ　子どもが自発的，意欲的に関われるような環境を構成し，子どもの主体的な活動や子ども相互の関わりを大切にすること．特に，乳幼児期にふさわしい体験が得られるように，生活や遊びを通して総合的に保育すること．
　カ　一人一人の保護者の状況やその意向を理解，受容し，それぞれの親子関係や家庭生活等に配慮しながら，様々な機会をとらえ，適切に援助すること．
(3) 保育の環境
　保育の環境には，保育士等や子どもなどの人的環境，施設や遊具などの物的環境，更には自然や社会の事象などがある．保育所はこうした人，物，場などの環境が相互に関連し合い，子どもの生活が豊かなものとなるよう，次の事項に留意しつつ，計画的に環境を構成し，工夫して保育しなければならない．
　ア　子ども自らが環境に関わり，自発的に活動し，様々な経験を積んでいくことができるよう配慮すること．
　イ　子どもの活動が豊かに展開されるよう，保育所の設備や環境を整え，保育所の保健的環境や安全の確保などに努めること．
　ウ　保育室は，温かな親しみとくつろぎの場となるとともに，生き生きと活動できる場となるように配慮すること．
　エ　子どもが人と関わる力を育てていくため，子ども自らが周囲の子どもや大人と関わっていくことができる環境を整えること．

4　保育所の社会的責任

(1) 保育所は，子どもの人権に十分配慮するとともに，子ども一人一人の人格を尊重して保育を行わなければならない．
(2) 保育所は，地域社会との交流や連携を図り，保護者や地域社会に，当該保育所が行う保育の内容を適切に説明するよう努めなければならない．
(3) 保育所は，入所する子ども等の個人情報を適切に取り扱うとともに，保護者の苦情などに対し，その解決を図るよう努めなければならない．

第2章　子どもの発達

　子どもは，様々な環境との相互作用により発達していく．すなわち，子どもの発達は，子どもがそれまでの体験を基にして，環境に働きかけ，環境との相互作用を通して，豊かな心情，意欲及び態度を身に付け，新たな能力を獲得していく過程である．特に大切なのは，人との関わりであり，愛情豊かで思慮深い大人による保護や世話などを通して，大人と子どもの相互の関わりが十分に行われることが重要である．この関係を起点として，次第に他の子どもとの間でも相互に働きかけ，関わりを深め，人への信頼感と自己の主体性を形成していくのである．
　これらのことを踏まえ，保育士等は，次に示す子どもの発達の特性や発達過程を理解し，発達及び生活の連続性に配慮して保育しなければならない．その際，保育士等は，子どもと生活や遊びを共にする中で，一人一人の子どもの心身の状態を把握しながら，その発達の援助を行うことが必要である．

1　乳幼児期の発達の特性

(1) 子どもは，大人によって生命を守られ，愛され，信頼されることにより，情緒が安定するとともに，人への信頼感が育つ．そして，身近な環境（人，自然，事物，出来事など）に興味や関心を持ち，自発的に働きかけるなど，次第に自我が芽生える．
(2) 子どもは，子どもを取り巻く環境に主体的に関わることにより，心身の発達が促される．
(3) 子どもは，大人との信頼関係を基にして，子ども同士の関係を持つようになる．この相互の関わりを通じて，身体的な発達及び知的な発達とともに，情緒的，社会的及び道徳的な発達が促される．
(4) 乳幼児期は，生理的，身体的な諸条件や生育環境の違いにより，一人一人の心身の発達の個人差が大きい．
(5) 子どもは，遊びを通して，仲間との関係を育み，その中で個の成長も促される．
(6) 乳幼児期は，生涯にわたる生きる力の基礎が培われる時期であり，特に身体感覚を伴う多様な経験が積み重なることにより，豊かな感性とともに好奇心，探究心や思考力が養われる．また，それらがその後の生活や学びの基礎になる．

2　発達過程

　子どもの発達過程は，おおむね次に示す8つの区分と

してとらえられる．ただし，この区分は，同年齢の子どもの均一的な発達の基準ではなく，一人一人の子どもの発達過程としてとらえるべきものである．また，様々な条件により，子どもに発達上の課題や保育所の生活になじみにくいなどの状態が見られても，保育士等は，子ども自身の力を十分に認め，一人一人の発達過程や心身の状態に応じた適切な援助及び環境構成を行うことが重要である．

(1) おおむね 6 か月未満

誕生後，母体内から外界への急激な環境の変化に適応し，著しい発達が見られる．首がすわり，手足の動きが活発になり，その後，寝返り，腹ばいなど全身の動きが活発になる．視覚，聴覚などの感覚の発達はめざましく，泣く，笑うなどの表情の変化や体の動き，喃語（なん ご）などで自分の欲求を表現し，これに応答的に関わる特定の大人との間に情緒的な絆（きずな）が形成される．

(2) おおむね 6 か月から 1 歳 3 か月未満

座る，はう，立つ，つたい歩きといった運動機能が発達すること，及び腕や手先を意図的に動かせるようになることにより，周囲の人や物に興味を示し，探索活動が活発になる．特定の大人との応答的な関わりにより，情緒的な絆（きずな）が深まり，あやしてもらうと喜ぶなどやり取りが盛んになる一方で，人見知りをするようになる．また，身近な大人との関係の中で，自分の意思や欲求を身振りなどで伝えようとし，大人から自分に向けられた気持ちや簡単な言葉が分かるようになる．食事は，離乳食から幼児食へ徐々に移行する．

(3) おおむね 1 歳 3 か月から 2 歳未満

歩き始め，手を使い，言葉を話すようになることにより，身近な人や身の回りの物に自発的に働きかけていく．歩く，押す，つまむ，めくるなど様々な運動機能の発達や新しい行動の獲得により，環境に働きかける意欲を一層高める．その中で，物をやり取りしたり，取り合ったりする姿が見られるとともに，玩具等を実物に見立てるなどの象徴機能が発達し，人や物との関わりが強まる．また，大人の言うことが分かるようになり，自分の意思を親しい大人に伝えたいという欲求が高まる．指差し，身振り，片言などを盛んに使うようになり，二語文を話し始める．

(4) おおむね 2 歳

歩く，走る，跳ぶなどの基本的な運動機能や，指先の機能が発達する．それに伴い，食事，衣類の着脱など身の回りのことを自分でしようとする．また，排泄（せつ）の自立のための身体的機能も整ってくる．発声が明瞭（りょう）になり，語彙（い）も著しく増加し，自分の意思や欲求を言葉で表出できるようになる．行動範囲が広がり探索活動が盛んになる中，自我の育ちの表れとして，強く自己主張する姿が見られる．盛んに模倣し，物事の間の共通性を見いだすことができるようになるとともに，象徴機能の発達により，大人と一緒に簡単なごっこ遊びを楽しむようになる．

(5) おおむね 3 歳

基本的な運動機能が伸び，それに伴い，食事，排泄，衣類の着脱などもほぼ自立できるようになる．話し言葉の基礎ができて，盛んに質問するなど知的興味や関心が高まる．自我がよりはっきりしてくるとともに，友達との関わりが多くなるが，実際には，同じ場所で同じような遊びをそれぞれ楽しんでいる平行遊びであることが多い．大人の行動や日常生活において経験したことをごっこ遊びに取り入れたり，象徴機能や観察力を発揮して，遊びの内容に発展性が見られるようになる．予想や意図，期待を持って行動できるようになる．

(6) おおむね 4 歳

全身のバランスを取る能力が発達し，体の動きが巧みになる．自然など身近な環境に積極的に関わり，様々な物の特性を知り，それらとの関わり方が遊び方を体得していく．想像力が豊かになり，目的を持って行動し，つくったり，かいたり，試したりするようになるが，自分の行動やその結果を予測して不安になるなどの葛藤（かっとう）も経験する．仲間とのつながりが強くなる中で，けんかも増えてくる．その一方で，決まりの大切さに気付き，守ろうとするようになる．感情が豊かになり，身近な人の気持ちを察し，少しずつ自分の気持ちを抑えられたり，我慢ができるようになってくる．

(7) おおむね 5 歳

基本的な生活習慣が身に付き，運動機能はますます伸び，喜んで運動遊びをしたり，仲間とともに活発に遊ぶ．言葉により共通のイメージを持って遊んだり，目的に向かって集団で行動することが増える．さらに，遊びを発展させ，楽しむために，自分たちで決まりを作ったりする．また，自分なりに考えて判断したり，批判する力が生まれ，けんかを自分たちで解決しようとするなど，お互いに相手を許したり，異なる思いや考えを認めたりと

いった社会生活に必要な基本的な力を身に付けていく．他人の役に立つことを嬉しく感じたりして，仲間の中の一人としての自覚が生まれる．

(8) おおむね6歳

全身運動が滑らかで巧みになり，快活に跳び回るようになる．これまでの体験から，自信や，予想や見通しを立てる力が育ち，心身ともに力があふれ，意欲が旺盛になる．仲間の意思を大切にしようとし，役割の分担が生まれるような協同遊びやごっこ遊びを行い，満足するまで取り組もうとする．様々な知識や経験を生かし，創意工夫を重ね，遊びを発展させる．思考力や認識力も高まり，自然事象や社会事象，文字などへの興味や関心も深まっていく．身近な大人に甘え，気持ちを休めることもあるが，様々な経験を通して自立心が一層高まっていく．

第3章 保育の内容

保育の内容は，「ねらい」及び「内容」で構成される．「ねらい」は，第1章（総則）に示された保育の目標をより具体化したものであり，子どもが保育所において，安定した生活を送り，充実した活動ができるように，保育士等が行わなければならない事項及び子どもが身に付けることが望まれる心情，意欲，態度などの事項を示したものである．また，「内容」は，「ねらい」を達成するために，子どもの生活やその状況に応じて保育士等が適切に行う事項と，保育士等が援助して子どもが環境に関わって経験する事項を示したものである．保育士等が，「ねらい」及び「内容」を具体的に把握するための視点として，「養護に関わるねらい及び内容」と「教育に関わるねらい及び内容」との両面から示しているが，実際の保育においては，養護と教育が一体となって展開されることに留意することが必要である．

ここにいう「養護」とは，子どもの生命の保持及び情緒の安定を図るために保育士等が行う援助や関わりである．また，「教育」とは，子どもが健やかに成長し，その活動がより豊かに展開されるための発達の援助であり，「健康」，「人間関係」，「環境」，「言葉」及び「表現」の5領域から構成される．この5領域並びに「生命の保持」及び「情緒の安定」に関わる保育の内容は，子どもの生活や遊びを通して相互に関連を持ちながら，総合的に展開されるものである．

1 保育のねらい及び内容
(1) 養護に関わるねらい及び内容
ア 生命の保持
(ア) ねらい
① 一人一人の子どもが，快適に生活できるようにする．
② 一人一人の子どもが，健康で安全に過ごせるようにする．
③ 一人一人の子どもの生理的欲求が，十分に満たされるようにする．
④ 一人一人の子どもの健康増進が，積極的に図られるようにする．
(イ) 内容
① 一人一人の子どもの平常の健康状態や発育及び発達状態を的確に把握し，異常を感じる場合は，速やかに適切に対応する．
② 家庭との連絡を密にし，嘱託医等との連携を図りながら，子どもの疾病や事故防止に関する認識を深め，保健的で安全な保育環境の維持及び向上に努める．
③ 清潔で安全な環境を整え，適切な援助や応答的な関わりを通して，子どもの生理的欲求を満たしていく．また，家庭と協力しながら，子どもの発達過程等に応じた適切な生活リズムが作られていくようにする．
④ 子どもの発達過程等に応じて，適度な運動と休息を取ることができるようにする．また，食事，排泄，睡眠，衣類の着脱，身の回りを清潔にすることなどについて，子どもが意欲的に生活できるよう適切に援助する．

イ 情緒の安定
(ア) ねらい
① 一人一人の子どもが，安定感を持って過ごせるようにする．
② 一人一人の子どもが，自分の気持ちを安心して表すことができるようにする．
③ 一人一人の子どもが，周囲から主体として受け止められ，主体として育ち，自分を肯定する気持ちが育まれていくようにする．
④ 一人一人の子どもの心身の疲れが癒されるようにする．

(イ) 内容
① 一人一人の子どもの置かれている状態や発達過程などを的確に把握し，子どもの欲求を適切に満たしながら，応答的な触れ合いや言葉がけを行う．
② 一人一人の子どもの気持ちを受容し，共感しながら，子どもとの継続的な信頼関係を築いていく．
③ 保育士等との信頼関係を基盤に，一人一人の子どもが主体的に活動し，自発性や探索意欲などを高めるとともに，自分への自信を持つことができるよう成長の過程を見守り，適切に働きかける．
④ 一人一人の子どもの生活リズム，発達過程，保育時間などに応じて，活動内容のバランスや調和を図りながら，適切な食事や休息が取れるようにする．

(2) 教育に関わるねらい及び内容
ア 健康
健康な心と体を育て，自ら健康で安全な生活をつくり出す力を養う．
(ア) ねらい
① 明るく伸び伸びと行動し，充実感を味わう．
② 自分の体を十分に動かし，進んで運動しようとする．
③ 健康，安全な生活に必要な習慣や態度を身に付ける．
(イ) 内容
① 保育士等や友達と触れ合い，安定感を持って生活する．
② いろいろな遊びの中で十分に体を動かす．
③ 進んで戸外で遊ぶ．
④ 様々な活動に親しみ，楽しんで取り組む．
⑤ 健康な生活のリズムを身に付け，楽しんで食事をする．
⑥ 身の回りを清潔にし，衣類の着脱，食事，排泄など生活に必要な活動を自分でする．
⑦ 保育所における生活の仕方を知り，自分たちで生活の場を整えながら見通しを持って行動する．
⑧ 自分の健康に関心を持ち，病気の予防などに必要な活動を進んで行う．
⑨ 危険な場所や災害時などの行動の仕方が分かり，安全に気を付けて行動する．

イ 人間関係
他の人々と親しみ，支え合って生活するために，自立心を育て，人と関わる力を養う．
(ア) ねらい
① 保育所生活を楽しみ，自分の力で行動することの充実感を味わう．
② 身近な人と親しみ，関わりを深め，愛情や信頼感を持つ．
③ 社会生活における望ましい習慣や態度を身に付ける．
(イ) 内容
① 安心できる保育士等との関係の下で，身近な大人や友達に関心を持ち，模倣して遊んだり，親しみを持って自ら関わろうとする．
② 保育士等や友達との安定した関係の中で，共に過ごすことの喜びを味わう．
③ 自分で考え，自分で行動する．
④ 自分でできることは自分でする．
⑤ 友達と積極的に関わりながら喜びや悲しみを共感し合う．
⑥ 自分の思ったことを相手に伝え，相手の思っていることに気付く．
⑦ 友達の良さに気付き，一緒に活動する楽しさを味わう．
⑧ 友達と一緒に活動する中で，共通の目的を見いだし，協力して物事をやり遂げようとする気持ちを持つ．
⑨ 良いことや悪いことがあることに気付き，考えながら行動する．
⑩ 身近な友達との関わりを深めるとともに，異年齢の友達など，様々な友達と関わり，思いやりや親しみを持つ．
⑪ 友達と楽しく生活する中で決まりの大切さに気付き，守ろうとする．
⑫ 共同の遊具や用具を大切にし，みんなで使う．
⑬ 高齢者を始め地域の人々など自分の生活に関係の深いいろいろな人に親しみを持つ．
⑭ 外国人など，自分とは異なる文化を持った人

に親しみを持つ．

ウ　環境

周囲の様々な環境に好奇心や探究心を持って関わり，それらを生活に取り入れていこうとする力を養う．

（ア）ねらい
① 身近な環境に親しみ，自然と触れ合う中で様々な事象に興味や関心を持つ．
② 身近な環境に自分から関わり，発見を楽しんだり，考えたりし，それを生活に取り入れようとする．
③ 身近な事物を見たり，考えたり，扱ったりする中で，物の性質や数量，文字などに対する感覚を豊かにする．

（イ）内容
① 安心できる人的及び物的環境の下で，聞く，見る，触れる，嗅ぐ，味わうなどの感覚の働きを豊かにする．
② 好きな玩具や遊具に興味を持って関わり，様々な遊びを楽しむ．
③ 自然に触れて生活し，その大きさ，美しさ，不思議さなどに気付く．
④ 生活の中で，様々な物に触れ，その性質や仕組みに興味や関心を持つ．
⑤ 季節により自然や人間の生活に変化のあることに気付く．
⑥ 自然などの身近な事象に関心を持ち，遊びや生活に取り入れようとする．
⑦ 身近な動植物に親しみを持ち，いたわったり，大切にしたり，作物を育てたり，味わうなどして，生命の尊さに気付く．
⑧ 身近な物を大切にする．
⑨ 身近な物や遊具に興味を持って関わり，考えたり，試したりして工夫して遊ぶ．
⑩ 日常生活の中で数量や図形などに関心を持つ．
⑪ 日常生活の中で簡単な標識や文字などに関心を持つ．
⑫ 近隣の生活に興味や関心を持ち，保育所内外の行事などに喜んで参加する．

エ　言葉

経験したことや考えたことなどを自分なりの言葉で表現し，相手の話す言葉を聞こうとする意欲や態度を育て，言葉に対する感覚や言葉で表現する力を養う．

（ア）ねらい
① 自分の気持ちを言葉で表現する楽しさを味わう．
② 人の言葉や話などをよく聞き，自分の経験したことや考えたことを話し，伝え合う喜びを味わう．
③ 日常生活に必要な言葉が分かるようになるとともに，絵本や物語などに親しみ，保育士等や友達と心を通わせる．

（イ）内容
① 保育士等の応答的な関わりや話しかけにより，自ら言葉を使おうとする．
② 保育士等と一緒にごっこ遊びなどをする中で，言葉のやり取りを楽しむ．
③ 保育士等や友達の言葉や話に興味や関心を持ち，親しみを持って聞いたり，話したりする．
④ したこと，見たこと，聞いたこと，味わったこと，感じたこと，考えたことを自分なりに言葉で表現する．
⑤ したいこと，してほしいことを言葉で表現したり，分からないことを尋ねたりする．
⑥ 人の話を注意して聞き，相手に分かるように話す．
⑦ 生活の中で必要な言葉が分かり，使う．
⑧ 親しみを持って日常のあいさつをする．
⑨ 生活の中で言葉の楽しさや美しさに気付く．
⑩ いろいろな体験を通じてイメージや言葉を豊かにする．
⑪ 絵本や物語などに親しみ，興味を持って聞き，想像する楽しさを味わう．
⑫ 日常生活の中で，文字などで伝える楽しさを味わう．

オ　表現

感じたことや考えたことを自分なりに表現することを通して，豊かな感性や表現する力を養い，創造性を豊かにする．

（ア）ねらい
① いろいろな物の美しさなどに対する豊かな感性を持つ．
② 感じたことや考えたことを自分なりに表現し

て楽しむ．
　③　生活の中でイメージを豊かにし，様々な表現を楽しむ．
（イ）内容
　①　水，砂，土，紙，粘土など様々な素材に触れて楽しむ．
　②　保育士等と一緒に歌ったり，手遊びをしたり，リズムに合わせて体を動かしたりして遊ぶ．
　③　生活の中で様々な音，色，形，手触り，動き，味，香りなどに気付いたり，感じたりして楽しむ．
　④　生活の中で様々な出来事に触れ，イメージを豊かにする．
　⑤　様々な出来事の中で，感動したことを伝え合う楽しさを味わう．
　⑥　感じたこと，考えたことなどを音や動きなどで表現したり，自由にかいたり，つくったりする．
　⑦　いろいろな素材や用具に親しみ，工夫して遊ぶ．
　⑧　音楽に親しみ，歌を歌ったり，簡単なリズム楽器を使ったりする楽しさを味わう．
　⑨　かいたり，つくったりすることを楽しみ，それを遊びに使ったり，飾ったりする．
　⑩　自分のイメージを動きや言葉などで表現したり，演じて遊んだりする楽しさを味わう．

2　保育の実施上の配慮事項

　保育士等は，一人一人の子どもの発達過程やその連続性を踏まえ，ねらいや内容を柔軟に取り扱うとともに，特に，次の事項に配慮して保育しなければならない．

（1）保育に関わる全般的な配慮事項
　ア　子どもの心身の発達及び活動の実態などの個人差を踏まえるとともに，一人一人の子どもの気持ちを受け止め，援助すること．
　イ　子どもの健康は，生理的，身体的な育ちとともに，自主性や社会性，豊かな感性の育ちとがあいまってもたらされることに留意すること．
　ウ　子どもが自ら周囲に働きかけ，試行錯誤しつつ自分の力で行う活動を見守りながら，適切に援助すること．
　エ　子どもの入所時の保育に当たっては，できるだけ個別的に対応し，子どもが安定感を得て，次第に保育所の生活になじんでいくようにするとともに，既に入所している子どもに不安や動揺を与えないよう配慮すること．
　オ　子どもの国籍や文化の違いを認め，互いに尊重する心を育てるよう配慮すること．
　カ　子どもの性差や個人差にも留意しつつ，性別などによる固定的な意識を植え付けることがないよう配慮すること．

（2）乳児保育に関わる配慮事項
　ア　乳児は疾病への抵抗力が弱く，心身の機能の未熟さに伴う疾病の発生が多いことから，一人一人の発育及び発達状態や健康状態についての適切な判断に基づく保健的な対応を行うこと．
　イ　一人一人の子どもの生育歴の違いに留意しつつ，欲求を適切に満たし，特定の保育士が応答的に関わるように努めること．
　ウ　乳児保育に関わる職員間の連携や嘱託医との連携を図り，第5章（健康及び安全）に示された事項を踏まえ，適切に対応すること．栄養士及び看護師等が配置されている場合は，その専門性を生かした対応を図ること．
　エ　保護者との信頼関係を築きながら保育を進めるとともに，保護者からの相談に応じ，保護者への支援に努めていくこと．
　オ　担当の保育士が替わる場合には，子どものそれまでの経験や発達過程に留意し，職員間で協力して対応すること．

（3）3歳未満児の保育に関わる配慮事項
　ア　特に感染症にかかりやすい時期であるので，体の状態，機嫌，食欲などの日常の状態の観察を十分に行うとともに，適切な判断に基づく保健的な対応を心がけること．
　イ　食事，排泄，睡眠，衣類の着脱，身の回りを清潔にすることなど，生活に必要な基本的な習慣については，一人一人の状態に応じ，落ち着いた雰囲気の中で行うようにし，子どもが自分でしようとする気持ちを尊重すること．
　ウ　探索活動が十分できるように，事故防止に努めながら活動しやすい環境を整え，全身を使う遊びなど様々な遊びを取り入れること．
　エ　子どもの自我の育ちを見守り，その気持ちを受け

止めるとともに，保育士等が仲立ちとなって，友達の気持ちや友達との関わり方を丁寧に伝えていくこと．
オ 情緒の安定を図りながら，子どもの自発的な活動を促していくこと．
カ 担当の保育士が替わる場合には，子どものそれまでの経験や発達過程に留意し，職員間で協力して対応すること．
(4) 3歳以上児の保育に関わる配慮事項
ア 生活に必要な基本的な習慣や態度を身に付けることの大切さを理解し，適切な行動を選択できるよう配慮すること．
イ 子どもの情緒が安定し，自己を十分に発揮して活動することを通して，やり遂げる喜びや自信を持つことができるように配慮すること．
ウ 様々な遊びの中で，全身を動かして意欲的に活動することにより，体の諸機能の発達が促されることに留意し，子どもの興味や関心が戸外にも向くようにすること．
エ けんかなど葛藤を経験しながら次第に相手の気持ちを理解し，相互に必要な存在であることを実感できるよう配慮すること．
オ 生活や遊びを通して，決まりがあることの大切さに気付き，自ら判断して行動できるよう配慮すること．
カ 自然との触れ合いにより，子どもの豊かな感性や認識力，思考力及び表現力が培われることを踏まえ，自然との関わりを深めることができるよう工夫すること．
キ 自分の気持ちや経験を自分なりの言葉で表現することの大切さに留意し，子どもの話しかけに応じるよう心がけること．また，子どもが仲間と伝え合ったり，話し合うことの楽しさが味わえるようにすること．
ク 感じたことや思ったこと，想像したことなどを，様々な方法で創意工夫を凝らして自由に表現できるよう，保育に必要な素材や用具を始め，様々な環境の設定に留意すること．
ケ 保育所の保育が，小学校以降の生活や学習の基盤の育成につながることに留意し，幼児期にふさわしい生活を通して，創造的な思考や主体的な生活態度などの基礎を培うようにすること．

第4章 保育の計画及び評価

保育所は，第1章（総則）に示された保育の目標を達成するために，保育の基本となる「保育課程」を編成するとともに，これを具体化した「指導計画」を作成しなければならない．

保育課程及び指導計画（以下「保育の計画」という．）は，すべての子どもが，入所している間，安定した生活を送り，充実した活動ができるように，柔軟で発展的なものとし，また，一貫性のあるものとなるよう配慮することが重要である．

また，保育所は，保育の計画に基づいて保育し，保育の内容の評価及びこれに基づく改善に努め，保育の質の向上を図るとともに，その社会的責任を果たさなければならない．

1 保育の計画
(1) 保育課程
ア 保育課程は，各保育所の保育の方針や目標に基づき，第2章（子どもの発達）に示された子どもの発達過程を踏まえ，前章（保育の内容）に示されたねらい及び内容が保育所生活の全体を通して，総合的に展開されるよう，編成されなければならない．
イ 保育課程は，地域の実態，子どもや家庭の状況，保育時間などを考慮し，子どもの育ちに関する長期的見通しを持って適切に編成されなければならない．
ウ 保育課程は，子どもの生活の連続性や発達の連続性に留意し，各保育所や創意工夫して保育できるよう，編成されなければならない．
(2) 指導計画
ア 指導計画の作成
指導計画の作成に当たっては，次の事項に留意しなければならない．
（ア）保育課程に基づき，子どもの生活や発達を見通した長期的な指導計画と，それに関連しながら，より具体的な子どもの日々の生活に即した短期的な指導計画を作成して，保育が適切に展開されるようにすること．
（イ）子ども一人一人の発達過程や状況を十分に踏

まえること．
　（ウ）　保育所の生活における子どもの発達過程を見通し，生活の連続性，季節の変化などを考慮し，子どもの実態に即した具体的なねらい及び内容を設定すること．
　（エ）　具体的なねらいが達成されるよう，子どもの生活する姿や発想を大切にして適切な環境を構成し，子どもが主体的に活動できるようにすること．
　イ　指導計画の展開
　　指導計画に基づく保育の実施に当たっては，次の事項に留意しなければならない．
　（ア）　施設長，保育士などすべての職員による適切な役割分担と協力体制を整えること．
　（イ）　子どもが行う具体的な活動は，生活の中で様々に変化することに留意して，子どもが望ましい方向に向かって自ら活動を展開できるよう必要な援助を行うこと．
　（ウ）　子どもの主体的な活動を促すためには，保育士等が多様な関わりを持つことが重要であることを踏まえ，子どもの情緒の安定や発達に必要な豊かな体験が得られるよう援助すること．
　（エ）　保育士等は，子どもの実態や子どもを取り巻く状況の変化などに即して保育の過程を記録するとともに，これらを踏まえ，指導計画に基づく保育の内容の見直しを行い，改善を図ること．
（3）　指導計画の作成上，特に留意すべき事項
　指導計画の作成に当たっては，第2章（子どもの発達），前章（保育の内容）及びその他の関連する章に示された事項を踏まえ，特に次の事項に留意しなければならない．
　ア　発達過程に応じた保育
　（ア）　3歳未満児については，一人一人の子どもの生育歴，心身の発達，活動の実態等に即して，個別的な計画を作成すること．
　（イ）　3歳以上児については，個の成長と，子ども相互の関係や協同的な活動が促されるよう配慮すること．
　（ウ）　異年齢で構成される組やグループでの保育においては，一人一人の子どもの生活や経験，発達過程などを把握し，適切な援助や環境構成ができるよう配慮すること．

　イ　長時間にわたる保育
　　長時間にわたる保育については，子どもの発達過程，生活のリズム及び心身の状態に十分配慮して，保育の内容や方法，職員の協力体制，家庭との連携などを指導計画に位置付けること．
　ウ　障害のある子どもの保育
　（ア）　障害のある子どもの保育については，一人一人の子どもの発達過程や障害の状態を把握し，適切な環境の下で，障害のある子どもが他の子どもとの生活を通して共に成長できるよう，指導計画の中に位置付けること．また，子どもの状況に応じた保育を実施する観点から，家庭や関係機関と連携した支援のための計画を個別に作成するなど適切な対応を図ること．
　（イ）　保育の展開に当たっては，その子どもの発達の状況や日々の状態によっては，指導計画にとらわれず，柔軟に保育したり，職員の連携体制の中で個別の関わりが十分行えるようにすること．
　（ウ）　家庭との連携を密にし，保護者との相互理解を図りながら，適切に対応すること．
　（エ）　専門機関との連携を図り，必要に応じて助言等を得ること．
　エ　小学校との連携
　（ア）　子どもの生活や発達の連続性を踏まえ，保育の内容の工夫を図るとともに，就学に向けて，保育所の子どもと小学校の児童との交流，職員同士の交流，情報共有や相互理解など小学校との積極的な連携を図るよう配慮すること．
　（イ）　子どもに関する情報共有に関して，保育所に入所している子どもの就学に際し，市町村の支援の下に，子どもの育ちを支えるための資料が保育所から小学校へ送付されるようにすること．
　オ　家庭及び地域社会との連携
　　子どもの生活の連続性を踏まえ，家庭及び地域社会と連携して保育が展開されるよう配慮すること．その際，家庭や地域の機関及び団体の協力を得て，地域の自然，人材，行事，施設等の資源を積極的に活用し，豊かな生活体験を始め保育内容の充実が図られるよう配慮すること．

2 保育の内容等の自己評価

(1) 保育士等の自己評価

ア 保育士等は,保育の計画や保育の記録を通して,自らの保育実践を振り返り,自己評価することを通して,その専門性の向上や保育実践の改善に努めなければならない.

イ 保育士等による自己評価に当たっては,次の事項に留意しなければならない.

(ア) 子どもの活動内容やその結果だけでなく,子どもの心の育ちや意欲,取り組む過程などに十分配慮すること.

(イ) 自らの保育実践の振り返りや職員相互の話し合い等を通じて,専門性の向上及び保育の質の向上のための課題を明確にするとともに,保育所全体の保育の内容に関する認識を深めること.

(2) 保育所の自己評価

ア 保育所は,保育の質の向上を図るため,保育の計画の展開や保育士等の自己評価を踏まえ,当該保育所の保育の内容等について,自ら評価を行い,その結果を公表するよう努めなければならない.

イ 保育所の自己評価を行うに当たっては,次の事項に留意しなければならない.

(ア) 地域の実情や保育所の実態に即して,適切に評価の観点や項目等を設定し,全職員による共通理解を持って取り組むとともに,評価の結果を踏まえ,当該保育所の保育の内容等の改善を図ること.

(イ) 児童福祉施設最低基準第36条の趣旨を踏まえ,保育の内容等の評価に関し,保護者及び地域住民等の意見を聴くことが望ましいこと.

第5章 健康及び安全

子どもの健康及び安全は,子どもの生命の保持と健やかな生活の基本であり,保育所においては,一人一人の子どもの健康の保持及び増進並びに安全の確保とともに,保育所の子ども集団全体の健康及び安全の確保に努めなければならない.また,子どもが,自らの体や健康に関心を持ち,心身の機能を高めていくことが大切である.このため,保育所は,第1章(総則),第3章(保育の内容)等の関連する事項に留意し,次に示す事項を踏まえ,保育しなければならない.

1 子どもの健康支援

(1) 子どもの健康状態並びに発育及び発達状態の把握

ア 子どもの心身の状態に応じて保育するために,子どもの健康状態並びに発育及び発達状態について,定期的,継続的に,また,必要に応じて随時,把握すること.

イ 保護者からの情報とともに,登所時及び保育中を通じて子どもの状態を観察し,何らかの疾病が疑われる状態や傷害が認められた場合には,保護者に連絡するとともに,嘱託医と相談するなど適切な対応を図ること.

ウ 子どもの心身の状態等を観察し,不適切な養育の兆候が見られる場合には,市町村や関係機関と連携し,児童福祉法第25条の二第1項に規定する要保護児童対策地域協議会(以下「要保護児童対策地域協議会」という.)で検討するなど適切な対応を図ること.また,虐待が疑われる場合には,速やかに市町村又は児童相談所に通告し,適切な対応を図ること.

(2) 健康増進

ア 子どもの健康に関する保健計画を作成し,全職員がそのねらいや内容を明確にしながら,一人一人の子どもの健康の保持及び増進に努めていくこと.

イ 子どもの心身の健康状態や疾病等の把握のために,嘱託医等により定期的に健康診断を行い,その結果を記録し,保育に活用するとともに,保護者に連絡し,保護者が子どもの状態を理解し,日常生活に活用できるようにすること.

(3) 疾病等への対応

ア 保育中に体調不良や傷害が発生した場合には,その子どもの状態等に応じて,保護者に連絡するとともに,適宜,嘱託医や子どものかかりつけ医等と相談し,適切な処置を行うこと.看護師等が配置されている場合には,その専門性を生かした対応を図ること.

イ 感染症やその他の疾病の発生予防に努め,その発生や疑いがある場合には,必要に応じて嘱託医,市町村,保健所等に連絡し,その指示に従うとともに,保護者や全職員に連絡し,協力を求めること.また,感染症に関する保育所の対応方法等について,あらかじめ関係機関の協力を得ておくこ

と．看護師等が配置されている場合には，その専門性を生かした対応を図ること．
　ウ　子どもの疾病等の事態に備え，医務室等の環境を整え，救急用の薬品，材料等を常備し，適切な管理の下に全職員が対応できるようにしておくこと．

2　環境及び衛生管理並びに安全管理
　(1)　環境及び衛生管理
　ア　施設の温度，湿度，換気，採光，音などの環境を常に適切な状態に保持するとともに，施設内外の設備，用具等の衛生管理に努めること．
　イ　子ども及び職員が，手洗い等により清潔を保つようにするとともに，施設内外の保健的環境の維持及び向上に努めること．
　(2)　事故防止及び安全対策
　ア　保育中の事故防止のために，子どもの心身の状態等を踏まえつつ，保育所内外の安全点検に努め，安全対策のために職員の共通理解や体制作りを図るとともに，家庭や地域の諸機関の協力の下に安全指導を行うこと．
　イ　災害や事故の発生に備え，危険箇所の点検や避難訓練を実施するとともに，外部からの不審者等の侵入防止のための措置や訓練など不測の事態に備えて必要な対応を図ること．また，子どもの精神保健面における対応に留意すること．

3　食育の推進
　保育所における食育は，健康な生活の基本としての「食を営む力」の育成に向け，その基礎を培うことを目標として，次の事項に留意して実施しなければならない．
　(1)　子どもが生活と遊びの中で，意欲を持って食に関わる体験を積み重ね，食べることを楽しみ，食事を楽しみ合う子どもに成長していくことを期待するものであること．
　(2)　乳幼児期にふさわしい食生活が展開され，適切な援助が行われるよう，食事の提供を含む食育の計画を作成し，保育の計画に位置付けるとともに，その評価及び改善に努めること．
　(3)　子どもが自らの感覚や体験を通して，自然の恵みとしての食材や調理する人への感謝の気持ちが育つように，子どもと調理員との関わりや，調理室など食に関わる保育環境に配慮すること．
　(4)　体調不良，食物アレルギー，障害のある子どもなど，一人一人の子どもの心身の状態等に応じ，嘱託医，かかりつけ医等の指示や協力の下に適切に対応すること．栄養士が配置されている場合は，専門性を生かした対応を図ること．

4　健康及び安全の実施体制等
　施設長は，入所する子どもの健康及び安全に最終的な責任を有することにかんがみ，この章の1から3までに規定する事項が保育所において適切に実施されるように，次の事項に留意し，保育所における健康及び安全の実施体制等の整備に努めなければならない．
　(1)　全職員が健康及び安全に関する共通理解を深め，適切な分担と協力の下に年間を通じて計画的に取り組むこと．
　(2)　取組の方針や具体的な活動の企画立案及び保育所内外の連絡調整の業務について，専門的職員が担当することが望ましいこと．栄養士及び看護師等が配置されている場合には，その専門性を生かして業務に当たること．
　(3)　保護者と常に密接な連携を図るとともに，保育所全体の方針や取組について，周知するよう努めること．
　(4)　市町村の支援の下に，地域の関係機関等との日常的な連携を図り，必要な協力が得られるよう努めること．

第6章　保護者に対する支援

　保育所における保護者への支援は，保育士等の業務であり，その専門性を生かした子育て支援の役割は，特に重要なものである．保育所は，第1章（総則）に示されているように，その特性を生かし，保育所に入所する子どもの保護者に対する支援及び地域の子育て家庭への支援について，職員間の連携を図りながら，次の事項に留意して，積極的に取り組むことが求められる．

1　保育所における保護者に対する支援の基本
　(1)　子どもの最善の利益を考慮し，子どもの福祉を重視すること．
　(2)　保護者とともに，子どもの成長の喜びを共有すること．
　(3)　保育に関する知識や技術などの保育士の専門性や，子どもの集団が常に存在する環境など，保育所の特性を生かすこと．
　(4)　一人一人の保護者の状況を踏まえ，子どもと保護者の安定した関係に配慮して，保護者の養育力の向上に資するよう，適切に支援すること．
　(5)　子育て等に関する相談や助言に当たっては，保

護者の気持ちを受け止め，相互の信頼関係を基本に，保護者一人一人の自己決定を尊重すること．

(6) 子どもの利益に反しない限りにおいて，保護者や子どものプライバシーの保護，知り得た事柄の秘密保持に留意すること．

(7) 地域の子育て支援に関する資源を積極的に活用するとともに，子育て支援に関する地域の関係機関，団体等との連携及び協力を図ること．

2 保育所に入所している子どもの保護者に対する支援

(1) 保育所に入所している子どもの保護者に対する支援は，子どもの保育との密接な関連の中で，子どもの送迎時の対応，相談や助言，連絡や通信，会合や行事など様々な機会を活用して行うこと．

(2) 保護者に対し，保育所における子どもの様子や日々の保育の意図などを説明し，保護者との相互理解を図るよう努めること．

(3) 保育所において，保護者の仕事と子育ての両立等を支援するため，通常の保育に加えて，保育時間の延長，休日，夜間の保育，病児・病後児に対する保育など多様な保育を実施する場合には，保護者の状況に配慮するとともに，子どもの福祉が尊重されるよう努めること．

(4) 子どもに障害や発達上の課題が見られる場合には，市町村や関係機関と連携及び協力を図りつつ，保護者に対する個別の支援を行うよう努めること．

(5) 保護者に育児不安等が見られる場合には，保護者の希望に応じて個別の支援を行うよう努めること．

(6) 保護者に不適切な養育等が疑われる場合には，市町村や関係機関と連携し，要保護児童対策地域協議会で検討するなど適切な対応を図ること．また，虐待が疑われる場合には，速やかに市町村又は児童相談所に通告し，適切な対応を図ること．

3 地域における子育て支援

(1) 保育所は，児童福祉法第48条の3の規定に基づき，その行う保育に支障がない限りにおいて，地域の実情や当該保育所の体制等を踏まえ，次に掲げるような地域の保護者等に対する子育て支援を積極的に行うよう努めること．

　ア　地域の子育ての拠点としての機能
　（ア）子育て家庭への保育所機能の開放（施設及び設備の開放，体験保育等）
　（イ）子育て等に関する相談や援助の実施
　（ウ）子育て家庭の交流の場の提供及び交流の促進
　（エ）地域の子育て支援に関する情報の提供
　イ　一時保育

(2) 市町村の支援を得て，地域の関係機関，団体等との積極的な連携及び協力を図るとともに，子育て支援に関わる地域の人材の積極的な活用を図るよう努めること．

(3) 地域の要保護児童への対応など，地域の子どもをめぐる諸課題に対し，要保護児童対策地域協議会など関係機関等と連携，協力して取り組むよう努めること．

第7章　職員の資質向上

第1章（総則）から前章（保護者に対する支援）までに示された事項を踏まえ，保育所は，質の高い保育を展開するため，絶えず，一人一人の職員についての資質向上及び職員全体の専門性の向上を図るよう努めなければならない．

1 職員の資質向上に関する基本的事項

職員の資質向上に関しては，次の事項に留意して取り組むよう努めなければならない．

(1) 子どもの最善の利益を考慮し，人権に配慮した保育を行うためには，職員一人一人の倫理観，人間性並びに保育所職員としての職務及び責任の理解と自覚が基盤となること．

(2) 保育所全体の保育の質の向上を図るため，職員一人一人が，保育実践や研修などを通じて保育の専門性などを高めるとともに，保育実践や保育の内容に関する職員の共通理解を図り，協働性を高めていくこと．

(3) 職員同士の信頼関係とともに，職員と子ども及び職員と保護者との信頼関係を形成していく中で，常に自己研鑽に努め，喜びや意欲を持って保育に当たること．

2 施設長の責務

施設長は，保育の質及び職員の資質の向上のため，次の事項に留意するとともに，必要な環境の確保に努めなければならない．

(1) 施設長は，保育所の役割や社会的責任を遂行するために，法令等を遵守し，保育所を取り巻く社会情勢などを踏まえ，その専門性等の向上に努めること．

(2) 第4章（保育の計画及び評価）の2の(1)（保育士等の自己評価）及び(2)（保育所の自己評価）等を踏まえ，職員が保育所の課題について共通理解を深め，協力して改善に努めることができる体制を作ること．

(3) 職員及び保育所の課題を踏まえた保育所内外の研修を体系的，計画的に実施するとともに，職員の自己研鑽に対する援助や助言に努めること．

3　職員の研修等

(1) 職員は，子どもの保育及び保護者に対する保育に関する指導が適切に行われるように，自己評価に基づく課題等を踏まえ，保育所内外の研修等を通じて，必要な知識及び技術の修得，維持及び向上に努めなければならない．

(2) 職員一人一人が課題を持って主体的に学ぶとともに，他の職員や地域の関係機関など，様々な人や場との関わりの中で共に学び合う環境を醸成していくことにより，保育所の活性化を図っていくことが求められる．

B. 乳幼児の保健関連資料

近年，わが国の出生数は急激に減少してきている．平成元年（1989年）の合計特殊出生率が，昭和41年（1966年）「ひのえうま」の年の1.58を下回る1.57となったときに「1.57ショック」といわれ，これ以降，少子化問題がクローズアップされてきた．

表付-2. 出生数・出生率の推移

	昭和48年	50	55	60	平成2年	7	12	17	22	24
出生数（千人）	2,092	1,901	1,577	1,432	1,222	1,187	1,191	1,063	1,071	1,037
出生率（人口千対）	19.4	17.1	13.6	11.9	10.0	9.6	9.5	8.4	8.5	8.2

資料：厚生労働省「人口動態統計」

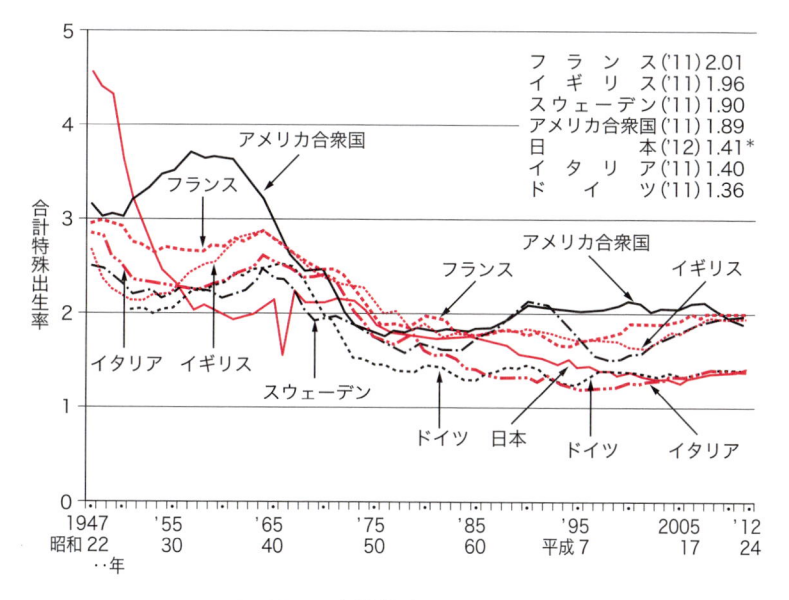

図付-1. 合計特殊出生率の国際比較

フランス ('11) 2.01
イギリス ('11) 1.96
スウェーデン ('11) 1.90
アメリカ合衆国 ('11) 1.89
日本 ('12) 1.41*
イタリア ('11) 1.40
ドイツ ('11) 1.36

注1）ドイツの1990年までは旧西ドイツの数値である．
2）イギリスの1985年まではイングランド・ウェールズの数値である．
3）＊は概数である．
資料：厚生労働省「人口動態統計」
　　　UN「Demographic Yearbook」
　　　アメリカ合衆国は，NCHS「National Vital Statistics Reports」
　　　フランスは，フランス国立統計経済研究所資料

表付-3. 乳児死亡率・新生児死亡率（出生千対）の国際比較

	乳児死亡率								新生児死亡率						
	'80年	'90		2000		'10		'11	'80年	'90		2000		'10	'11
日　　　　本	7.5		4.6		3.2		2.3	2.3	4.9		2.6		1.8	1.1	1.1
カ　ナ　ダ	10.4		6.8		5.3	'06)	5.0	'08) 5.1	6.7		4.6		3.6	'06) 3.7	'08) 4
アメリカ合衆国	12.6		9.2		6.9	'08)	6.6	'09) 6.4	8.4		5.8		4.6	'08) 4.3	'09) 4
オーストリア	14.3	'91)	7.5		4.8	'09)	3.8	'11) 3.9	9.3	'91)	4.4		3.2	'09) 2.5	'11) 2
デンマーク	8.4	'91)	7.2	'01)	4.9	'09)	3.1	'11) 3.5	5.6	'91)	4.2	'01)	3.5	'09) 2.3	'11) 2
フランス	10.0		7.3	'03)	4.0	'09)	3.7	'10) 3.5	5.6		3.6	'03)	2.7	'09) 2.4	'10) 2
ド　イ　ツ	12.6		7.0		4.4	'07)	3.9	'11)＊3.6	7.8		3.5		2.7	'07) 2.7	'11) 2
ハンガリー	23.2	'91)	15.6		9.2	'09)	5.1	'11) 4.9	17.8	'91)	11.4		6.2	'09) 3.4	'11) 4
イタリア	24.5		8.0	'03)	4.7	'07)	3.5	'10) 3.4	11.2		6.2	'03)	3.4	'07) 2.4	'10) 2
オランダ	8.6		7.1		5.1	'08)	3.8	'10) 3.8	5.7		5.7		3.9	'08) 2.8	'10) 3
ポーランド	21.3	'91)	15.0		8.1	'09)	5.6	'11) 4.7	13.3	'91)	10.8		5.6	'09) 4.0	'11) 3
スウェーデン	6.9		6.0	'01)	3.7	'09)	2.5	'11)＊2.1	4.9		4.9	'01)	2.5	'09) 1.6	'11) 1
ス　イ　ス	9.1	'91)	6.2		4.9	'09)	4.3	'11) 3.8	5.9		3.6		3.6	'09) 3.5	'11) 3
イギリス	12.1	'92)	6.6		5.6	'07)	4.8	'10) 4.3	7.7	'92)	4.3		3.9	'07) 3.3	'10) 3
オーストラリア	10.7	'92)	6.7		5.2	'09)	4.3	'10) 4.1	7.1	'92)	4.3		3.5	'09) 3.0	'10) 3
ニュージーランド	13.0	'91)	8.4		6.1	'09)	4.9	'11) 4.7	5.8	'91)	4.4		3.6	'09) 2.8	'11) 3

注　1）ドイツの1990年までは旧西ドイツの数値である．
　　2）＊は暫定値

資料：厚生労働省「人口動態統計」
WHO「World Health Statistics Annual」
UN「Demographic Yearbook」
UN「Population and Vital Statistics Report」

表付-4. 年齢階級別にみた死亡率（人口10万対）の国際比較

	総数	0歳[1]	1〜4	5〜14	15〜24
男					
日　　　　本（'11）	1 068.4	233.3	28.2	14.6	49.9
カ　ナ　ダ（'04）	722.8	550.4	22.0	13.7	71.9
アメリカ合衆国（'05）	827.2	755.9	33.4	18.6	117.8
フランス（'05）	913.1	398.4	21.2	12.1	71.1
ド　イ　ツ（'06）	955.4	407.3	20.3	10.9	50.4
イタリア（'03）	1 038.2	412.6	19.0	13.5	70.9
オランダ（'06）	807.8	492.7	23.7	11.4	40.3
スウェーデン（'05）	1 001.4	251.7	23.0	12.8	50.2
イギリス（'06）	923.4	542.7	23.2	13.8	60.6
オーストラリア（'03）	688.1	528.7	28.7	12.3	74.5
ニュージーランド（'04）	708.9	605.2	25.0	17.6	96.1
女					
日　　　　本（'11）	921.6	231.4	27.1	11.4	26.7
カ　ナ　ダ（'04）	694.1	501.5	19.7	8.7	29.0
アメリカ合衆国（'05）	824.6	615.1	25.1	13.9	42.7
フランス（'05）	819.2	314.8	17.9	8.8	25.3
ド　イ　ツ（'06）	1 031.4	345.8	16.1	8.3	20.9
イタリア（'03）	1 007.4	376.0	17.5	9.7	22.0
オランダ（'06）	848.1	390.8	18.6	10.4	16.7
スウェーデン（'05）	1 031.1	237.3	19.5	7.6	21.2
イギリス（'06）	964.7	453.7	22.5	9.9	24.5
オーストラリア（'03）	638.5	421.6	24.4	9.9	29.7
ニュージーランド（'04）	693.1	583.3	23.4	11.8	41.9

注　1）出生10万対の死亡率である．

資料：厚生労働省「人口動態統計」
WHO "Health statistics and health information systems「Mortality Database」"

表付-5. 年齢階級別，死因順位別，死因および死亡数・率

率：人口10万対（0歳のみ出生10万対） （平成23年）

	第1位		第2位		第3位		第4位		第5位	
	死因	死亡数 死亡率 （割合）	死因	死亡数 死亡率 （割合）	死因	死亡数 死亡率 （割合）	死因	死亡数 死亡率 （割合）	死因	死亡数 死亡率 （割合）
0歳[2]	先天奇形，変形及び染色体異常	862 82.0 (35.0)	周産期に特異的な呼吸障害等	322 30.6 (13.1)	不慮の事故	199 18.9 (8.1)	乳幼児突然死症候群	132 12.6 (5.4)	胎児及び新生児の出生性障害等	85 8.1 (3.5)
1〜4	不慮の事故	380 9.1 (32.8)	先天奇形，変形及び染色体異常	161 3.8 (13.9)	悪性新生物	79 1.9 (6.8)	肺炎	76 1.8 (6.6)	心疾患	57 1.4 (4.9)
5〜9	不慮の事故	353 6.5 (47.1)	悪性新生物	99 1.8 (13.2)	その他の新生物	36 0.7 (4.8)	先天奇形，変形及び染色体異常	32 0.6 (4.3)	心疾患	27 0.5 (3.6)
10〜14	不慮の事故	284 4.8 (39.0)	悪性新生物	112 1.9 (15.4)	自殺	74 1.3 (10.2)	心疾患	28 0.5 (3.8)	先天奇形，変形及び染色体異常	25 0.4 (3.4)
15〜19	不慮の事故	659 11.0 (37.9)	自殺	509 8.5 (29.3)	悪性新生物	159 2.6 (9.1)	心疾患	75 1.2 (4.3)	先天奇形，変形及び染色体異常	30 0.5 (1.7)

注1）死因順位は列亡数の多いものから定めた．また同位の場合は次の順位を空白とした．
2）乳児（0歳）の死因については乳児死因簡単分類を使用した．また，死亡率は出生10万対の率である．
3）死因名は次のように省略した．
　心疾患←心疾患（高血圧性を除く）
　周産期に特異的な呼吸障害等←周産期に特異的な呼吸障害及び心血管障害
　胎児及び新生児の出血性障害等←胎児及び新生児の出血性障害及び血液障害
4）（　）内の数値は，それぞれの年齢別死亡数を100としたときの割合（％）である．

資料：厚生労働省「人口動態統計」

C. 児童福祉関連資料

1. 保育施設数の推移

表付-6. 保育所などの推移

	保育所数（カ所）	定員（人）	在所児童数（人）
昭和 40 年	11,199	876,140	829,740
50	18,238	1,699,681	1,631,025
55	22,036	2,136,728	1,996,082
60	22,899	2,078,765	1,843,550
平成 2 年	22,703	1,979,459	1,723,775
7	22,488	1,922,835	1,678,866
12	22,199	1,925,641	1,904,067
17	22,624	2,060,938	2,118,079
22	21,681	2,033,292	2,056,845

注）各年 10 月 1 日現在．

資料：厚生労働省「社会福祉施設等調査報告」

表付-7. 認可外保育施設の箇所数・児童数の推移

区 分		平成 7 年度	平成 12 年度	平成 17 年度	平成 22 年度
認可外保育施設	施 設 数	4,308	5,815	7,178	7,400
	児童数（千人）	137	169	180	180
ベビーホテル	施 設 数	511	1,044	1,620	1,695
	児童数（千人）	14	25	31	31
その他	施 設 数	3,797	4,771	5,558	5,705
	児童数（千人）	123	144	149	149

注1）施設数・児童数は都道府県等が把握した数．
　2）数値は，平成 7 年度は 1 月 10 日現在，平成 12 年度は 12 月 31 日現在，平成 17 年度，平成 22 年度は 3 月 31 日現在．

資料：厚生労働省保育課

2 保育の実施基準

保育の実施基準は，自治体により柔軟な取り組みがみられるようになってきている．

表 付-8. 児童福祉法施行令

児童福祉法施行令

(昭和 23 年 3 月 31 日政令第 74 号)
改正　平成 19 年 12 月 12 日政令第 363 号

〔保育の実施基準〕
第 27 条　法第 24 条第 1 項の規定による保育の実施は，児童の保護者のいずれもが次の各号のいずれかに該当することにより当該児童を保育することができないと認められる場合であつて，かつ，同居の親族その他の者が当該児童を保育することができないと認められる場合に行うものとする．
　1　昼間労働することを常態としていること．
　2　妊娠中であるか又は出産後間がないこと．
　3　疾病にかかり，若しくは負傷し，又は精神若しくは身体に障害を有していること．
　4　同居の親族を常時介護していること．
　5　震災，風水害，火災その他の災害の復旧に当たつていること．
　6　前各号に類する状態にあること．

3 保育所と幼稚園

幼稚園就園率		区分		保育所在籍率
82.4	1	沖 縄		19.9
70.2	2	神奈川		25.2
69.6	3	千 葉		30.6
69.4	4	福 島		29.5
69.0	5	埼 玉		28.3
68.4	6	徳 島		35.6
66.9	7	宮 城		28.3
65.1	8	静 岡		33.4
65.1	9	兵 庫		32.4
64.1	10	香 川		40.7
63.9	11	大 阪		34.8
63.2	12	東 京		36.5
62.4	13	栃 木		36.1
61.6	14	大 分		35.0
61.5	15	奈 良		35.4
61.4	16	茨 城		36.9
59.4	17	北海道		33.2
55.7	18	滋 賀		42.5
54.8	19	愛 媛		45.2
53.7	20	福 岡		43.6
52.0	21	山 口		44.9
50.4	22	京 都		45.8
49.9	23	三 重		51.2
49.8	24	岡 山		48.2
49.5	25	広 島		47.3
49.2	26	鹿児島		46.3
48.5	27	愛 知		50.4
48.1	28	岐 阜		52.6
46.9	29	山 形		47.2
45.7	30	群 馬		52.6
45.2	31	岩 手		52.0
45.0	32	長 崎		50.6
42.2	33	佐 賀		54.9
40.6	34	和歌山		57.1
40.2	35	秋 田		59.7
38.4	36	宮 崎		50.6
36.3	37	熊 本		59.2
33.5	38	山 梨		65.9
33.3	39	鳥 取		68.1
33.0	40	島 根		65.6
32.6	41	青 森		65.8
32.3	42	福 井		68.6
29.3	43	富 山		67.9
29.1	44	新 潟		71.3
27.2	45	石 川		70.2
26.7	46	高 知		73.1
22.9	47	長 野		76.5
56.6		全国平均		41.3

図 付-1. 幼児教育の普及状況（5歳児）

注）・保育所在籍率については，「平成22年社会福祉施設等調査」（平成22年10月1日現在）を調査対象施設数及び集計施設数で割り戻した数値を学年例別に換算し，文部科学省で推計したものである．
　　・推計値であるため，幼稚園就園率と保育所在籍率の合計が100％を超えることがある．

資料：文部科学省「平成22年度　学校基本調査報告書」（平成22年5月1日現在）
　　　厚生労働省「平成22年　社会福祉施設等調査」（平成22年10月1日現在）
　　　総務省「平成22年　国勢調査」（平成22年10月1日現在）
出典：全日本私立幼稚園連合会要覧2012

4 幼稚園と保育所の制度

表 付-9. 幼稚園と保育所の制度および現状の比較一覧

事　項	幼　稚　園	保　育　所
1. 根拠法令	学校教育法	児童福祉法
2. 目　的	「幼児を保育し，幼児の健やかな成長のために適当な環境を与えて，その心身の発達を助長すること」(学教法第 22 条)	「日々保護者の委託を受けて，保育に欠けるその乳児又は幼児を保育すること」(児福法第 39 条)
3. 対　象	満 3 歳から小学校就学の始期に達するまでの幼児 (学教法第 26 条)	保育に欠ける 　乳児（1 歳未満） 　幼児（1 歳から小学校就学の始期まで） 　少年（小学校就学の始期から 18 歳未満） 　(児福法第 4 条，第 39 条) 市町村は保育に欠ける乳児又は幼児等を保育しなければならない (児福法第 24 条)
4. 設置者	国，地方公共団体，学校法人等 (学教法第 2 条) 　設置に当たっては，市町村立幼稚園の場合は都道府県教育委員会，私立幼稚園の場合は知事の認可が各々必要である (学教法第 4 条)	地方公共団体，社会福祉法人等 (児福法第 35 条) 　設置に当たっては知事の認可が必要である 保育所の設置認可等について（通知）
5. 設置・運営の基準	学校教育法施行規則第 36 条 幼稚園設置基準（省令） (学教法第 3 条)	児童福祉施設の設備及び運営に関する基準（省令） (児福法第 45 条)
6. 教育・保育内容の基準	幼稚園教育要領（文部科学省告示） (学教法第 23 条，学教法施行規則第 38 条)	保育所保育指針（厚生労働省告示） (児童福祉施設の設備及び運営に関する基準第 35 条)
7. 1 日の教育・保育時間	4 時間（標準）（幼稚園教育要領）	8 時間（原則）(児童福祉施設の設備及び運営に関する基準第 34 条)
8. 年間の教育・保育日数	39 週以上（学教法施行規則第 37 条）	規定なし
9. 1 学級当たり幼児数および 1 教員（保育士）当たり幼児数	1 学級当たり幼児数 　35 人以下（原則） (幼稚園設置基準第 3 条)	1 保育士当たり乳幼児数 (児童福祉施設の設備及び運営に関する基準第 33 条) 　　乳児　　　　　3 人 　　3 歳未満児　　6 人 　　3 歳児　　　　20 人 　　4 歳以上児　　30 人

児童福祉関連資料

5 保育所徴収金基準額表

表付-10. 保育所徴収金（保育料）基準額表

（平成24年度）

各月初日の入所児童の属する世帯の階層区分			徴収金（保育料）基準額（月額）	
階層区分	定義		3歳未満児の場合	3歳以上児の場合
第1階層	生活保護法による被保護世帯（単給世帯を含む）及び中国残留邦人等の円滑な帰国の促進及び永住帰国後の自立の支援に関する法律による支援給付受給世帯		0円	0円
第2階層	第1階層及び第4～第8階層を除き，前年度分の市町村民税の額の区分が次の区分に該当する世帯	市町村民税非課税世帯	9,000円	6,000円
第3階層		市町村民税課税世帯	19,500円	16,500円
第4階層	第1階層を除き，前年分の所得税課税世帯であって，その所得税の額の区分が次の区分に該当する世帯	40,000円未満	30,000円	27,000円（保育単価限度）
第5階層		40,000円以上103,000円未満	44,500円	41,500円（保育単価限度）
第6階層		103,000円以上413,000円未満	61,000円	58,000円（保育単価限度）
第7階層		413,000円以上734,000円未満	80,000円（保育単価限度）	77,000円（保育単価限度）
第8階層		734,000円以上	104,000円（保育単価限度）	101,000円（保育単価限度）

注）本表は国の費用徴収基準であり，市町村がこれよりも少ない基準で費用徴収している場合，その分は市町村が負担することになる。

D. 児童環境に関連する資料

1. 児童のいる世帯

表付-11. 児童の有無別にみた世帯数および構成割合，平均児童数の推移（千世帯）

区分	総数	児童のいる世帯	1人	2人	3人	4人以上	児童のいない世帯	全世帯の平均児童数（人）	児童のいる世帯の平均児童数（人）
昭和50年	32,877	17,427	6,578	8,089	2,401	360	15,450	0.96	1.81
（1975年）	(100.0)	(53.0)	(20.0)	(24.6)	(7.3)	(1.1)	(47.0)		
55	35,338	17,630	6,251	8,568	2,497	315	17,708	0.91	1.83
（'80）	(100.0)	(49.9)	(17.7)	(24.2)	(7.1)	(0.9)	(50.1)		
61	37,544	17,364	6,107	8,381	2,584	293	20,180	0.85	1.83
（'86）	(100.0)	(46.2)	(16.3)	(22.3)	(6.9)	(0.8)	(53.8)		
平成元年	39,417	16,426	6,119	7,612	2,435	260	22,991	0.75	1.81
（'89）	(100.0)	(41.7)	(15.5)	(19.3)	(6.2)	(0.7)	(58.3)		
4	41,210	15,009	5,772	6,697	2,287	253	26,201	0.66	1.8
（'92）	(100.0)	(36.4)	(14.0)	(16.3)	(5.6)	(0.6)	(63.6)		
7	40,770	13,586	5,495	5,854	1,999	238	27,183	0.59	1.78
（'95）	(100.0)	(33.3)	(13.5)	(14.4)	(4.9)	(0.6)	(66.7)		
10	44,496	13,453	5,588	5,679	1,939	246	31,043	0.53	1.77
（'98）	(100.0)	(30.2)	(12.6)	(12.8)	(4.4)	(0.6)	(69.8)		
13	45,664	13,156	5,581	5,594	1,750	231	32,508	0.5	1.75
（2001）	(100.0)	(28.8)	(12.2)	(12.2)	(3.8)	(0.5)	(71.2)		
16	46,323	12,916	5,510	5,667	1,533	206	33,407	0.48	1.73
（'04）	(100.0)	(27.9)	(11.9)	(12.2)	(3.3)	(0.4)	(72.1)		
19	48,023	12,499	5,544	5,284	1,482	189	35,524	0.44	1.71
（'07）	(100.0)	(26.0)	(11.5)	(11.0)	(3.1)	(0.4)	(74.0)		
22	48,638	12,324	5,514	5,181	1,433	195	36,314	0.43	1.7
（'10）	(100.0)	(25.3)	(11.3)	(10.7)	(2.9)	(0.4)	(74.7)		
23	46,684	11,801	5,138	5,026	1,420	217	34,882	0.44	1.73
（'11）	(100.0)	(25.3)	(11.0)	(10.8)	(3.0)	(0.5)	(74.7)		
24	48,170	12,003	5,180	5,241	1,380	202	36,167	0.43	1.72
（'12）	(100.0)	(24.9)	(10.8)	(10.9)	(2.9)	(0.4)	(75.1)		

注）児童のいる世帯：18歳未満の未婚の者が同居している世帯．
　平成7年の数値は兵庫県を除いたものである．

資料：厚生労働省大臣官房統計情報部「国民生活基礎調査」

2 母親の就労

表付-12. 共働き子育て世帯の動向

(万世帯)

区分		典型的一般世帯数	共働き世帯数	典型的一般世帯に占める割合(%)	こどものいる典型的一般世帯数	共働き世帯数	こどものいる典型的一般世帯に占める割合(%)
昭和60年	1985	2,591	722	27.9	1,940	576	29.7
平成2年	1990	2,654	823	31.0	1,888	642	34.0
7	1995	2,766	908	32.8	1,835	665	36.2
10	1998	2,797	956	34.2	1,785	691	38.7
12	2000	2,867	942	32.9	1,791	671	37.5
13	2001	2,847	951	33.4	1,748	665	38.0
14	2002	2,867	946	33.0	1,791	680	38.0
15	2003	2,872	948	33.0	1,761	678	38.5
16	2004	2,893	930	32.1	1,746	657	37.6
17	2005	2,915	967	33.2	1,761	685	38.9
18	2006	2,878	953	33.1	1,711	660	38.6
19	2007	2,953	1,010	34.2	1,749	706	40.4
20	2008	2,919	988	33.8	1,715	695	40.5
22	2010	2,917	1,012	34.7	1,687	708	42.0

注) 共働き世帯とは,夫と妻も共に就業者(うち非農林業雇用者)を指す.
　　各年2月,14〜20年は1月から3月の平均,22年は年平均.
資料:平成13年までの数値は,総務省統計局「労働力調査特別調査」,平成14年以降の数値は,総務省統計局「労働力調査」

3 両親の離婚

表付-13. 離婚率(人口千対)の国際比較

	離婚率		離婚率
日　　　　本 ('12)＊	1.87	ド　イ　ツ ('10)	2.29
アメリカ合衆国 ('11)	3.60	オ ラ ン ダ ('11)	2.00
オーストリア ('10)	2.08	ロ　シ　ア ('11)	4.68
デ ン マ ー ク ('11)	2.60	スウェーデン ('11)	2.48
フ ラ ン ス ('09)	2.04	イ ギ リ ス ('09)	2.05

注) ＊は概数
資料:日本は,厚生労働省「人口動態統計月報年計(概数)」
　　　アメリカ合衆国は,「NCHS, National Vital Statistics Reports」
　　　ヨーロッパは,UN「Demographic Yearbook」

(石原栄子・田川悦子)

index

あ

愛着　3,78,174
赤いあざ　141
赤沢鍾美　7
赤ちゃんらしさ　2
足の把握反射　1
遊び　90
　── の分類　91
　── 場所　24
アタッチメント　3,78,88,183
アタッチメント行動　49,78
アタッチメント理論　78,89
アデノイド　142
アトピー性皮膚炎　93,137,140
アナフィラキシー・ショック　137
アフタ性口内炎　134
アミノ酸代謝異常　99
アレルギー　140
アレルギー疾患　48
アレルギー性鼻炎　137,142
アレルギー体質　140
アレルゲン　137
安全管理　157
安全教育　157
安全ノート　157

い

家ダニ　137
育児
　── 休業　13
　── 講座　193
　── 行動　35
　── 雑誌　24
　── 産業　54
　── 情報　24
　── 相談　24,193
　── 不安　15,33,192
育児ノイローゼ　15
育児法　183
育児用粉乳　98
育児リフレッシュ支援事業　192
移行乳　97
いざり歩き児　85
意識消失　137
委託保育　58
イチゴ状血管腫　141
１語文　78,121
一時的保育事業　192
一時保護　42
一時保護委託　42
溢乳　131
衣服　112
　── 交換　112
異物誤嚥　133
遺糞　133
咽頭結膜熱　126
咽頭痛　135
陰嚢水腫　141
インフルエンザ　126,136,146
　── ウイルス　136
　── ワクチン　149
インフルエンザ菌　146

う

ウイルス性胃腸炎　134
ウイルス性肺炎　135
齲歯　143
ウシ型結核菌　149
うつ伏せ寝　167
乳母車　114
運営　217
運動機能　155
運動機能発達曲線　83
運動発達　82
ウンナ母斑　141

え

エイズ　144
栄養障害　152
栄養所要量　96
栄養素　93,96
栄養方法　93
腋窩検温　128
駅型保育施設　11
絵本　120
嚥下行動　93
嚥下反射　100
援助計画　185
援助方針　193
エンゼルプラン　9,51
延滞模倣　77
延長保育　51
園庭開放　192

お

オイル綿　109
嘔吐　72,125,131,134,137
応答　4,81
応答的　81
嘔吐反射　96
岡山孤児院　7
おすわり　82,84
おたふくかぜ　149
　── ワクチン　149
おむつ　26,110
　── カバー　111
　── かぶれ　112
　── 交換　111,170

──交換台　111
親子関係形成　42
おやつ　93
おんぶ　113

か

外国人　177
概日周期性　105
外斜視　142
灰白色の便　131
カウプ指数　64
顔色不良　136
核家族化　192
核家族世帯　15
覚醒反応の低下　167
学童期　62
かけご飯　104
駆け出す　155
鵞口瘡　134
貸しおむつ　111
仮死分娩　138
家事労働の企業化　27
仮性クループ　139
仮性斜視　142
かぜ症候群　126,135
家族環境　15
家族形態　15
家族の孤立化　35
片言　121
カタル症状　138
学級閉鎖　144
学校教育法　217
学校感染症　144
──の分類　144
学校保健安全法　144
学校保健安全法施行規則　144
活動内容　169
活動リズム　107
家庭観　30
家庭支援　191
家庭支援専門相談員
　　　　　42,46,49,183
家庭的保育　11,51,56
家庭的保育形態　11
家庭的保育事業　57
家庭的養護　45,49

家庭との連携　177
家庭福祉員　56
家庭復帰　193
家庭保育所　11,56
花粉症　137,140
紙おむつ　26,110
ガラクトース血症　141
空巣症候群　28
川崎病　140
感覚運動的知能　77
環境　81
──の清潔　110
玩具　117,119
カンジダ　134
間食　93
感染症　126,138
感染症法　144
感染予防　125
カンピロバクター　135
感冒　135

き

機械的窒息　155
着替え　170
気管支炎　126,135
気管支喘息　136,137,140
期間指導計画　171
利き手　106
機嫌　129
棄児養育米給与方　7
既製離乳食製品　26
季節性　126
気道異物　166
基本的信頼感　3
逆性石けん　110
逆説睡眠　107
虐待　37,49,191
──への対応乳児院　42
──への対応保育所　39
──を疑わせる徴候　39
嗅覚　115
救急の処置　164
救護法　7,8
急性胃腸炎　134
急性喉頭炎　135
急性細気管支炎　136

急性出血性結膜炎　144
急性中耳炎　142
吸啜　88,90,95
吸啜反射　2
牛乳　98,132
牛乳アレルギー　99
胸囲　63
胸式呼吸　71
協同遊び　92
共同保育形態　56
共同保育所　54
極低出生体重児　81
緊急保育対策等5カ年事業　51
緊急保育対策等5ヵ年事業　9
緊張性頸反射　75

く

くしゃみ　135
口から鼻と口への人工呼吸法
　　　　　164
口の機能　169
首のすわり　82
クループ症候群　135
くる病　72,93
クレードルバス　108
クレチン症　72,141

け

経口的水分補給　130
経口点滴　130
経口生ワクチン　147
経口補液　130,131
頸定　155
けいれん　133,138
けいれん発作　137
血圧　127
月案　171
結核予防法　149
月間援助計画　185
月間指導計画　171,174
血管腫　141
結婚観　30
げっぷ　116
下痢　98,131,134,,137
下痢症　131

言語　77
健康肥満　103
言語の獲得　96
言語発達　77
原始反射　74
研修　52
権利擁護　4

■■■■■ こ ■■■■■

誤飲　90,166
　──　事故　166
高学歴化　29
後期新生児期　1
抗菌性物質　98
口腔機能　93,104
口腔検温　128
口腔の清潔　109
合計特殊出生率　17,211
抗けいれん剤　134,138
口唇探索反射　2
抗体　126
交通事故　155
抗てんかん薬　138
高度経済成長　9
高度経済成長期　15,25
口内炎　134
硬膜下血腫　72
肛門検温　127
公立託児所　8
高齢化　18
高齢化社会　22
誤嚥　166
呼吸　127
呼吸器　71
呼吸器系の病気　135
呼吸困難　133,137
呼吸停止　164
呼吸不全　71
個人懇談　178
子育て
　──　サークル　192
　──　サロン　191
　──　支援　52,192
　──　支援活動　42,49
　──　支援策　192
　──　相談　192

子育て支援センター　191
ごっこ遊び　91
ことばの遅れ　138
子ども虐待　37
　──　に対する保育所の役割
　　　　41
　──　の実態　38
　──　のタイプ　38
　──　の定義　37
子どもの権利条約　4
子どもの養育　49
子どもの養育と家族への支援
　　　　49
こども未来財団　55
粉ミルク　26,98
コプリック斑　138
個別接種方式　146
個別的支援　191
コミュニケーション　177,191
子守り　57
雇用均等・児童家庭局　9
コレラ　144

■■■■■ さ ■■■■■

サーカディアンリズム　105
細菌性胃腸炎　134
細菌性食中毒　135
細菌性赤痢　144
細菌性肺炎　135
再婚家庭　39
在宅保育サービス　57
在宅保育サービス援助事業　57
サッキング　88,90
里親委託　47
里親制度　45,49,183
サモンパッチ　141
サルモネラ菌　135
産休明け保育　54
3語文　122
3歳児神話　9
三世代住宅　22
三世代世帯　15,26

■■■■■ し ■■■■■

シェイクン・ベイビー・シンド

ローム　38
支援システム　192
視覚　114
　──　と運動の協応　170
事業所内託児施設　55
事業所内保育施設　51,55
始語　78
事故　155
　──　の予防　157
　──　への対応　156
　──　報告　157
　──　報告書　168
　──　防止　155
自己意識　79
歯垢　143
自己肯定感　82
自己主張　79,122
自己調節授乳　98
事故予防対策委員会　157
事故予防のチェックリスト
　　　　157,161
思春期　62
視診　170
施設内出産　23
施設保育所　11
施設養護　45,49
視線　88
肢体不自由　48
自宅分娩　23
自他の識別　79
市町村保健センター　40
しつけ　37
実施基準　215
湿疹　137
児童家庭局　8
児童虐待防止法　8,37,41
指導計画　173
児童自立支援計画　183,193
児童相談所　37,40,45,48,193
　──　の援助指針　185
自動聴性脳幹反応　142
児童票　179
児童福祉施設　50,56
児童福祉施設の設備及び運営
　に関する基準　45,46,52,177
児童福祉制度　182

児童福祉法　　8,9,41,45,50,192,195,217
児童福祉法施行令　　215
自動歩行　　71
児童養護施設　　37,43,45,46,182,193
ジフテリア　　146,147
ジフテリア・百日咳・
　急性灰白髄炎・
　破傷風ワクチン　　147
自閉症　　88,138
死亡事故　　155
死亡率　　212
社会環境　　23
社会事業法　　8
社会的養護　　45,49
弱視　　142
弱毒化生ワクチン　　149
斜視　　142
週案　　171
週間指導計画　　171,175
周産期　　2,62
　──の脳障害　　138
重症黄疸　　138
充足率　　51
住宅問題　　18
集団接種　　146
集団保育　　105,171
集団養育　　181
終末殺菌法　　99
就労　　220
守孤扶独幼稚児保護会　　7
恤救規則　　7
出産時外傷　　155
出生数　　211
出生率　　211
出生時身長　　63
出生時の頭囲　　63
出生体重　　63
出席停止　　144
出席停止期間　　144
授乳　　88,116
授乳・離乳の支援ガイド　　101
守秘義務　　41,179
循環器　　71
障害児　　47,183
障害児施設　　47

消化器　　71
消化器系の病気　　134
小規模保育施設　　55
少子化　　9,18,51,53,195,211
　──対策　　9
小舎制　　183
情緒　　79
象徴遊び　　77
情緒障害　　138
情緒の安定　　107
小頭症　　63
小児栄養　　93
小児乾燥型湿疹　　140
小児生活習慣病　　93
小児肥満　　143
少年救護法　　8
除去食療法　　137
食事摂取基準　　96
食道異物　　166
食物アレルギー　　93,137
食物繊維　　132
初語　　78
女性
　──就労　　31
　──の高学歴化　　29
　──のライフスタイル　　28
　──の労働力率　　31
初乳　　97
自立　　183
自律授乳　　98
自立歩行　　82
脂漏性湿疹　　140
新エンゼルプラン　　51,57
人格形成　　3
進学率　　29
人工栄養　　24,26,72,98
人工栄養児の便　　72
信号行動　　88
人工呼吸　　164
人口置き換え水準　　18
人工乳首　　95
人口の都市集中　　18
心室中隔欠損　　137
滲出性中耳炎　　142
新生児　　1,105
新生児期　　1,62,115
真性思春期早発症　　64

新生児反射　　1,74,75,83
新生児マス・スクリーニング　　141
腎臓　　72
心臓病　　152
心臓マッサージ　　164
親族里親　　50
身体計測値　　63
身体的虐待　　38
身体発育　　63
身長　　63
新陳代謝　　112
心停止　　164
人乳　　98
心拍数　　137
じんましん　　137,140
信頼関係　　170,174
心理治療の基礎　　42
心理的虐待　　38
心理的発達　　77
　──の評価　　79

す

水痘　　125,126,139,146
水頭症　　63,72
水痘帯状疱疹ウイルス　　139
水痘ワクチン　　149
水分必要量　　73,97
髄膜炎　　72,142
睡眠　　73,106
　──・覚醒リズム　　105,107
　──環境　　107
　──儀式　　108
　──時間　　107
　──時刻　　108
　──姿勢　　108
　──の生理　　107
ステップファミリー　　39
ストレプトコッカス・ミュータンス菌　　143
スポンジバス　　109

せ

生活　　105
　──環境　　183

―― 年齢　80
―― リズム　105,181
生活習慣病　103
清潔　108
―― 保持　108
生歯　71
清拭　109
成熟乳　97
精神運動発達遅滞　141
精神障害　46
精神遅滞　138,141
精神発達　77
精神発達遅滞　48
正睡眠　107
成長　61
成長曲線　64
性的虐待　38
性別役割分業観　35
生命徴候　127
生理的早産　105
生理的体重減少　62
背負い方　113
世界大恐慌　8
咳　133
赤痢菌　135
接近行動　88
接種要注意者　147
摂食行動　90
0歳児保育　9
世話　105
全国乳児福祉協議会　46
全国ベビーシッター協会　57
潜在危険　155
全身浴　108
喘息性気管支炎　136
先天異常　155
先天性代謝異常症　99
先天性風疹症候群　139
先天性副腎皮質過形成症　141
蠕動様運動　95
喘鳴　71,133,135,136,137
専門里親　50

そ

添寝　108
早期新生児期　1

臓器別発育曲線　61
総睡眠時間　107
測定　128
咀しゃく　88
咀しゃく発達過程　102
粗大運動　82,86,89,155
措置解除　193
措置変更　193
ソフロロジー式分娩　24

た

第1質問期　78
体温　127
―― 測定　127
待機児童　51
第三者評価　5
胎児期　2
代謝異常症　125
代謝障害　133
体重　63
―― 増加不良　137
大泉門閉鎖遅延　72
大泉門膨隆　72
体内時計　107
第二次性徴　62
第2質問期　78
大脳皮質　73
胎便　72
ダウン症候群　72,125,141
抱き方　113
託児所　8
多相性睡眠覚醒交代リズム　106
堕胎罪　7
多胎児　58
だっこ　113
脱水　73,130,135
脱水症状　130,131,134
多様な保育ニーズ　55
短期里親　50
短期入所　46
単純性血管腫　141
単相性リズム　107
担当養育者　181
担当養育制　42,181,182
単独世帯　15

ち

チアノーゼ　137,138
地域差　52
地域社会　25
地域の子育て支援　192,193
乳首　95
父親の育児参加　21
窒息　155
窒息状態　166
知能　79
チャイルド・アビューズ　38
チャイルド・ケア　49
チャイルド＆ファミリーケア　49
チャイルドマインダー　12
着衣枚数　112
注視　114
中耳炎　126,142
中毒情報センター　166
聴覚　115
腸管出血性大腸菌感染症　144
長時間保育　55
腸重積症　125,135
調製人工液乳　100
聴性脳幹反応　73,142
調製粉乳　98
調節性内斜視　142
腸蠕動　132
腸チフス　144
超低出生体重児　23,81,143
腸内細菌　72,97
調乳法　99
聴力障害　138
直腸検温　127
治療的養育　42
治療乳　99

つ

追視　114
通過障害　135
通告義務　41
使い捨ておむつ　111
つかまり立ち　75,82,85,118
つたい歩き　75,82,85,119,155
爪切り　109

て

手足口病　126,140,144
手洗い　110
定期接種　146
啼泣　129,137
低酸素状態　167
低出生体重児　48,80,81,143
低年齢児保育　55,57
デイリープログラム
　　　105,176,181,186
停留睾丸　141
溺死　155
溺水　165
手しゃぶり　89
鉄欠乏性貧血　93,141
手の操作性　170
手の注視　89,116
手のばし行動　82,89
てんかん　133,138
電子体温計　127
伝染性紅斑　144
伝染性膿痂疹　141,144
伝染病予防法　144
転倒　155
転落　155

と

トイレットトレーニング　112
頭囲　63
頭囲測定　63
冬季嘔吐下痢症　126
東京福田会育児院　7
凍傷　166
頭髪　110
頭部外傷　138
頭部後屈あご先挙上法　164
トキソイド　146
特別保育事業　192
トッター　108
突発性発疹　125,139,144
吐乳　116
とびひ　141
トレーニングパンツ　112

な

内斜視　142
なかよしひろば　191
泣き　88
泣き入りひきつけ　133,138
泣き声　129
ナニー　12
生ワクチン　146,149
慣らし保育　182
喃語　77,88,116
難聴　142
難聴児のスクリーニング　73

に

新潟静修学校　7
2語発話　78
2語文　78,121,122
二次的留巣性　105
21世紀職業財団　55
日案　171,176,189
日課　176,186
日課表　181
日本脳炎　146,149
日本脳炎ウイルス　149
乳児　1
乳歯　71
乳児院　37,45,181
　　──の機能　183
　　──の施設数　46
乳児院養育指針　46,183
乳児期　1,62
　　──身長　63
　　──の特徴　3
乳児下痢症　134
乳児死亡率　212
乳児内斜視　142
乳児肥満　143
乳児保育　3,9,51
　　──の基本　3
乳児保育所　8
乳児保育特別対策　9
乳汁栄養　100
乳汁瀦来　98
乳便　72
乳幼児運動機能通過率　85
乳幼児健康診査　152
乳幼児身体発育値　64
乳幼児突然死症候群
　　　116,127,166
入浴　108
尿の濃縮力　73
尿量　72
任意接種　146,149
認可外保育施設　9,52,54
認可保育所　50,54
　　──の設置経営　52
妊産婦手帳　8
認証保育所　55
認知　77
認定こども園　10,51,53

ぬ

布おむつ　110

ね

寝汗の増加　137
寝返り
　　　74,82,83,84,89,115,118,155
ネグレクト　38
熱傷　166
　　──事故　155
熱性けいれん
　　　125,130,133,137
熱ひきつけ　125,137
年間援助計画　185
年間行事　179
年間指導計画　171,173
年度途中の受け入れ　55
年齢依存性　125

の

脳　73
　　──の奇形　138
脳幹　73
脳神経系　73
脳性麻痺　138,152
農繁期季節保育所　8

は

把握反射　1, 75, 82
パーセンタイル曲線　64
パーセンタイル値　64
パートタイム　31
肺炎　71, 135
排気　116
肺呼吸　71
排泄　110, 121
　── のしつけ　111
バイタルサイン　127, 157
はいはい　82, 84, 85, 118, 155
排便　111, 132, 137
　── 回数　132
ハイリスク　81
ハウスダスト　137
パウダー　109
白色便性下痢症　126
はしか　125, 138
破傷風　146, 147
発育　61, 117
　── 指数　64
　── 状況　63
　── 速度　61
　── 不良　3, 152
発疹症　138
発達　61, 71, 117
　── 課題　3
　── 検査　80
　── 刺激　181
　── 指数　80
　── 状態　79
　── 水準　79
　── 段階　156
　── 遅滞　3, 63
　── 年齢　79
発達障害　152
発達性言語遅滞　138
発達的特性　155
発熱　130
鼻水　135
母親の不安　33
バビンスキー反射　2
歯みがき　110
パラシュート反射　75, 84
パラチフス　144

ハンカチーフテスト　84
反抗期　79
晩婚化　30
ハンドサッキング　89
ハンドリガード　89, 116

ひ

鼻咽頭炎　135
比較行動学　2
引き起こし反応　83, 84
被虐待児　3, 48, 183
肥厚性幽門狭窄症　135
微細運動　82, 86, 89
鼻汁　109
　── 取り器　109
日田養育館　7
左利き　106
非調節性内斜視　142
人一指向的　86, 115
人見知り　118
ひとり歩き　82, 118, 155
ひとり親家庭　15, 27
ひとり立ち　86
ビフィズス因子　98
皮膚粘膜リンパ節症候群　140
鼻閉　135
肥満　93, 103, 143
　── の対策　103
肥満度　103
百日咳　140, 146, 147
病気・病後児（回復期）の預かり　59
病虚弱児　47, 183
表現手段　88
病原性大腸菌　135
標準偏差値　64
表象　77
表象的知能　77
昼寝　108, 121
昼間里親　56
貧血　141

ふ

ファミリー・サポート・センター　191

　── 事業　58
ファミリーソーシャルワーカー　46
ファロー四徴症　137
風疹　61, 139, 146
風疹ウイルス　139
風疹ワクチン　149
プール熱　126
フェニルケトン尿症　141
不活化ワクチン　146, 147, 149
不機嫌　142
腹式呼吸　71
福祉事務所　191
副鼻腔炎　142
父子世帯　15
ふたご　58
二葉保育園　8
フッ化ソーダ　143
ブドウ球菌　135
部分的保育　191
プラーク　143
プライバシー　179, 193
不慮の事故　155
ふるさと里親　183
フレンドホーム　183
憤怒けいれん　138
分泌型IgA　97
分離不安　182, 193

へ

平均寿命　28
平均初婚年齢　28
平均値　64
平均余命　28
平行遊び　92
へき地保育所　53
ヘッド・スタート計画　11
ベビーカー　114
ベビーシッター　10, 26, 57
ベビーシッター育児支援事業　57
ベビーバス　108
ベビーブーム　17
ベビーベッド（枠付き寝台）　108
ベビーホテル　54

ヘルパンギーナ　144
ヘルペスウイルス　134,139
ヘルペス性口内炎　134
便　98
片眼性弱視　142
偏食　141
扁桃腺炎　126
便秘　132

ほ

保育
　――看護　48
　――経費　55
　――行動　88
　――参観　178
　――体験　192
　――ニーズ　9
　――の計画　171
　――の実施基準　51,215
　――の目標　171
保育士　46
　――の配置基準　51
保育事業　7
保育施設数　214
保育室　186
保育者　45
保育需要　193
保育所　50,169
　――だより　178
　――の制度　217
　――の保育内容　169
　――の保育目標　171
保育所徴収金基準額表　218
保育所分園設置運営要綱　52
保育所分園の設置　52
保育所保育指針　37,169,195,198
保育7原則　9
保育ママ　10,11,51,56
包茎　141
ボウルビィ　78
ポータブルベッド　108
ホームヘルパー　27
保健指導　152
保健所　40,193
保健センター　193
保護　42

保護者　177
保護者会　178
母子愛育会　8
母子関係　24
母子健康手帳　64
母子世帯　15
母子同室制　24
母子保護法　8
ホスピタリズム　80,89,189
母乳　97
　――栄養　24,72,98
　――不足　98
母乳栄養児の便　72
哺乳　95,98
　――行動　93,94
　――量　94,98
哺乳瓶　99
哺乳力不良　136,137
ホモシスチン尿症　141
ポリオ　146
ポルトマン　105

ま

マイコプラズマ　135
マイコプラズマ肺炎　135,144
麻疹　125,126,138,146,149
麻疹ウイルス　138
麻疹ワクチン　149
麻痺　149
マルトリートメント　38
慢性下痢　99

み

味覚　115
未熟児　80,81,143
水の事故　165
みずぼうそう　125
三田育児所　7
耳垢　109
脈拍　71,127
脈拍測定　128
民間ネットワーク　58

む

無呼吸　71
　――状態　94
虫歯　143
無認可保育施設　9,54
無熱性のひきつけ　138
ムンプス　126,146

め

メープルシロップ尿症　141
免疫機能　97
免疫グロブリン　125
免疫物質　97

も

沐浴　108
沐浴剤　109
模倣動作　77
モロー反射　2,75

や

夜間保育　51
ヤケド　166
やせ　135

ゆ

遊具　91
揺さぶられっ子症候群　38
指さし　121
指しゃぶり　72,90
指しゃぶり行動　94

よ

養育
　――環境　138
　――計画　185
　――行動　2
　――支援機能　47
　――の計画　183
　――の継続性　182
　――目標　181,185

養育里親　50
養育者　182
養育代替機能　47
養育単位　183
養子縁組　47
幼児期　1
　――　後期　1
　――　前期　1
洋式おむつ　110
幼児食　100
羊水　72
幼稚園教育要領　169,195
幼稚園の預かり保育　51
幼稚園の制度　217
溶連菌感染症　126,144
横浜保育室　55
夜泣き　107,142
予防接種　145
　――　事故　146
　――　による健康被害　147
　――　の種類　147
　――　の対象疾患　146
予防接種証明書　146
予防接種不適当者　147
予防接種法　146

ら

ラクトフェリン　97
ラッサ熱　144
ラマーズ法　24

り

リーチング　82,89
離婚　191
離婚率　220
リゾチーム　97
離乳　100
　――　完了期　103
　――　後期　102

　――　準備食　100
　――　初期　100
　――　中期　101
　――　の開始　100
　――　の完了　100
　――　の基本　104
　――　の進め方　100
離乳食　26,104,117,119
　――　の形態　100
流行性嘔吐下痢症　144
流行性角結膜炎　144
流行性耳下腺炎　146
両眼視機能訓練　142
両眼性弱視　142
両親手当　13
緑便　72,98

れ

冷凍母乳　98
暦年齢　80
レスパイト・ケア　50
レム睡眠　107
連携　177,191,193
　――　の方法　177
連合遊び　92
連絡帳　106,177
連絡ノート　179

ろ

ローレル指数　64
ロタウイルス　134

わ

ワクチン　146
和式おむつ　111
笑い　88

欧文

AABR　142
ABR　142
B 型肝炎　146
B 型肝炎ワクチン　152
babyness　2
BCG　146,149
BCG 接種　146
Bowlby, J.　78
child abuse　37
circadian rhythm　105
DA　79
disposable diaper　110
DPT 三種混合ワクチン　140
DQ　80
DV 被害　191
empty nest syndrome　28
ethology　2
HB ワクチン　152
high risk　81
IgE 抗体　140
infant　1
LFD　81
Light for Date　81
maternal anxiety　33
MR ワクチン　149
neonate　1
newborn　1
non-REM sleep　107
perinatal period　2
Portmann, A.　105
Ready to feed formula　100
REM sleep　107
rooming-in system　24
Scammon の臓器別発育曲線　61
SFD　81
SIDS　116,166
Small for Date　81

MEMO

MEMO

MEMO

| 乳児保育 | Ⓒ 2009 |

定価（本体2,000円+税）

1976年 2月16日	1版1刷
2004年 4月 1日	9版1刷
2008年 3月25日	4刷
2009年 4月10日	10版1刷
2011年10月 5日	2刷
2014年 3月 5日	3刷

著者　石原　栄子（いしはら えいこ）
　　　庄司　順一（しょうじ じゅんいち）
　　　田川　悦子（たがわ えつこ）
　　　横井　茂夫（よこい しげお）

発行者　株式会社　南山堂
　　　代表者　鈴木　肇

〒113-0034　東京都文京区湯島4丁目1-11
TEL　編集(03)5689-7850・営業(03)5689-7855
振替口座　00110-5-6338

ISBN 978-4-525-63020-1　　　　　Printed in Japan

本書を無断で複写複製することは，著作者および出版社の権利の侵害となります．
JCOPY　<(社)出版者著作権管理機構　委託出版物>
本書の無断複写は著作権法上での例外を除き禁じられています．複写される場合は，そのつど事前に，(社)出版者著作権管理機構(電話 03-3513-6969, FAX 03-3513-6979, e-mail: info@jcopy.or.jp)の許諾を得てください．

スキャン，デジタルデータ化などの複製行為を無断で行うことは，著作権法上での限られた例外（私的使用のための複製など）を除き禁じられています．業務目的での複製行為は使用範囲が内部的であっても違法となり，また私的使用のためであっても代行業者等の第三者に依頼して複製行為を行うことは違法となります．